本丛书为云南大学
"双一流"建设民族学一流学科建设项目成果

编委会

主　任：林文勋

副主任：何　明　关　凯　赵春盛　李志农　李晓斌

委　员（按姓氏笔划为序）：

　　　　马居里　马翀炜　马雪峰　马腾岳　王文光

　　　　王越平　牛　阁　龙晓燕　朱　敏　朱凌飞

　　　　庄孔韶　李永祥　李伟华　李丽双　何　俊

　　　　张　亮　张　赟　张海超　张锦鹏　陈庆德

　　　　陈学礼　周建新　郑　宇　赵海娟　高志英

　　　　谢夏珩

云南大学民族学与社会学研究生研究成果文库

流动的空间
中国西南的社群流动与地方想象

王越平 主编

教育部人文社会科学重点研究基地
云南大学西南边疆少数民族研究中心文库

学苑出版社

图书在版编目（CIP）数据

流动的空间：中国西南的社群流动与地方想象 / 王越平主编. —— 北京：学苑出版社，2020.9
ISBN 978-7-5077-6004-0

Ⅰ．①流… Ⅱ．①王… Ⅲ．①群体社会学-研究-西南地区 Ⅳ．① D663

中国版本图书馆 CIP 数据核字（2020）第 172066 号

责任编辑：战葆红
出版发行：学苑出版社
社　　址：北京市丰台区南方庄 2 号院 1 号楼
邮政编码：100079
网　　址：www.book001.com
电子信箱：xueyuanpress@163.com
联系电话：010-67601101（销售部）　67603091（总编室）
印 刷 厂：保定市彩虹艺雅印刷有限公司
开本尺寸：710×1000　1/16
印　　张：25.5
字　　数：400 千字
版　　次：2020 年 9 月第 1 版
印　　次：2020 年 9 月第 1 次印刷
定　　价：98.00 元

总序

故家乔木　薪火相传

何　明

培养高素质创新型人才，是教育的最高境界与理想追求，是人类社会可持续发展的动力和保障。

云南大学的民族学、人类学与社会学的人才培养和学科建设始于20世纪30年代末。1938年，吴文藻先生应熊庆来校长之邀来到云南大学创办社会学系，进行社会学、民族学与人类学的人才培养和学术研究，不仅汇聚了费孝通、许烺光、陶云逵、林耀华、杨堃、江应樑等一批享誉世界的学术精英，创作了《乡土中国》《生育制度》《云南三村》《祖荫下》《昆厂劳工》《个旧女工》《芒市边民的摆》等一批学术经典，而且培养出田汝康、张之毅、刘尧汉等一批综合素质高、创新能力强的优秀人才。60年代初开始培养中国民族史研究生。在80年代初国家恢复学位制度过程中，云南大学成为全国最早培养中国民族史硕士研究生和博士研究生的高校。随着国家学科体系和研究生培养体系的不断完善，云南大学先后获准设立民族学、社会学、人类学的硕士学位授权和博士学位授权以及社会工作专业硕士学位授权，为民族学、人类学和社会学的教学和研究以及社会各界培养了一大批优秀人才。

2017年国家启动建设世界一流大学和一流学科的"双一流"建设战略，云南大学荣膺"双一流"建设高校，民族学学科进入"一流学科"建设行列。作为"一流学科"建设重中之重的目标和任务，民族学、社会学和创新人才培养被推到前所未有高度。根据国内外形势的变化、国家重大战略、地方重大需求、民族学学科创新人才成长规律，云南大学确立围绕铸牢中华民族共同体意识和构建人类命运共同体"两个共同体"的人才培养目标，坚持"立维护民族团结之德，树促进民族团结之才"的人才培养理念，实施"校园＋田野＋语言（周边国家语言／少数民族语言）＋应用技术（影像技术／信息技术）"的"四维"人才培养模式，全方位提升学生的综合素养、知识层次和创新能力。

云南大学民族与社会学研究生研究成果文库呈现的是云南大学民族学和社会学研究生在导师汲引忘疲指导下完成的部分成果，从中可以窥见楚楚不凡之一角，希望他们及其同学堪当船骥之托，传承并创新云南大学民族学和社会学的优良传统，成长为国家乃至人类文明建设大厦的栋梁。

2020年4月22日午夜
草于白沙河畔寓所

目 录

序 /1

"乡土—职业—社区"型城市进入方式研究
——以丽江市南溪籍纳西族出租车司机群体为例……王晨娜 /1

导论 /3
一、"南溪司机"群体概况 /17
二、从南溪人到"南溪司机" /26
三、"乡土—社区—职业"型城市进入方式 /55
四、对"乡土—职业—社区"型城市进入方式的探讨 /68
结论 /71

河口镇越南女工的职业流动与资本构建研究……陈民焱 /75

导论 /77
一、田野点介绍 /87
二、越南女工的职业分层与职业流动 /99
三、越南女工职业流动与社会资本 /138
四、越南女工职业流动与语言资本 /155

多层空间视野下的河口镇"越南街"民族志研究……高鹏宇 /181

  导论 /183

  一、历史变迁与地理空间 /192

  二、社群与社会空间 /211

  三、商品消费与文化空间 /245

  四、"越南街"空间：地方社会的共谋 /274

  结论 /288

从吉美到堂屋
  ——丽江白沙家屋空间结构及变迁研究……陈雅劼 /293

  导论 /295

  一、白沙家屋空间内的秩序 /317

  二、父辈之地：家屋的延伸 /353

  三、现代家屋的私人化与土地的公共争夺 /365

  结论与讨论 /379

序

中国西南地区的全球化与地方社会

全球化已成为当下世界各个地区共同面临的一个重要的社会事实。诸如理念与意识形态、人与货物、意象与信息、工艺与技术等均处于运动中,并对世界的塑造产生了重要的影响,因此我们也可以说当今世界是一个"流"的世界。不过由于"事物之流、人之流、意象之流与论说之流——不是同时的、趋同的、同构的或时间上连续的,它们处在'断裂的关系'之中……这些事物运动的路径与矢量具有不同的速度、轴、起点与终点,在不同的地区、国家与社会中跟体制结构发生不同的关系;另外,这些断裂自身在不同的地方情境中掷下了多种问题与摩擦"[1]。由此也刻画出运动中的世界。因此,在人类学家阿帕杜莱看来,全球化就是一个"断裂之流的世界",其内涵远远超过单一的本土化的范畴,而因地域和区域、流动的内涵与方式的差异而呈现出多样化的特征。

在这一流动的视角下看区域社会,必须从关注"特征"转变为关

---

1 [美]阿帕杜莱主编:《全球化》,韩许高等译,南京:江苏人民出版社,2016年,第5—6页。

注过程，因为全球化下的各个区域亦是处于流动和变化中，它们不再是由静止和相对不变的特征所构成。[1] 由此当下的区域研究，一是要注意到各种行为、互动、运动、交易、漫游、朝圣之旅、战争、变节、殖民化、流放等对于区域的作用结果；二是要把区域置于变化和变动中的世界图景中审视，认识到人们所认为的区域与世界的能力本身就是一个全球化的现象。从某种程度上说，世界是由多个不同的区域组成，区域内部的人也在通过对我者与他者的认知去建构世界图景，并设想和创造着他们自身的"区域"，而不同区域的互动恰恰影响了全球过程。

同时，流动视域下的区域社会研究，还可以从跨越区域的视野下展开，不仅仅"寻求基于完整地理单元的空间分布模式"的研究，更加强调"捕捉那些不易观察到却呈空间分布状态的跨国流动过程"，因为"这些流动性的大小、密集度与复杂性都在发生变化，而且有时表现为剧烈的变迁"[2]。这样的研究路径能够突破以往传统的区域研究把其固化和具象化的倾向，并把其置于跨区域交流互动的背景下来看区域的建构过程，同时也能把全球化所带来的各种形式的流动引入区域研究的框架中，这一点对于中国西南社会的研究具有很重要的意义。

结合阿帕杜莱的全球化理论来看中国西南地区，它既是一个被人们所熟知的、具有明确特征的区域，同时也是一个深处于全球化过程中的区域。在传统的区域研究视野下，中国西南地区被公认为具有与东南亚大陆的山地紧密相连、山坝交错的自然地貌特征，同时还具备

---

1 [美] 阿帕杜莱主编：《全球化》，韩许高等译，南京：江苏人民出版社，2016年，第5—6页。
2 Willem van Schendel, Geographies of Knowing, Geographies of Ignorance: Jumping Scale in Southeast Asia, Environment and Planning D: *Society and Space*, Vol. 20, 2002.

文化多样、民族众多的人文气质，并处于现代民族国家不断国家化的历史过程中。独特的地形与地貌以及民族国家化过程，使得一直以来诸多学者把这一地区视为一个相对封闭的区域，区域内部的交流要多于区域之间的交流与互动。然而近年来，学者们通过对于大理多个坝区的研究以及山地社会的研究发现，通过纵横于山地与坝区的贸易网络，中国西南与东南亚大陆甚至更远方的区域都联结在一起[1]。以昆明为例，通过20世纪初滇越铁路的修建，昆明与越南的河内和海防被联结在一起，由此也为昆明及滇越铁路沿线带来了法国的建筑特色、饮食习惯等。而从云南个旧开采的锡矿也顺着滇越铁路并经越南内地转运至香港，原产于云南的茶叶和井盐则主要通过茶马古道流通至东南亚大陆的泰北及其他地区。上述种种跨越区域的以及区域内的商品流动，促使中国西南地区已经和周边的其他地区紧密地联系在一起。尤其是近现代以来，伴随着东南亚大陆地区民族独立和民族国家的建构，中国西南地区也面临着进一步国家化、市场化的过程。外来资本的进入、各民族生计方式的转型、逐渐增多的人口流动以及与之相随的多元文化之间的接触与交融，使得中国西南地区处于变动的过程中。

传统区域研究中割裂区域之间的联系，"把本来就存在的主要以各种贸易通道为载体的物质流动与由生存空间竞争或策略性选择而引起的人口流动或族群互动忽略不计，为区域而区域，并没有把存在于更大范围内的人类活动放到一起来进行考察与研究。"[2] 显然这样的研究路径很难与中国西南的社会和历史过程完全契合，也不能反映出当下

---

[1] 赵敏、廖迪生：《云南高原的"坝子社会"道路、资源与仪式诠释》，昆明：云南大学出版社，2018年。
[2] 何明、陈建华：《区域研究视野下的"佐米亚"》，《民族研究》2019年第2期，第64—74页。

中国西南地区与周边区域之间的关联以及当下全球化下过程性和流动性的区域建构特质。由此，在全球化时代下审视中国西南社会，可以发现跨区域、跨族群、跨文化和跨越民族国家的合力对于区域社会的型塑，发现在流动性的背景下区域内部的人如何去建构自身的世界图景以及对于区域的认知，探究全球化下区域内部各种景观的建构与生产。

阿帕杜莱在对全球化所创造的文化景观进行分析时提出了文化流动的五种景观，即族群景观、科技景观、金融景观、媒体景观和意识形态景观。这五种景观既是分析全球化所带来的文化流动的五个面向，也提供了一个认识全球化过程和结果的路径。结合中国西南的全球化过程来看，近年来由于旅游开发、边境开放引发了区内和跨国界的人口流动，并由于人口聚族而居形成了一定的族群景观；同时人口的迁移也带来了新的物质性的空间的塑造，并反映出文化的交流与交融、意识形态的相互影响。上述种种现象都表明："在时空压缩的背景下全球化的同质性和空间的多样化发展，和所谓的脱嵌与时空伸延影响下的全球性对地方性的拓殖等等，这些不同程度上彼此联系且相互交叉和重叠的现象或多或少地推动着人们将理论的视野聚焦于空间。"[1]全球化时代空间的建构与展演已成为地方和全球互动的重要的手段和呈现方式。也创造出"全球商街""唐人街"等，并成为全球联结、社会文化聚合的一个重要场域。这些场所作为全球复杂性呈现的交汇空间，往往因"国家与全球之间的复杂的社会关系"[2]，以及不同国家处理

---

[1] 郑震：《空间：一个社会学的概念》，《社会学研究》2010年第5期，第167—191页。
[2] [英]约翰·厄里：《全球复杂性》，李冠福译，北京：北京师范大学出版社，2009年，第54页。

制度化这种相互作用关系时的特殊方式¹而产生差异,并建构出多样化的空间形态。本书也将侧重于从社群流动与空间建构的视角来审视中国西南地区社会的全球化过程和特征。

族群景观与中国西南的全球化

当今世界流动性特征的一个集中体现是大规模的人口迁移,这种迁移既可以存在于跨国界的长距离的人口流动中,也可见于某一区域范围内的短距离的人口流动中。迁移的动力大多源于寻求"工作"与"爱",其中工作寻求的是挣更多的钱,而挣钱的目的主要是让全家人过上更好的生活。²全球化下的人口迁移都存在着跨越文化差异、在移居地构建社会网络的现象,在这一过程中往往形成一定的族群景观。由"相对稳定的共同体,或由亲族、友谊、工作、休闲、家世、邻居等亲缘形式所构成的社会网络经线,与其流动的纬线交织在一起,形成了全球化的人的地理景观",³也即族群景观。它既可以表现为在全球流动下形成的以族裔聚居区为特点的在城市中的族群景观,也可以表现为在跨国主义下形成的离散的族群景观。

国际移民作为全球化的结构性结果,使得文化迥异、社会差异的不同族群进入移居国并长期在当地生活就业。"由于劳动技能、语言文化及其他结构性的原因,相当比例的国际移民并不是以个体的方式

---

1 [英]戴维·赫尔德、安东尼·麦克格鲁主编:《全球化理论:研究路径与理论争论》,王生才译,北京:社会科学文献出版社,2009年,第112页。
2 范可:《在野的全球化:旅行、迁徙、旅游》,《中南民族大学学报》(人文社会科学版)2013年第1期,第37—47页。
3 何明:《全球化及其人类学论题》,《思想战线》2016年第4期,第2—12页。

独立而直接地进入移居国主流的社会和经济,而是经由一定的社会关系(主要是族裔关系)被推引到移居国的族裔社区和族裔经济中,经过一段时间的适应,逐渐地融入主流社会,进入主流劳务市场"。[1]由于这些移民融入主流社会的方式不是一步到位,而是经由移民网络先建立起与移居地的社会关联,而后通过在移居地的特定区域内的生活获得社会和经济支持,因此也较容易形成一定的基于族裔特质的族裔聚居区。然而,族裔聚居区的形成,不完全是由于移民的社会适应造成,同时也与移居地的移民政策、社会文化情境有着密切的关联。如主流社会对于少数族裔的排斥与歧视使得后者在进入的初期或者在很长的一段时间里,都会采取聚族而居的方式。纵览世界各地的族裔聚居区,其已发展成为嵌入城市中的一个个族群飞地,并在语言、地景上均表现出与主流社会存在一定的差异。

在中国西南的全球化过程中,边境口岸城镇建设以及边境开放使得毗邻国家的族群开始进入中国西南的边界地带甚至城市,形成了缅甸籍玉石商人、老挝籍采茶工、越南籍背蕉工、缅甸籍砍蔗工等不同的移民群体,而他们在中国西南地区的生活和工作,也逐步开始出现族裔聚居区的雏形,并改变着中国西南城市的风貌。与此同时,由于中国西南地区特殊的地理位置和历史过程,使得其与东南亚大陆各国之间保持着密切的关联,族群之间的迁移与流动非常频繁。在经济全球化的驱动下,邻近中国西南边界的东南各国的边民也跨越边境到本地工作。由于他们与中国一侧边民在文化上的相似性、社会网络的共同性以及经济的互助性,使得他们也保持了具有较强的流动性的生活

---

[1] 狄金华、周敏:《族裔聚居区的经济与社会——对聚居区族裔经济理论的检视与反思》,《社会学研究》2016年第4期,第193—217页。

方式，并形成了差异化的族群景观。可见，在全球化的语境下，"归根结底是追求利益最大化的动力推动着国家和地方的文化重建与'再地方化'，甚或土著化、族群化"[1]。在跨国的人口迁移和流动中，具有地域差异的族群景观被不断生产和建构，充实和丰富着地域社会。

空间生产与中国西南的全球化

研究全球化，"不仅需要关注那些在规模上明确是全球的，还要关注那些与全球动态相联系的地方层级的实践和情况"[2]，关注不同地区间横向跨国联系的建立与扩展。区域作为一个次国家的空间范畴，在全球动态的内生性和地方化进程中成为一个特殊的场域，跨国的和民族国家的各种力量的渗入以及具有地方主体性意识的参与与建构，使得其空间的内涵和特质都具有多义性。下文将从空间研究的视域出发，分析多义的空间内涵以及形成机理，并探究如何理解中国西南地区全球化进程中的空间现象。

从空间的物质性出发，把城市空间视为具有自然属性的土地或者房屋等，对城市空间的商品化过程做政治经济学的分析，是城市空间研究中一个重要的领域。"我们认为空间的商品化过程是城市生活的基础，也是在市场化社会中进行城市分析所需要的东西。"[3] 如把市场作为一种社会现象来看，"市场并不仅仅是受非个体化的供需法则所

---

[1] 范可：《移民与"离散"：迁徙的政治》，《思想战线》2012年第1期，第14—20页。
[2] ［英］戴维·赫尔德、安东尼·麦克格鲁主编：《全球化理论：研究路径与理论论争》，王生才译，北京：社会科学文献出版社，2009年，第99页。
[3] ［美］约翰·R. 洛根、哈维·L. 莫洛奇著：《都市财富：空间的政治经济学》，陈那波等译，上海：格致出版社、上海人民出版社，2015年，第1页。

规限的生产者和消费者的相会之地,对我们来说,所有商品,尤其是土地和建筑物的基本属性,是它们被使用和被交换时所依赖的社会情境。[1]"因此,在某些人看来,作为居住和生活的空间对于其他人而言就成为一种具有交换价值的商品。然而在城市空间的建构过程中,尤其是从古典经济学家所设想的在空间的使用价值和交换价值的最大化的追寻下来看,二者之间往往存在着本质上的冲突、紧张和矛盾关系。这些冲突和紧张关系在城市空间的塑造中决定着城市的面貌、人口的分布和他们的居住方式。同样借助这些张力,揭示出城市空间内部和空间之间的不平等关系及其运作方式。由此城市中作为不同阶层、不同群体的关联行动者,他们因应于所处的制约条件、态度和行为取向,作用于城市空间的交换价值和使用价值的生产,进而决定了空间的阶层划分和平等状况。由城市空间的物质性属性出发聚焦于其商品化的过程,将能够关涉到空间建构及其行动者的关联,而这样论点的提出势必将城市空间的研究推向更为具象化的、更关注空间建构内涵的研究视野下。

新近的研究中,学者们也越来越认为:"空间的属性是通过社会行为实现的,而不是通过一块土地固有的品质,而空间是通过社会关系得到界定的,而不是通过自然、自主市场或者空间几何学[2]。"尽管物理的、由自然要素构建起来的空间很重要,但是它们需要与社会组织产生互动,才能赋予空间一定的内涵和意义,并创造和区分出边界。

---

[1] [美] 约翰·R. 洛根、哈维·L. 莫洛奇著:《都市财富:空间的政治经济学》,陈那波等译,上海:格致出版社、上海人民出版社,2015年,第1页。
[2] [美] 约翰·R. 洛根、哈维·L. 莫洛奇著:《都市财富:空间的政治经济学》,陈那波等译,上海:格致出版社、上海人民出版社,2015年,第43页。

在这一层面上，就关涉到列斐伏尔、福柯等所引领的"空间转向"问题[1]。"空间转向"意味着人们试图超越传统理论的空间认识局限，从空间与人类相互作用的角度重新认识空间。[2] 列斐伏尔认为资本主义体系中的空间已经成为生产资料与生产力，消费对象与政治工具，提出要把关注点从空间中的（社会）生产转变为空间自身的生产，进而提出了空间生产的理论。他在《空间的生产》一书中提出："（社会）空间是一个（社会）产物，"[3] 也是"一种社会产品，每一个社会和每一种生产模式都会生产出自己的空间"。[4]

由列斐伏尔的空间概念出发，就可以发现其力图强调的是"空间不仅仅是社会关系演变的静止的'容器'或'平台'，相反，当代众多的社会空间往往矛盾性地互相重叠，彼此渗透"。[5] 他试图建构一种一般意义上关于空间的社会理论。他对空间进行了三个层面的划分。[6] ①空间实践（spatial practice），指的是空间的感知层面，对空间的一种创造性和习惯性的掌握与使用，社会空间生产与再生产都是透过空间主体的实践来达到的；②空间表征（representations of space），指的是空间的构想或认知层面，是一个概念化的空间想象，

---

1 Claude Levi-Strauss：*The Elementary Structures of Kinship*, London：Eyre and Spottiswoode, 1969；Henri Lefebvre：*the Production of Space*, Oxford：Blackwell Publishing, 1991；包亚明主编：《后现代性与地理学的政治》，上海：上海教育出版社，2001年。
2 董敬畏：《空间、家屋与人观——以关中邓村为例》，《北方民族大学学报（哲学社会科学版）》2011年第2期。
3 Henri Lefebvre：*The Production of Space*, Oxford：Blackwell Publishing, 1991, p.26.
4 Henri Lefebvre：*The Production of Space*, Oxford：Blackwell Publishing, 1991, p.27.
5 包亚明主编：《后现代性与地理学的政治》，上海：上海教育出版社，2003年，第8页。
6 Henri Lefebvre：*The Production of Space*, Oxford：Blackwell Publishing, 1991, p.33.

这种空间在任何社会（或生产关系）中都占有统治地位，它趋向一种文字和符号的系统，它们介入和修正被有效的知识与意识形态所塑造的空间结构，其在空间生产中具有一种真实的角色与特殊影响；[1]③表征空间（representational spaces），指的是空间的生活层面，是实践与认知互动的场所，是通过相关的意向和符号而被直接生活（lived）出来的空间，是居住者和使用者的空间，是一种被占领和体验的空间。[2]以上三个层面也可视为空间的实在(lived)、构想(conceived)和认知(perceived)的三个层面。列斐伏尔认为："通过人类的社会行动—空间实践（spatial practice）来观察空间，空间的物质属性、主观意义和社会作用实际上是一个整体，相互影响，不可分割。"[3]

从列斐伏尔关于空间实践、空间表象和表现的空间之间的区分与关联的分析可见，它们的特征与资本主义的空间生产之间有着密切的关联。在他看来，资本主义的抽象空间，"不仅空间的实践被空间的表象所支配，从而沦为其思想的非思，而且对于统治秩序具有颠覆性的表现的空间也消失在空间的表象之中。"[4]抽象空间从某种程度上看就是一种权力的空间，任何国家和政治权力都有可能重新去规划和建构这一空间，同时如果没有空间和空间生产的概念，权力的框架就无所依存。因此，列斐伏尔所构建的"社会—历史—空间"三元辩证法，实则把社会空间生产置于社会的总体化进程中进行考量，并依此批判以往片面、单调的"空间认识论"，建构出理论意义上的"空间本体论"[5]。

---

1 Henri Lefebvre: The Production of Space, Oxford: Blackwell Publishing, 1991, p.42.
2 Henri Lefebvre: The Production of Space, Oxford: Blackwell Publishing, 1991, p.39.
3 Henri Lefebvre: The Production of Space, Oxford: Blackwell Publishing, 1991, p.38.
4 郑震：《空间：一个社会学的概念》，《社会学研究》2010年第5期，第167—191页。
5 张子凯：《列斐伏尔〈空间的生产〉述评》，《江苏大学学报（社会科学版）》2007年第9期。

与列斐伏尔不同,另一位空间转向的倡导者福柯更聚焦于"现代空间中的权力—知识与身份和主体性的关系,以及这一关系对于资本主义社会的生产和统治所具有的意义"。[1] 对于福柯来说,空间是一个充满权力的场所(place)或是权力容器的隐喻。他致力于考察权力和知识的空间化趋势。[2] 福柯使用了大量关于空间的隐喻表达:位置、移位、地点、区域、领土、领域、土壤、地平线、群岛、地理政治、地区和景观等。[3] 在福柯看来:"权力对空间的安排和创造本身就是权力在场的一种本体论方式,权力不可能不以创造某种空间的方式而存在。"[4] 福柯认为现代社会是一个由权力所支配的纪律社会。空间则成为权力运作的重要场所。这样的空间有很多,我们日常所在的场所:学校、医院、法庭等。尤其是福柯所研究的监狱,更为突出。[5] "在我们的生活之中具有无数的空间安排以不同的形式宰制我们的生活,我们似乎无法逃脱宰制我们的空间,当这一空间不可见的时候,作为主体的我们立即启动自我的控制机制"。[6] 因此空间是任何公共生活形式的基础,同时也是任何权力运作的基础。[7]

可见,福柯的权力空间观是关于社会与个人的统治关系,而列斐

---

[1] 郑震:《空间:一个社会学的概念》,《社会学研究》2010年第5期,第167—191页。
[2] 爱德华·W.苏贾著:《后现代地理学——重申批判社会理论中的空间》,王文斌译,北京:商务印书馆,2007年;何雪松:《空间、权力与知识:福柯的地理学转向》,《学海》2005年第6期。
[3] 福柯、拉比诺著:《空间、知识、权力——福柯访谈录》,陈志梧译,选自包亚明主编:《后现代性与地理学的政治》,上海:上海教育出版社,2003年,第1—17页。
[4] 郑震:《空间:一个社会学的概念》,《社会学研究》2010年第5期。
[5] 米歇尔·福柯著:《规训与惩罚》,刘北成、杨远婴译,北京:三联书店,1999年。
[6] 苏硕斌:《福柯的空间化思维》,《台湾大学社会学刊》2000年第28期。
[7] 米歇尔·福柯、保罗·雷比诺:《空间、知识、权力——福柯访谈录》,陈志梧译,见包亚明主编:《后现代性与地理学的政治》,上海:上海教育出版社,2003年,第13—14页。

伏尔的空间理论则是关于空间与社会的关系。福柯的空间观只是将空间看作一个权力的载体，通过空间的设计规划以控制与支配居住者的社会行为和认知观念。而列斐伏尔则赋予空间主体性的地位，空间不仅仅是一个容器或居住场所，而且也是各种社会关系、政治权力实践的结果。然而不管是福柯的权力空间观还是列斐伏尔的空间的社会生产理论，更多的是立足于对资本主义社会中再生产关系意义上来谈论社会空间的本体论地位，而我们需要在更为广泛的社会关系意义上谈论这一问题，也就是说对于非西方社会、非资本主义社会中社会行动的空间性及其空间建构过程的讨论也同样具有意义。近年来人类学家对于空间观念、空间秩序的讨论无疑是具有一定的启发价值的。

早期人类学家大多将空间的研究划分为自然形式的地理空间和物质形式的社会空间，如土地、山川河流、自然景观等，后者例如市场、家屋、寺庙等。或者关注某一类型的空间，并将此类空间作为人类活动区域的范围和边界，审视其内部人的活动及其意义。如早期人类学经典的空间研究包括村落（空间）和家屋空间的研究，关注空间的内部结构及其文化意义。近年来学者们更把空间研究的视角扩展到不同类型的空间，并关注空间的多义性。台湾学者黄应贵提出了多层视角以解读空间的概念及意义。他认为："空间首先可以视为一种社会关系，这包括了人之间及集体之间的关系；其次，另一种空间的建构是视空间为'某种先验的非意识'的认知结构，作为一个共同的类比可以应用到其他事物当中；第三，空间可被视为宇宙观的一种象征；第四，空间更被建构为有如意识形态或政治经济条件；第五，空间还被视为文化习惯，包括文化的分类观念与个人的实践；最后，不同空间建构是由人的活动（及其文化意义）与物质基础的'相互结合运作'

(incorporate and work together) 的结果。"¹ 由此，空间不仅仅是人类活动的容器，同时也源自人们的观念，是人为创造的结果，它既以一定的物质空间为依托，也不完全依赖于物质空间而存在，空间能够表征一定区域范围内人类社会文化的诸多方面。不同意涵的空间可能在同一空间尺度上进行多重叠加和互构，并"把事物分隔开又连续起来成为各种各样的集体，而这些集体被缓慢地提供各种手段，使之得以持久和持续"。²

当然，多义的空间之间往往也发生着相互的作用，黄应贵把其称为"空间的力"，并表现为三种形貌："一为空间的物质基础塑造人类社会生活的能力，这也正是传统地理学家及建筑学者所强调的；二为人的活动与物质性空间的相互结合运作而产生的何种新的空间建构所具有的力量；三为空间具有权力的性质，其来源于其自身和不同人的空间体验，致使空间成为争夺利益的对象。"³ 空间的建构与生产实则是人类实践活动的一种反映，同时也是人类互动的载体，空间是可以变化的，并且人类的智能也是对空间变化的适应。在全球化下，由于资本、人口、信息和商品的流动，创造出了多样丰富的空间形态，并经人们的日常生活实践赋予其多元化的内涵。同时，全球流动所带来的跨越国家领域的，甚至是"去国家化"的作用力，使得空间秩序的建构既是跨国的，也是地方化的。本书也将围绕着流动性下的空间建构问题展开探讨，并着力于不同群体视域下空间作为一种客观的秩序和主观的秩序的建构过程如何因时因地发生变化。

---

1 黄应贵主编：《空间、力与社会》，台北：南港出版社，1995年，导论第4—8页。
2 萨拉·L. 霍洛韦、斯蒂芬·P. 赖斯、吉尔·瓦伦丁编：《当代地理学要义——概念、思维与方法》，黄润华、孙颖译，北京：商务印书馆，2011年，第77页。
3 黄应贵主编：《空间、力与社会》，台北：南港出版社，1995年，导论第10—19页。

关于本书

本书围绕中国西南的全球化与地方社会变迁的议题，收集了云南大学人类学专业近年来的优秀硕士论文。归纳起来，4篇论文分别在两个城市——云南的丽江市和河口县、围绕两个理论议题——流动／移民与空间展开研究。尽管丽江与河口所处的地理区位、人文传统和城市风貌有着一定的差别，但是这两个城市的发展轨迹和当下风貌可以反映出全球流动的背景下中国西南地方社会的多样化形态。丽江在近年来一系列的世界遗产地建设、旅游开发的背景下，吸纳了越来越多的外来人口到本地旅游和居住，并引发了不同规模层次的劳务人员迁移，丽江"南溪帮"出租车司机群体便是其中一种。他们在"同一区域内"由"边缘"向"中心"流动，是其自身的行为特征、社会关系建构，也是"中心"与"边缘"之间社会文化影响互动的一种直接介质。[1] 他们在城市中的生活与工作，也创造了乡土—职业—社区型的城市进入方式。

与丽江市的同一区域内的司机流动不同，在中越边境的河口县则更多的是因为边境口岸城镇建设与开放，以及全球化下劳动力套利和劳工流动的背景下出现的跨越国界的劳工移民。由于迁移的距离较短，以及她们语言能力的限制，使得在河口城区范围内广泛存在着从事服务业的越南女工，本书中第二篇论文便主要关注了这一群体。越南女工在河口本地的工作呈现出较强的职业流动性，无论是在初次的职业流动还是再次的职业流动过程中，都表现出在相近的职业中"兜兜转"

---

[1] 洪颖、王晨娜：《流动于"中心"和"边缘"之间——云南丽江市"南溪帮"出租车司机劳工群体研究》，《西南边疆民族研究》2010年第2期。

的特点，即她们通过职业流动来提升其职业地位、提高收入水平的可能性较小。这一方面源自她们具有较为单一的社会资本，因此也很难通过社会资本的构建来拓展已有的社会关系网络；另一方面也与她们较低的语言能力密不可分，因为越南女工职业地位的提升必须以语言能力提高为基础。尽管如此，通过越南女工在跨国流动的过程中的实践可见，她们不断通过职业选择、语言和社会资本的建构来实现自身社会地位的提升。

本书的第三篇和第四篇论文则主要从全球化下地方社会的空间建构的角度来审视河口县"越南街"和丽江纳西族家屋社会。河口"越南街"是一个有着悠久历史的边贸市场，并在中越边境贸易、口岸开放的背景下被不断建构和调整。尽管从地理空间上，"越南街"已经发生了很大的位移，其空间内涵上也不完全是早期的草皮街或边民互市市场，而是成为河口本地展现"越南风情"的一个重要场所。但是，在"越南街"的空间建构过程中，越南商人、本地河口人以及越南街管理者和当地政府因边境开放、地方性市场建立的需求被聚合起来，并共同型塑了越南街作为"例外"和"非常规"的空间形貌，也契合了"越南街"是"对资本投入、政策导向、媒体形象和消费偏好塑造的制度化环境做出反应"的结果。[1]

丽江白沙家屋的研究则从更为微观的角度关注了纳西族家屋空间的内涵与秩序。自明清以来，特别是明代福国寺在内的藏传佛教建筑的修建，打破了白沙地景空间原有的秩序，伴随着新的建筑工艺传入，传统的井干式木楞房逐渐被穿斗式木构架房所取代，家屋空间结构随

---

[1] 莎伦·佐金等主编：《全球城市 地方商街：从纽约到上海的日常多样性》，张伊娜、杨紫薷译，上海：同济大学出版社，2016年。

之发生了较大的变迁。宗族中男性在木构架房的"竖房"中结成稳定的工具性关系；而木楞房"吉美"中的有关"美"（雌）的空间元素也没有在木构架房中再现。穿斗式的家屋空间被划分为地位不同的部分，男性占据了堂屋等核心空间，女性则被排斥在重要空间之外。此外，明清以来的墓葬文化的出现以及儒家孝道思想的流入，也使得宗族中男性长辈的利益与权力得以提升，而女性被置于更为边缘化的角色中。纳西族家屋社会中性别关系、亲属关系的变化以及在家屋空间中的呈现，都反映出近现代以来纳西族受汉文化以及宗法制度的影响相应地对家屋空间的内涵以及秩序进行调整的结果。丽江白沙家屋空间的研究也印证了中国西南是一个处于互动与流变的地方社会。

"乡土—职业—社区"型城市进入方式研究

——以丽江市南溪籍纳西族出租车司机群体为例

作　　者：王晨娜（云南大学民族学与社会学学院人类学专业硕士研究生）

指导教师：洪　颖

写作时间：2012年6月

导 论

（一）研究缘起

改革开放以来，在中国农村社会发生剧烈变迁的过程中，农村劳动力的大规模流动逐渐成为中国城乡社会结构调整的巨大动力，影响着中国的经济社会变迁。

在计划经济时代，人口迁移只是少量、短暂的，城乡人口和劳动力被严格地限制在户口所在地。随着商品经济的发展，社会主义市场经济体系的建立与完善，为农村劳动力的自主流动提供了外在的拉力。[1] 另外，在工业化、城市化和现代化浪潮的冲击下，农村经济体制的改革，也为农村人口的流动与转移提供了内在的推力。1982年，国务院《关于疏通城乡商品流通渠道扩大工业品下乡的决定》的发布意味着城乡限制开始逐步取消；1985年，公安部《关于城镇暂住人口的暂行规定》的颁布，首次明确"允许农民进城开店、设坊、兴办服务业，提供各种劳务"。诸多法规政策的实施在一定程度上为农民外出就业提供了有效的制度保障。

随着农村数以亿计的农民逐渐摆脱土地的束缚外出自由谋生，他们一部分进入附近乡镇，一部分涌向城市。据统计，在20世纪80年

---

[1] 田阡：《身份社区的建构——深圳攸县出租车司机的人类学研究》，中山大学2007年博士论文，第8—9页。

代初期，农村外出就业的劳动力只有几百万；1995年，跃升至8000万[1]；到2007年，全国流动人口规模达到了1.26亿，其中农村进城务工人员约占城市总流动人口的85%。

在此过程中，少数民族聚居区的封闭性也在市场经济的冲击下不断被打破，少数民族流动人口成为一个广泛且复杂的"实体"人群，越来越多的少数民族正逐渐走向城市从事各行各业的工作。在流动日益全方位、多元化的时代，外出就业也已经成为少数民族地区民众较为普遍的社会和经济活动之一。

自2001年以来，随着丽江市旅游业的蓬勃发展，丽江与外界的交流日益频繁，生活在丽江市玉龙县黄山镇南溪村海拔3000多米高寒山区的纳西族村民也纷纷从发展滞后的山上家乡向发达的城市他乡流动，寻求现代工业社会提供的就业机会。少数民族流动人口从农村向城市的流动，已经不是简单的地理学意义上的空间位移，而更多地体现了一种从思想观念到行为方式、从心理意愿到价值观念的流变与滑移。[2]

笔者2010年在南溪村进行田野调查时，一个在南溪村发展历史上具有重要影响的群体现象引起了笔者的关注：在南溪村367户家庭有效劳动力1010人中，有550余人外出务工，占全村总劳动力的54.5%。在这些外出就业的劳动力中，超过九成的南溪人选择了在丽江古城以运营"晚班"[3]出租车为职业，在这个以"出租车"为媒介的

---

[1] 龚维斌：《劳动力外出就业与农村社会变迁》，北京：文物出版社，1998年。
[2] 洪颖、王晨娜：《流动于"中心"和"边缘"之间——云南丽江市"南溪帮"出租车司机劳工群体研究》，《西南边疆研究》2011年第八辑，第56页。
[3] 晚班：出租车的运营时间区隔。分为白班和晚班，白班运营时间为6:00—18:00，晚班运营时间为18:00—6:00。在"南溪司机"中，由于很多出租车是以家庭为单位承包运营，所以交接班的时间上下略有波动。如为了避免晚饭时生意因交接车造成影响，许多以家庭为单位承运的"南溪司机"会将交接班的时间提前至下午4点，或后延至晚上8点。

就业过程中，南溪人¹借此得以站稳脚跟，在丽江就业生活。在"南溪司机"的职业选择过程中，他们并没有远离山乡，而是定期与距离丽江古城20余公里的家乡南溪村发生着千丝万缕的联系。在某种程度上，他们受到丽江市旅游发展的拉动，以本土本族的劳动力的形式参与其中，他们不离乡不离土的就业特点，成为"带着土地"近距离迁徙就业的农民²。

在丽江的出租车协会中，他们被称为"南溪帮"（司机）。本研究中，笔者将称他们为"南溪司机"，用以专指这些来自丽江市玉龙县黄山镇南溪村的南溪籍出租车司机。³

他们与以往农村剩余劳动力的迁移就业有诸多相似之处，但也体现出许多独特之处，深深地吸引着笔者深入探访其生活图景。其一，

---

1 南溪人：在本文中特指来自丽江市玉龙县黄山镇南溪行政村的劳动力，后文同。在南溪人内部，他们又依据南溪行政村下设的不同自然村，将彼此区分为鹿子（村）人、旦前（村）人、旦后（村）人、满上（村）人、满中（村）人、满下（村）人、文屏（村）人和金龙（村）人。因为旦前村、旦后村常被统一称为旦都村，满上村、满中村、满下村常被统一称为满子村，因此来自这几个自然村的司机们又被普遍统称为 旦都人和满子人。

2 "带着土地"近距离迁徙就业的农民：在这里特指不离乡不离土近距离迁徙就业的南溪籍司机，他们在农闲的时候下山开车，到了农忙的时候回到山上务农。在追求城市生活和就业机会的同时，他们中大多数并没有放弃山上的生活和土地，还在享受着国家对"三农"提供的各种政策和补贴。崔驰、金喜在其论文《劳动力社会关系网络构建的新视角》中指出：今后15年，若能通过实施积极的城镇化发展战略，使农村富余劳动力向非农产业和城镇转移，那么农村人口会减少30%，在其他条件都不变的情况下，农村人口的平均收入即可增加30%。（参见《东北师大学报（哲学社会科学版）》2007年第3期）此外，唐斌在其论文《"双重边缘人"：城市农民工自我认同的形成及社会影响》一文中指出："候鸟型"农民的流动特点为循环流动，呈现一种"钟摆"状态的"双重边缘人"。（参见唐斌：《"双重边缘人"：城市农民工自我认同的形成及社会影响》，《中南民族大学学报（人文社会科学版）》2002年第8期）

3 "南溪帮"：丽江市出租车协会内的司机们对于自己专属的称呼方式。"南溪司机"：丽江市民及普通乘客对于这个群体的形象认识。"南溪籍司机"：泛指来自南溪村的出租车司机。

在职业市场的选择上,"南溪司机"不同于以往学者研究的"城市拾荒者""都市擦鞋人""首饰加工者"等业缘群体,他们进入城市时所从事的工作并不是拾遗补阙的替补性行业,而是通过长期的职业摸索慢慢介入丽江古城出租车运营时间的空白时段:晚班市场。[1]其二,在流动轨迹及就业地点的选择上,"南溪司机"并没有远离家乡进行跨省市的长途跋涉,而是巧妙地利用了与家乡距离仅有20余公里、拥有三项世界遗产[2]的丽江市的各种旅游资源和就业机会,有效地近距离解决了农村剩余劳动力的问题。其三,在谋生手段的选择上,"南溪司机"有自己明确的谋生工具——出租车,并慢慢发展出以出租车为媒介的职业网络。其四,"南溪司机"在丽江古城区的城乡接合部边缘地带慢慢发展出一个完全属于自己的生活社区:白华社区。[3]作为外来南溪人的安身之所,聚居区内的生活虽算不上丰富,但也自成一体,可以说麻雀虽小,五脏俱全。通过聚居区,原本孤立、分散的司机个体被结合成一个整体,相互协调配合,并创造了社区成员所需要的各种互助整合功能。

---

[1] 这里的"晚班"是针对丽江的"城里司机"而言的:专指夜间10点到次日清晨6点之间的运营时间。在古城区生活的"城里人"看来,开晚班无异于危险的代名词,非到万不得已,大家是不愿涉足的。也因此,开晚班被许多"城里司机"所看不起,愿意从事晚班运营的"城里司机"少之又少。长此以往,在丽江古城慢慢出现了一个出租车营运的空白时段:晚班市场。作为来自丽江市玉龙县的"乡下人",南溪籍司机恰到好处地填补了这个被丽江"城里人"所看不起的市场,并慢慢发展出属于自己的出租车运营时间和与之相应的运营市场。

[2] 丽江市所拥有的三项世界遗产是:(1)世界文化遗产——丽江古城,包括丽江古城区的古城及玉龙县的白沙古镇;(2)世界非物质文化遗产——纳西东巴象形文字;(3)世界自然遗产——三江并流保护区。

[3] 下山开车的"南溪司机"在丽江古城的居住地主要集中在丽江古城周边的三个城中村:白华村、安乐村和祥云村,其中白华村是南溪司机生活最集中的一个城中村。

（二）主要论题

在中国的大多数城市中，出租车司机通常来源于当地的城市居民。但在丽江，只有不到20%的出租车司机是丽江城区内的城市居民，另外约80%的司机均为来自周边山区的农村劳动力。[1]其中，来自丽江古城20余公里之外的黄山镇南溪村的纳西族司机又作为其中较为庞大的一支，受到业界人士的广泛关注。

本研究试图用人类学所倡导的"文化持有者内部的眼光"(native's point of view)"整体论"(holistic perspective)以及"文化相对观"(cultural relativism)等理论视野来记录"南溪司机"以出租车为就业工具进入丽江古城的生存方式、生活状态以及职业过程。研究的主要内容包括：

第一，"南溪司机"的生活图景。

以"南溪司机"的流出地南溪村和"南溪司机"在城市的聚居区"白华社区"为主要调查范围，对"南溪司机"的性别、年龄、作息时间、收入分工、家庭婚姻、受教育状况以及出租车拥有情况等信息进行详细的考察和宏观的把握，呈现"南溪司机"对其职业和城市生活的认知与评价。

第二，对"乡土—职业—社区"为特点的城市进入方式的展现。

通过对"南溪司机"的形成、发展、壮大过程的记录，探究"南溪司机"形成的主观及客观原因，尽可能地展现作为"文化持有者"的"南溪司机"在城市融入、职业建构、社区构建、社会文化适应等

---

[1] 洪颖、王晨娜：《流动于"中心"和"边缘"之间——云南丽江市"南溪帮"出租车司机劳工群体研究》，《西南边疆民族研究》2011年第八辑，第56页。

方面的"他者"文化及"他者"逻辑。展现"南溪司机"城市进入方式的独特性。即如何通过原有的乡土性的血缘、亲缘、乡缘等社会资本在陌生的环境中建立起全新的职业网络与生活社区。

第三，对"乡土—职业—社区"型城市进入方式的探讨。

通过对"南溪司机"城市生活图景的展现，本研究试图探讨"南溪司机"以传统的乡土关系为依托、以出租车为媒介，以"家庭化"运营模式和"乡土性"运行机制为特点的城市融入方式的可复制之处，为相关研究提供具有实际运用价值的建议。

（三）研究意义

第一，管理学、统计学界不乏关于出租车的研究，但是从社会学、人类学视角切入，专门针对司机而进行的相关研究目前还不多见。本文以活跃于丽江古城的"南溪司机"为研究对象，应用人类学的视角理解、剖析这样一个特殊的业缘群体的生活状态，探讨他们以出租车为工具的城市进入方式和职业运行机制，试图建立本土化的释义系统。

第二，本研究是基于城郊结合地带内的某个具体民族职业群体的研究，具有特殊性，可借其管窥少数民族在城市中的真实生活现状。文章通过对"南溪司机"的研究，展现出南溪社会的乡土性资源及纳西族传统文化在"南溪司机"职业网络建构过程中所发挥出的具体作用：推动了职业互帮的就业市场、经济互惠的信贷市场、生活互助的聚居格局的形成。"南溪司机"职业网络建构上的这些特殊之处对于丽江其他地域性业缘群体的形成具有一定的认识启发价值。

第三，本研究试图通过对"南溪司机"在丽江古城真实生活图景的描述，展现出近距离就业的优势之所在，从而为特定时代背景下进城务工的剩余劳动力在就业地的安置提供相应的经验，同时期望本研究为国内对于剩余劳动力就地消化方式的研究提供可供参考的第一手田野资料。

（四）调查研究概况

1. 关键概念的辨析

（1）流动人口

改革开放以来，我国出现了大规模的流动人口，引起了社会各界的关注。由于观察角度和讨论问题出发点的异同，有关流动人口的称谓始终没有形成统一的界定，且在称谓的内涵和外延上也有一定的差别。陈和午认为研究者因不同的研究视角，对流动人口的内涵和外延进行了多维度、多层面的文化阐释，因而始终不能形成统一的概念界定。现存的各类研究中与流动人口相关的概念包括：在计划生育法规中的"外来人员""暂住人口"等称呼；在部分就业法规中的"外来劳动力""农村剩余劳动力""外地务工人员"等称谓；在治安管理法规中"非户籍人口""进城务工人员""流动人口""外来人口"等称谓都比较常用。有的学者还区分了"非户籍迁移人口"与"户籍迁移人口"的区别。在以往的研究中，"流动人口"这一概念最常见于中央和地方的法规中，指现居住地不是户籍所在地，即"人户分离"的进城务工人员。但事实上，目前学术界对流动人口的解释并不一致。

（2）农民工

近年来为了去歧视化，"农民工"这一概念被频繁地使用。"农民工"作为学术研究对象并成为中国改革开放问题研究的重要关键词,有着极其特殊的背景。这一称谓具有历史建构性与演进性,从最初的"盲流"到目前的"农民工",迄今为止还没有一个统一固定的概念界定。陈安民、刘晓霞把"农民工"定义为"拥有农业户口,被他人雇佣去从事非农活动的农村人口"。[1] 张跃进、蒋祖华将"农民工"与农民、进城务工人员等概念进行了比较与区别,认为农民工是指在城市或乡镇企业工作、拿工资,户籍却在农村的农民。[2] 陈映芳认为,作为一个不堪与"农民""城市居民"并存的身份类别,农民工是由制度和文化共同建构的第三种身份。[3]

从包含的要素方面看,无论是"流动人口"还是去歧视化的"农民工"都具有如下特点:①空间上要求跨越乡、县、市、省,分为"县内""市内""省内""省际"甚至国际间流动。②时间上要求离开户籍所在地或生活居住地至少半年以上,且在空间跨度上有定居行为。③类型上,流动人口可以分为流入人口和流出人口。流入人口指来到某地区的非户籍人口,流出人口指流出某地区到其他地方居住的户籍人口。④根据流动性可以分为常住流动人口、短期流动人口和间歇型流动人口即"候鸟型"流动人口。因此,根据以上特征以及本研究群体的特征和本研究的目的,本研究所称的纳西族流动人口具体指的是:跨越乡县,离开生活居住地就近在丽江古城边缘地带定居就业超过半年以上时间,来自丽江市玉龙县黄山镇南溪村的纳西族农村剩余劳动力。

---

[1] 陈安民、刘晓霞:《农民工——历史与现实的思考》,北京:华龄出版社,2006年,第22页。
[2] 张跃进、蒋祖华:《"农民工"的概念及其特点研究初探》,《江南论坛》2007年。
[3] 陈映芳:《农民工:制度安排与身份认同》,《社会学研究》2005年。

2．田野调查概况

本项研究的资料主要来自实地调查，并辅以文献查阅，主要运用了以下方法。

（1）参与观察法

参与观察是人类学最具特色的研究方法之一，包括参与和观察两项内容。要求研究者参与当地人的日常生活，用当地人的思维、观点和哲学来理解、解释当地人的行为、习俗、文化。

笔者先后于 2010 年 7 月到 8 月、2011 年 10 月以及 2012 年 2 月到 3 月三次深入"南溪司机"群体，对"南溪司机"山上家乡的生活和城市聚居区的生活进行了较为深入的参与观察。笔者与 3 户司机家庭建立了友情，融入他们的生活，对他们的日常习惯、生活方式、社会关系、行动策略以及对出租车行业的认识等方面的信息进行了深入、全面、详细的把握，全面地了解了"南溪司机"下山开车的历史。

在此过程中，通过与"南溪司机"子女的相处与交流，笔者更好地理解了"南溪司机"的家人对于出租车行业的认识与解读，这部分调查资料，有助于笔者更好地理解"南溪司机"对于自身发展和职业未来的看法。

同时，通过跟随司机跑车拉生意的方式感受了"南溪司机"在开车过程中的艰辛，尤其是跑晚班师傅的不容易。这些难忘的经历有助于笔者更加深入、具体地解读南溪人在丽江古城的生活现实。通过他们的视角找到"南溪司机"是如何利用自身的资源在异质的城市空间中建构出具有共同认同的职业网络的。最终，笔者力求通过对"南溪司机"日常生活的细节展现，解读"南溪司机"的职业认同和文化心理上的变迁。

(2) 深度访谈法

所谓访谈法，就是以访谈对象为主体，通过他们的语言叙述，展现和解释其生命经验的方法。访谈的目的不在于代表，而是希望通过对受访者对个人生活经历的描述展演其生活个体化的意义。

在调查中，笔者访谈的"南溪司机"有100余人，其中深度访谈的司机有37人。具体运用了提前设计好具体问题的结构性访谈和随机提问的非结构性访谈两种方式。

针对那些偶然或者间接认识的"南溪司机"，笔者通常运用提前设计好的问题以聊天的方式与他们交流。以期从多维的角度获得对同一话题，相对客观中立的访谈结果。针对那些与笔者已经建立起良好信任关系的司机，笔者常用"听故事"的方式听他们对某一历史事件做还原性的描述。在随后的田野日记的整理中，再以反复求证的方式获得对该事件细节性的补充。

此外，针对一些内容有差异的信息，笔者通常选择司机们中午休息或者晚班交接的时间，以多人在场的形式展开话题，以期通过个人或集体记忆的方式对"南溪司机"的生活经历有更为深入的了解。通过以上几种访谈方式，笔者有机会了解"南溪司机"对于自身职业、生存现状的思考。

(3) 问卷调查法

本研究所采用的问卷调查法主要用于收集"南溪司机"生活社区和"南溪司机"群体的基本状况。其中，对于村庄基本状况的调查主要涉及"南溪司机"的流出地南溪村的村庄规模、区位特征、人口状况、经济发展状况以及农地规模及分布状况等。该部分数据由村委会及各自然村的相关负责人作答。对"南溪司机"群体的人口状况、人居条件、受教育水平、工作时间、收支状况、外出前的职业分布、职业选择的影响因素、居住地的选择、买车资金来源、工作满意度和生活满意度等信息的采集,主要由受访司机本人及其家庭成员完成。

考虑到被调查对象的文化水平,笔者采用的问卷非自填问卷,而是由笔者根据被访谈者的回答填写[1]。问卷调查于2012年2—3月进行,共发放村庄基本情况调查卷1份,自然村(小组)调查卷8份,"南溪司机"基本生活状况调查卷168份。回收有效问卷村庄基本情况调查卷1份,自然村(小组)调查卷8份,"南溪司机"基本生活状况调查卷168份(有效回收率约为96.0%)。[2]

(4)文献检索法

在实地考察前,笔者借助 CNKI(知网)、万方、读秀、Science Direct(科学指引数据库)等数据库详细阅读了百余篇国内外相关文献,并做了相应的阅读笔记和文献整理。

此外,本研究还涉及部分政府部门的统计数据,这方面的资料主要来源有:丽江市出租车协会、丽江市微型车协会、丽江市交通管理局及南溪村村委员会等部门。在此对以上部门在调查过程中给予笔者的帮助深表感谢。

3. 田野点介绍

本研究的田野点——南溪村位于现丽江、鹤庆、拉市的交界处。东部与黄山镇的文华村相接壤;北部与太安的吉子村相接壤;西部与

---

[1] 为了保证问卷的质量和可靠性,笔者每次访问由两个当地村民共同参与,每份问卷由笔者或者一名当地村民负责访问填答,另一名村民在旁监督。
[2] 其中"南溪司机""购买出租车贷款来源"一项问答中,有28位司机未作答,所以此单项数据的统计回收总量为140人,有效回收率为80%,详细数据请参见后文统计。

太安汝南村相接壤；南部与七河的后山、前山两村相接壤。在行政归属上，南溪村隶属丽江市玉龙县黄山镇，距离丽江古城24公里，约40分钟车程，该镇地处丽江古城西南郊文笔峰顶部的一块高山平坝中，整个行政村下辖8个自然村：满上、满中、满下、旦前、旦后、鹿子、文屏、金龙。到2008年，南溪行政村共有317户，人口1491人，其中纳西族人口占95%。[1]

南溪村地处北纬26°47′03″，东经100°11′20″，平均海拔为3200米，属典型的高寒山区。平均气温7~9℃，最低气温为-10~-8℃，冬天常下雪、结冰，全年无霜期仅有120天，南溪村民流传着这样一句口头谚语："清明断雪，谷雨断霜。"在南溪，农作物种植周期为一年两季，由于地处高海拔山区，气候冷凉，主要种植土豆、大麦、白芸豆、蔓菁和反季节油菜及少量燕麦和青稞。[2] 与集中的居住方式相比，南溪村的耕地分布相对分散。土地的利用类型主要分为常耕地与轮耕地。常耕地分布在村子四周，轮耕地分布在山上。常耕地一般种植大麦、洋芋、蔓菁等。自2006年起，部分村民开始实验种植玛卡（Maca）[3]。轮耕地三年一轮，一般种燕麦、油菜、兰花子及麻，但现已不种。不种的原因主要有三：一是产量低，利获少；

---

[1] 洪颖、和晓蓉：《雅阁丽轮——玉龙县黄山镇南溪村纳西族村民日记》，北京：中国社会科学出版社，2008年，第5页。

[2] 洪颖、和晓蓉：《雅阁丽轮——玉龙县黄山镇南溪村纳西族村民日记》，北京：中国社会科学出版社，2008年，第5—6页。

[3] 玛卡亦称为玛咖，英文简称为Maca，是一种生长在南美洲秘鲁地区安第斯山区海拔4000米以上的植物。数千年来，玛卡一直被印加人看作是安第斯山神赐的礼物，近几年在我国云南一些地方也发现有玛卡的生长，但村民都不知道该物种到底是什么，称之为"天根"。据说在20世纪初，由法国等国家引进至该地，它在一些高山地带存活了下来。研究发现，Maca除了可以作为食物外，还具有增加体力、耐力，抵抗疲劳以及增强生殖生育能力的功能，被当作馈赠亲朋好友的保健佳品。

二是投入劳力多;三是为响应国家号召,退耕还林。[1] 除此之外,南溪各村寨还普遍利用村内闲置的田边耕地种植黄瓜、苦菜、萝卜、白菜、大葱、大蒜等作物。在山林资源方面,除了日常生活所需的木材、石材外,山药材、山蘑菇也是重要的产业。

地处高寒山区、气候条件恶劣、交通不便等自然原因,严重制约了南溪人的发展。20 世纪 90 年代以来,外出务工也逐渐成为村民家庭收入的主要来源,打工收入在农户家庭经济结构中的比重日益增大,成为新的经济增长点。

南溪村虽然偏处山区一隅,经济发展较为滞后,但得益于其相对封闭的地理条件,却保存了相对完整的纳西族文化传统,尤其体现在一些物质文化、制度文化及精神信仰中。

南溪村民主要说纳西语,村中的外来语言有汉语和白语。汉语主要通过学校、媒体、外出务工、官方政策等途径流入,村中大多数中、青年都能用汉语进行基本的交流。由于长期与鹤庆县的白族人打交道,村里约有 1/3 的人能听得懂简单的日常白语。现在,村里的人际交往仍以纳西语为主,并没有纳西语使用退化的迹象。

南溪村现在仍然保留着较为完整的纳西族传统文化,具体表现在服饰、起居、婚恋、丧葬、祭祀、建筑、歌舞及手工制作等方面。这些方面,构成了一幅庞大、丰富且影响深广的民族文化图景。生活在其中的南溪村民深受熏陶,尤其重视家族的团结协同。但随着丽江旅游业的发展,外来文化冲击与民族文化复兴并举的大背景,也对南溪村民族文化的变迁起到双重影响作用。从现在的情况来看,南溪村传统文化的传承基本上处于耳濡目染、口授心传、自然习得的情况中。

---

1 数据来源:南溪村 2008 年村委会数据,截至 2008 年底,南溪村共退耕还林近 4000 亩。

另一田野点——白华村隶属于云南省丽江市玉龙县黄山镇,[1]为黄山镇镇政府所在地。位于世界文化遗产丽江古城西南,东北与古城区接壤,南抵五台山,西与文笔山的南溪村接壤。白华村地处北纬26°51′00″,东经100°12′03″,平均海拔为2400米,地处坝区,属于低温带高原气候,四季变化不大,干湿季节分明,年平均气温12.6～19.6℃,年降水量为953.9毫米。[2]

白华村距"南溪司机"的居住地南溪村22公里,约35分钟车程;距丽江古城2公里,约10分钟车程。白华村是"南溪司机"回家必经的一个城中村,也是下山开车的南溪人在丽江古城最主要的聚居地,约有70%的人居住在这里。"南溪司机"在丽江古城周边的聚居区共有3处:安乐村、祥云村和白华村。因为白华村规模最大,且距离南溪村最近,故本研究选取白华村为第二田野点,后文为强调白华村为"南溪司机"主要聚居区的特性,亦将白华村称为"白华社区"。

---

[1] 黄山镇是玉龙县政府所在地,位于县城西北部,东邻古城区金山乡,南接古城区七河乡,西接玉龙县拉市乡,北接玉龙县白沙乡,面积116.5平方千米,海拔2392～3361米,主要有盆地、丘陵和高山3类地形。全镇辖长水、白华、文华、五台、南溪5个村(居)委会,47个村民小组,2652户,总人口10252人,其中纳西族人口占95%,是一个典型的纳西族乡镇。黄山除南溪村委会为典型的高原山区以外,其余行政村均处于平地坝区。
[2] 数据来源:黄山镇镇政府。本简介还参照了维基百科:"黄山镇",http://zh.wikipedia.org/wiki/,百度知道:"黄山镇"http://baike.baidu.com/view/1378675.htm,及行政区划网:www.chinaquhua.cn。

一、"南溪司机"群体概况

（一）南溪籍司机出租车拥有情况

截至 2010 年，南溪村共有农户 367 户，人口 1491 人。[1] 介于 18 岁和 60 岁的劳动力有 1010 人，其中有 550 余人外出务工，占全村总动力的 54.5%。在这 550 余人中，在丽江古城以开出租车为职业的人约有 400 人，占总外出人口的 72.7%。平均到南溪村的农户家中，每户至少有 1 位出租车司机。截至 2011 年丽江市出租车行业协会资料显示，在全市 1000 余位出租车司机中，"南溪司机"占丽江出租车司机总数的近 1/4。尤其是晚班生意，来自南溪籍的出租车司机承运了近八成。

截至 2012 年 3 月笔者补充调查期间，丽江市共有出租车 776 辆，其中南溪籍司机共拥有 101 辆，比 2010 年调查时增加了 19 辆，占丽

---

[1] 数据来源：2010 年南溪村村委会统计数据。

江全市出租车总量的13.02%[1]，南溪村平均每3个人就拥有1辆出租车。[2]在南溪村，超过六成的家庭在丽江以开出租车为生，超过九成的家庭有两位以上的家庭成员获得了驾驶资格证，具备开车能力。村民HLJ说："驾驶证出门一定要带，不带就没有身份，我们以前出门带锄头，现在出门带本本（驾驶证）。"[3]

（二）"南溪司机"称呼的由来

南溪村的劳动力能够大量进入丽江古城，与丽江市出租车系统的改革，特别是与出租车使用权可以出租与转让的政策有着密切的关系。据满子村村支书HJW介绍，第一批走出南溪村"找钱"的南溪人，经过很长时间的摸索，最终发现了一个市场机会：丽江古城的出租车的运营基本采取朝九晚十的"上班"模式，到了晚上10点司机们就收工回家。但这种晚上没有出租车的交通状况，对于那些来自繁华大都市习惯霓虹夜生活的游客们来说，很不适应。常常听到他们抱怨在丽江晚上打不到车，出行不便。在这种情况下，吃苦耐劳的南溪人瞅准了机会，以低廉的价格承包了出租车车主的晚班生意，开始了他们在城市"颠倒黑白"的开车生活。慢慢地"开晚班"（出租车），逐渐成为外出务工的南溪人的主要职业。[4]

开车不但增加了南溪人的经济收入，成为南溪村经济收入增长

---

[1] 2010年7月笔者进行调查时，此数据是：82辆，10.57%。
[2] 在南溪村下辖的8个自然村中，旦前村、旦后村、鹿子村是南溪村拥有出租车比例最高的3个村，这3个自然村拥有出租车的户数比分别为35.71%、28.20%、30.30%。
[3] 为保护受访者信息，本研究涉及的人名皆用拼音缩写代指。
[4] 访谈时间：2010年7月9日，HJW，男，满子村村支书，曾在丽江开车，现返乡。

的有力的推动剂，也为村中土豆、药材、木材等资源的销售提供了及时准确的销售信息，为有意向外出务工的南溪人提供了丰富可靠的就业信息。对于开出租车的自觉的选择，为"南溪司机"群体的形成奠定了一定的基础，"南溪司机"这个称谓也在丽江慢慢变得"有名"起来。

> HJW颇为自豪地说："你现在晚上在丽江'打的'，如果第一辆你打的不是我们南溪人的，那么第二张[1]（辆）车一定是。"但是村支书又有点自卑地说："不过，我们南溪人出去了都只会开车，干不了别的。"

笔者在丽江古城巧遇的一位《云南日报》记者这么形容"南溪司机"："你说的是那些'南溪帮'呀？他们还是能吃苦的。坝子里的人（丽江城里人）是不开晚班的[2]，怕辛苦。因为没有正常生活，也不安全。但是他们（南溪司机）太能干咯，把丽江古城的晚班全部包得起（承包运营），也不干些别的（职业）。"

在丽江市出租车行业协会调查时，副会长HXX说："这些'南溪帮'太厉害了，又特别能苦得起（能吃苦）。人家能挣下那么多钱，那就是本事。所以，在我们行业内部又喊（称呼）这些不怕苦不怕累，敢想敢干且专门以开晚班为主的司机师傅们为'南溪（帮）司机'。

---

1 在南溪村人的地方方言中，用"张"作为出租车的数量单位，后文所见的"半张车""一张车"皆同。
2 访谈时间：2010年7月23日，WF，男，云南日报社记者，访谈地点：丽江市出租车行业协会。

他们一来吃得起苦，二来攒得下钱，所以好多苦出身的南溪人都买了出租车，真的算是从乞丐到皇帝咯。"[1]

通过以上信息，我们虽然不敢说丽江的出租车全由南溪人承担，但是至少可以看出南溪籍的出租车司机在丽江古城出租车行业中的重要性。经过几年的摸索和财富积累，开出租车已经慢慢成为南溪人外出务工的主要形式，"南溪司机"也逐渐成为他们区别于其他司机群体的一个独特"品牌"。

（三）"南溪司机"群体概况

1. 人口、性别、分工

通过对相关文献的阅读和整理发现，流动人口的人口结构具有如下特点：青壮年人群多于老幼年人群，男性多于女性，已婚者多于未婚者，流动人口的平均文化水平低于移居城市但高于迁出地的平均水平等特点。

在南溪村，外出开车的"南溪司机"的人口结构也呈现出一定的相似性：主要以青壮年男性为主，男性多于女性，在笔者访谈的100余位司机中，只有一位自己单干的女性（丈夫去世）。在婚姻状况上，已婚者多于未婚者。流动的一般趋势是：丈夫迫于生计压力先下山开车，等站稳脚跟后带老婆下山。多数家庭的孩子是留在山上的，只有部分成年子女会跟随司机父母一同下山学习开车。但值得注意的是，

---

[1] 访谈时间：2010年7月23日，HXX，男，丽江市出租车行业协会副会长，访谈地点：丽江市出租车行业协会。

近些年来下山儿童的年龄出现了低龄化趋势。[1]

这些刚刚在山下生活的司机家人，一部分从事与出租车相关的服务业，如擦车、修车、在司机们的生活聚居区开饭馆、经营小卖部或麻将馆等；一部分通过考驾照的方式慢慢变成丽江古城出租车运营市场的潜在力量和"南溪司机"发展壮大的补充力量，随时补充着丽江交通运输业对出租车司机的需求。

在开车的时间和性别分工上，作息正常且安全有保障的白班生意一般由司机的爱人或者他们刚刚取得驾照的子女承担。而相对辛苦危险的夜班生意则由丈夫或者开车经验相对丰富的儿子承担。这样的"家庭化"运营模式，既扩展了司机家人的职业范围，增加了家庭的收入，同时也确保了家人的安全。在这个"家庭化"就业的过程中，出租车逐渐解决了所有下山的家庭成员的工作，创造出"一车解决三就业"的运营模式。使得出租车这个就业工具不仅为下山团圆的亲人提供了独立的挣钱机会，更为他们面对工作压力的子女们提供了一份"保底"的职业选择，受到了许多南溪人的欢迎。

2. 年龄、婚姻、家庭

"南溪司机"的年龄基本呈现出统计学的正太分布规律，即主要集中在20～29岁、30～39岁、40～49岁三个年龄段，他们构成"南溪司机"的主体力量，所占比例分别为28%、37%、20%。由于开车

---

[1] 笔者2010年在南溪村做调查时，外出儿童中年龄最小的为11岁；2012年笔者做调查时，外出儿童中年龄最小的只有7岁。这意味着在未来"南溪司机"的孩子们从小学一年级开始就能在丽江古城接受城里的教育，在一定程度上可以有效避免由于外出打工导致的父母角色缺位的问题，缓解南溪村留守儿童的问题，但"空巢"老人的问题至今仍没有得到有效的解决。

工作时间长，对司机的体力和精力要求较高，这是青壮年占很大比例的主要原因之一。

18～20岁的司机虽然现在只占"南溪司机"总数的不到20%，但是他们却正在慢慢成为未来"南溪司机"的主体力量。这些年轻力量普遍比他们的父辈受教育水平高，有过闯荡其他行业或在城市生活的经验。他们中的一部分人在从事其他行业若干年后，回流到丽江的出租车市场；一部分人以他们的父母为榜样，希望通过努力"跑车"（开车）攒出（买）一辆自己的车；一部分人以发扬"家族"开车史为奋斗目标，构成了"南溪司机"在未来5～10年内的核心力量。

从婚姻状况来看，有59%的人是自己一个人出来的，其中已婚者为67%，有36%是一家人或者夫妻两人一起出来的。现在，一家人或者夫妻两人一起出来开车的情况越来越多。这种趋势至少说明了两个情况：第一，南溪人对打工经济的依赖程度越来越强；第二，打工者对正常家庭生活的渴望，包括对夫妻生活的渴望、对天伦之乐的需求以及对子女接受更好教育的期望等。

在最早下山开车的那批"南溪司机"中，多数人已经买了出租车，且家族中有多位亲戚涉足出租车行业。南溪村下山开车的司机规模由个体向核心家庭、扩大家庭扩张。到丽江城区开出租车逐渐成为外出务工的南溪人在诸多的职业选择中最青睐的一种。下面是笔者根据两户随机抽取的访谈对象的家族成员开车情况调查后绘制的从业分布图。

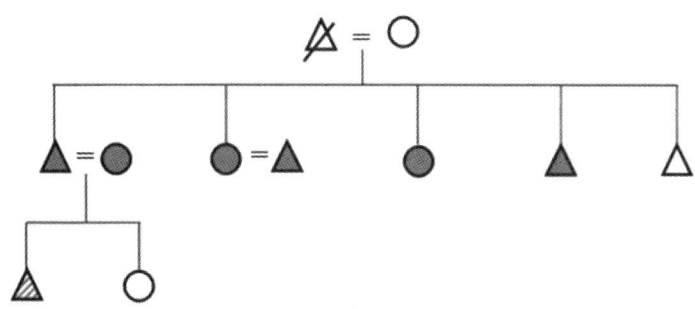

图 1 HSQ 家开车人员图示

以下家族类别示意图中使用的符号含义为：△男性，○女性，死亡的群体成员；＝结婚；≠ 离婚；| 亲子关系；⊓ 兄弟姐妹关系；此图中，红色△、○为开车成员，斜体△为已取得驾驶资格，但并没有开车经验的家庭成员。本案例访谈时间：2010 年 7 月 24 日，访谈地点：旦都村。

（注：下方斜线三角形为 HSQ 刚刚拿到驾照的儿子，因为还未有开车经历，故用斜线表示，下图同）

从图 1 和图 2 可以看出，南溪村民对职业的选择不仅出现了家庭化的倾向，而且逐渐出现了由家庭向家族扩大的趋势，这种扩大趋势为日后"南溪司机"以血缘、亲缘、乡缘关系为基础而构建出的职业网络的形成奠定了一定的基础，关于此问题将在下面部分进行详细的探讨。

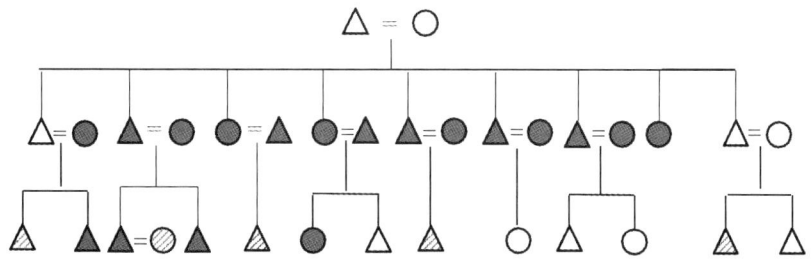

图 2 HXS 家开车人员图示[1]

---

1 访谈时间：2012 年 3 月 26 日，访谈地点：白华村。

3．身份及受教育情况

从"南溪司机"的身份构成来看，南溪籍司机在外出开车前主要从事农业生产，此外还有少量外出求学的学生、做小生意的个体工商户和打零工的散工。具体情况参见表1。

表1 "南溪司机"开车前的职业分布情况

职业类别	数量／人	百分比／%
读书	13	7.74
务农	112	66.66
科教文卫组织	3	1.78
企事业单位员工	9	5.36
个体商户	5	2.98
零散工	11	6.55
其他	15	8.93
总计	168	100

在受教育情况上：在 20～29 岁的司机中，平均的受教育年限是 8.29 年，其中接受过小学教育的占 60.1%，初中占 26.4%，高中占 10.4%，中专及以上占 2.6%；在 30～39 岁的南溪司机中，平均的受教育年限是 7.02 年，其中接受过小学教育的占 53.7%，初中占 25.2%，高中占 8.3%，中专及以上占 1.3%；40～49 岁的南溪村司机中，平均受教育年限是 5.42 年，其中接受过小学教育的占 44.3%，初中占 21.4%，高中占 6.2%，中专及以上占 0.9%。

南溪人开车的经历也影响了他们对子女教育的看法，不少司机都是为了子女的教育成长才出去开车的。在子女升学考试的关键时期，许多司机都会选择暂时放弃在外开车赚钱的机会，回家照顾子女的学习。访谈中许多司机都表示，自己再苦也要把孩子培养出来，不能因为开车耽误了小孩的教育。在白华村，约有八成的"南溪司机"把他们的孩子接到了山下接受教育。访谈中，多数司机家庭都表示，只要孩子愿意读，就会一直供着他们念下去。

二、从南溪人到"南溪司机"

（一）南溪人流动的原因

人口流动的动机是多种多样的。有经济原因，如外出求学、务工、经商及从政等；有社会原因，如因婚姻随配偶迁居、因工作原因导致的调动等；有政策原因，如三峡移民、牧区移民等；此外还有偶发的社会变动，如地震、火山泥石流等。在现代社会，流动人口的流动是极具选择性的，大多数人的流动是有明确的目标的。如有明确的目的地，有明确的职业选择或者有明确的收入预期。

看似无序的流动其实蕴含着深刻的规律，如"城市拾荒者""都市擦鞋人""手机贴膜者"等。这些有一定组织和规范的外来业缘群体的存在，为拥有相同民族、流出地、职业选择的外出务工者提供了不少经济上的保障、心理上的安全以及就业选择上的指导，也成为这些人口向大城市流动的主要原因之一。那么，到底是什么原因使得本研究中的纳西族"南溪司机"离开他们熟悉的山上家乡，来丽江古城"找钱"讨生活的呢？

功能学派把事物看成一个整体，认为事物的每一个组成部分都拥有自己独特的功能，彼此互相作用与关联，并共同影响和决定着整体的特质及性能。因此，一个文化系统内部的文化变迁绝对不是孤立的，笔者借助巴特尼的连锁分析法考量南溪司机职业选择的影响因素，希望能透过变化多端的外部现象探究其内部运行的深层结构本质。（图3）。[1]

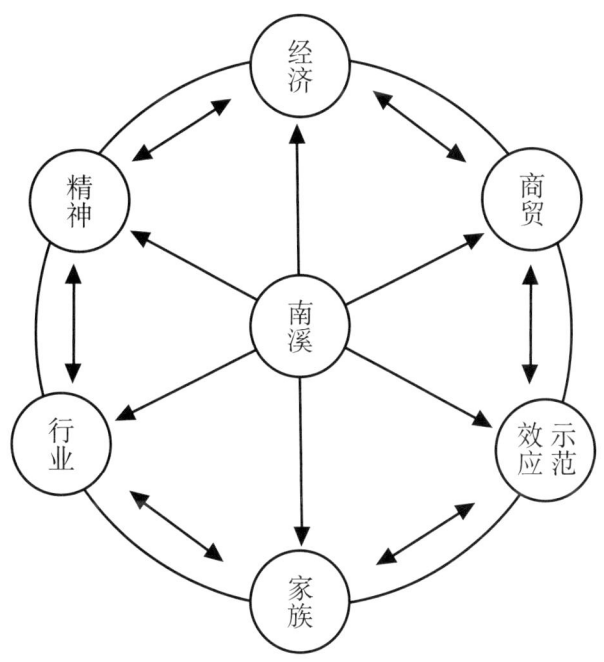

图 3 南溪人流动原因示意图

1. 恶劣的经济环境对南溪人外出务工的推动

在南溪村调查期间，笔者发现南溪人出来开车与贫困有很大关系，也就是说由经济原因导致外出者占绝大多数。因为气候和交通条件的

---

[1] 本图参阅了列维斯特拉斯"博罗罗社会结构分析图"绘制。详细参见：Levi-Strauss: Structural Anthropology, Doubleday and Company, New York, 1967, P.155.

限制，在山上种地只能维持基本的生活，加上农村的工作机会有限，所以南溪人走出大山来到丽江古城寻找赚钱机会。下面是笔者在南溪村所调查的部分南溪司机的口述实录。

HWH 说："我们以前穷，家里什么电器都没有。除了破破烂烂的木头房子，全村连一户砖头（砌的）房子都没有。家里吃的全是自己种的菜和养的猪啊、牛啊、鸡啊什么的。城里东西一样也买不起。有时候家里要买铜锅、锄头或者盐巴，没有钱，我们就拿粮食或者洋芋换。那个时候坝子里（丽江市区）的人很看不上（看不起）我们，喊我们是'种洋芋的'……"[1]

回村参加葬礼的 HGG 说："我家有 5 口人，1 个老人，2 个孩子。以前种洋芋，辛苦一年挣的钱还不够两个孩子半年上学的开支。要不出来开车，待在山上，一分钱也找不到，更别说娃娃上学和其他（花销）了。"[2]

2005 年我和丈夫商量出来看看，找找钱（赚钱）。那个时候，我们村已经有人在丽江开车了，听村里人说开车好，我就和男人一起下山了。因为当时村里外出的人主要都在开车，干其他的也没人介绍，我们就去考驾照开车了。[3]

……我是跟着亲戚出来的，比起种田收入要多很多，而且开

---

[1] 访谈时间：2010 年 7 月 20 日，HWH，男，43 岁，满中村村民，开车年龄 5 年，家中有 2 人开车。
[2] 访谈时间：2010 年 7 月 20 日，HGG，男，39 岁，鹿子村村民，开车年龄 8 年，家中有多人开车。
[3] 访谈时间：2010 年 7 月 21 日，HGC，女，40 岁，旦前村村民，家中有 3 个人在开车，自己买了出租车。

车还更稳定些。我们种洋芋，价格根本不由我们控制。去年（2009年）洋芋价钱很高，卖到了一块四毛钱一斤，很多人就来种洋芋，结果今年才两毛一斤。连化肥钱都（找）回不来。开车么，靠车子吃饭，不会像在山里，饥一年饱一年。[1]

村民HZG说："我出来开车已经快10年了，以前还去过昆明……后来感觉在昆明一个人太孤单了，也攒不下钱，所以我就回来跟着亲戚开车了。我现在两个小孩，都在丽江上学，老大六年级，今年升初中了，学习很好。老二四年级，是个男孩，比较调皮。现在养孩子开销太大了，要是不开车绝对供不起他们。"[2]

从这些南溪司机的访谈中我们可以得知，在农村，辛苦劳作一年，也只能解决基本的温饱，遇上天灾人祸，生活就入不敷出，更别说脱贫致富。所以南溪村人所面对的经济上的窘迫推动着大批"南溪司机"从大山流向城市。

2. "被动的"商贸传统对南溪人市场意识养成的影响

南溪村地处较高海拔山区，资源相对匮乏，恶劣的地理环境使得南溪人对外界具有很强的被动依赖性，南溪村人的商贸历史也因此变得悠久。仅以1949年以来的时段为例观之，其大致可以分为三个阶段。

第一阶段为20世纪五六十年代，在南溪社会实行简单的物物交换。用洋芋、柴薪、青稞和山里的药材，交换日常生活所需的其他物资。

---

[1] 访谈时间：2011年10月7日，HXJ，男，37岁，旦前村村民，家中有4人开车。
[2] 访谈时间：2012年2月27日，HZG，男，36岁，鹿子村村民，开车9年，家中有多人开车。

第二阶段是20世纪八九十年代，在改革开放的时代背景下，村民的交易市场也扩大到了毗邻的鹤庆、拉市等地区。此时的主要农产品洋芋甚至远销到了昆明、大理、楚雄等城市。

第三阶段是20世纪90年代末到现在，在市场经济影响下，村民赖以生存的洋芋的价格不断被压低，传统的木材交易又因为"天保"工程的启动被废止。为了生存，许多村民走出大山"讨生活"。在这样的背景下，外出务工慢慢变成南溪社会的一股风潮。在此过程中，村民的市场意识得到了进一步的强化，开始主动寻找挣钱的机会。"南溪司机"的出现，正是当地早先已有的商贸传统、市场经验等要素在新的制度和社会条件的共同作用下衍生与发展起来的。

3. 第一个"南溪司机"对南溪人职业选择的影响

直到20世纪70年代，南溪村还没有外出就业者。据回忆到20世纪80年代末，外出务工的只有4人，最早的一个人是1987年外出务工的从事理发工作。20世纪90年代初外出的人数有了明显增加，达到17人。到1995年激增到81人，是10年前的20倍，主要涉足的行业有卖菜、卖草药、运输木材、卖砖头、做小生意、餐馆打工等。1996年，南溪村出现了第一个开拖拉机贩卖洋芋的人，1997年和1998年分别出现了第一个营运面包车（后来的"3-8路"营运车）司机和第一个出租车司机。

关于谁是第一个"南溪司机"，村里流传着几种截然不同的说法：

据村民[1]HSX讲述："2000年，村里有个叫HSH的女人嫁给丽江

---

1 访谈时间：2012年3月24日，HSX，男，家中多人在丽江开车，笔者在南溪村的主要接待人和参与观察对象之一。

古城一个出租车司机。嫁过去后她跟丈夫一起开车，听说当时一月能挣一万多元呢。后来她就带着她家的亲戚下山（开出租），一年下来，这家人富裕得很明显。村里慢慢就开始有人下山开车咯。"这个说法虽然比笔者在村里访谈中得到的第一个司机出现的时间晚，但是却证实了此时的南溪村已经慢慢形成了以出租车为职业的风潮。

另一说法则认为第一个"吃螃蟹的人"是鹿子村信用社会计的儿子 HXW。村支书 HJW 说："早在 1997 年，刚刚退伍回来的 HXW 借助父亲的社会关系贷款买了全村第一张（辆）面包车。一年后，HXW 把面包车卖了并贷款买了更加'卖得起价'的出租车。那时的车价只有 3 万多，牌照 4 万块（钱）。这个价钱对我们来说绝对是大价钱，很多人并不看好 HXW 的行为。但是，当 4 年后 HXW 在丽江古城买了商品房以后，村里很多人才开始注意到这个生意能'生钱'。"[1] 这个说法证明了南溪村第一个出租车司机产生于 1998 年，只是笔者没法联系到 HXW 本人加以考证。因为村里有些人说他家产已经有好几十万元早就不开车了，又有人说这个人后来买了旅游大巴去做大生意了。

笔者在出租车协会遇到的一位自称最早下山开车的南溪籍司机 HZL 说："我 1998 年和其他 3 个老乡来丽江（开车），在白华（村）包房子住，我们那会儿没钱，就向亲戚借钱押给丽江的出租车主包车开夜班。不到一年，就把借亲戚的 3 万块钱押金钱给还清了。到 2003 年，我就买了自己的车，钱大部分是开车挣的，当时车子只要 15 万。也就是那前后，好多当年借钱给我的'有钱'亲戚，都陆续下来跟我学车了。"

---

[1] 访谈时间：2010 年 7 月 19 日、2010 年 7 月 25 日，HJW，男，满子村村支书，曾在丽江开车，现返乡。

当事者的记忆虽然依旧很难准确地复原真实的历史，但通过来自不同渠道的信息却使我们能够肯定地得出一点结论，那就是：营运出租车已经逐渐成为当时外出的南溪人主要的谋生手段。

4. 传统的家族观念对南溪人流动地选择的影响

通过对访谈数据的整理，笔者发现一个有意思的现象，南溪村84.2%的被调查者外出务工的第一个地点就选择了丽江古城周边的城郊接合部，11.7%的南溪人在邻近乡镇务工。只有不到5%的外出务工者选择昆明、贵州、四川等其他省市。从南溪村到丽江，距离只有28公里，这相对于去北京、上海、广州、深圳、昆明等大城市打工的成本要低很多。"距离衰减"（attenuation distance）理论认为，外出务工的劳动力对就业地的选择呈现出距离递减的规律，距离越近分布概率越大，距离越远流量越小。

此外，作为拥有三项世界遗产的旅游胜地，丽江几乎一年四季都有出租车服务的市场需求和比较多的挣钱机会，承运出租车逐渐成为活跃在丽江古城范围内的南溪人的一种区域性职业。

最为重要的是，纳西族是一个比较注重家族观念的民族。一个家族由几户至十几户共尊一个始祖的血缘亲属组成。因此，只要族内有婚丧嫁娶或重大的祭祀活动，所有的家族成员是必须一同参与的，否则将会被视为不孝，受到舆论的谴责。这在某种程度上限制了"南溪司机"的流动距离。在各种仪式中家族间的互相帮助，作为一种人情债累计下来，等到下回自己家族遇到类似的事情时，彼此就会有个帮衬。

"南溪司机"在丽江古城的居住地主要集中在古城周边的3个城中村：白华村、安乐村和祥云村，其中白华村是南溪司机生活最集中的一个城中村，下山开车的司机中，约有70%的人居住在这里。白华村隶属于丽江市黄山镇，是回南溪村必经的一个城中村，开车30多分钟。距离丽江古城只有1.5公里，开车三五分钟就能到达古城最为繁华热闹的市中心。因此，住在白华，既能方便照顾家人，也能近距离、低成本地享受丽江市丰富的城市资源和多样的就业机会，成为"南溪司机"流动聚居的一致选择。

纳西族的传统文化、家族观念和距离因素等共同影响着那些从来没有走出过大山的南溪人对于职业地的选择。对于"南溪司机"来说，每当家族内部遇到一些比较紧急的状况或者村寨内的重大祭祀活动时，他们都可以以最快的速度赶回家，这一点很重要。

此外，两地分居给"南溪司机"及其家属们所带来的痛苦，以及他们在子女教育、赡养老人等问题上的角色缺位等都是造成"南溪司机"近距离就业的主要原因。慢慢地这些"南溪司机"就在丽江古城周边的城郊接合部开辟出了一个完全属于南溪人自己的职业聚居区，并延伸和发展了他们的生存空间。

5. 南溪人对丽江古城出租车行业的认知

笔者在调查期间，多数丽江本市人[1]都表示开出租车这个职业本身社会地位比较低，开车丢面子，尤其是开晚班更加丢份儿，[2]他们宁可

---

[1] 2002年12月国务院批准丽江撤地设市，2003年4月，丽江市分设为古城区和玉龙纳西族自治县。本文的研究对象"南溪司机"来自玉龙纳西族自治县下辖的5个村委会之一的南溪村（委会）。依照此行政区分，丽江人又被分为来自古城区的"城里人"和来自玉龙纳西族自治县的"农村人"。来自玉龙县南溪村的人，因为生活在较高海拔的山区，因此，又被称为"山里人""种洋芋的""农民"等。

[2] 丢份儿：丢面子的意思。

从事一些收入较低但社会地位相对较高的工作[1]，也不屑于以开出租车为职业。但对于一直被丽江"城里人"称为"种洋芋的"南溪人来说，开出租车所带来的高收益和身份上的转变，恰好满足了初来丽江就业的南溪村民对于职业的期望。[2]

许多司机都表示，比起给别人打工，开车挣的钱都拿在自己手上，更加踏实、放心。此外，在南溪人看来村里"日子过得好的""手里有几十万的""能买得起房子攒（买）得起车的"基本都是在开出租车的人，而干其他职业的很少能攒得下钱来。

> 一位司机说："在丽江开车，只要是古城范围内，起步10块，一个乘客下车，马上就有新乘客上来，一天随便可以拉几百块钱，我们在村里，一年也就挣一两千块钱。"[3]

> 我出来那会儿（2003年）开车好攒钱，跑两三年就能买一张（辆）或者半张（辆）车，不过当时车价也比较便宜，二十几万。不过现在就比较难了，但是开车还是能攒下不少钱的。[4]

---

[1] 访谈说明：笔者在丽江古城调查"3-8路"及微型车情况期间，由于调查的需要，曾经与束河古镇的驻客及营运古镇小面包车的司机师傅们进行了较为深入的访谈，此部分访谈资料来源于此。

[2] King R. 在研究瑞士旅游劳务移民时发现，许多部门的收入和社会地位都比旅游业高，所以导致本地人不愿从事旅游业，只能引入对当地旅游业有兴趣的国外劳工以填充当地旅游业发展的需要，详见 King R.：Tourism, Labor and international migration, Montanari A, Williams A M. In European Tourism：Regions, Spaces and Restructuring. Chichester：Wiley, 1995.

[3] 访谈时间：2010年7月25日，HXX，男，36岁，开车3年，家中多人开车，访谈地点：白华村。

[4] 访谈时间：2010年7月21日，HGC，女，40岁，旦前村村民，家中有3个人在开车，自己买了出租车，访谈地点：满下村。

> 一位司机的女儿说:"我比较喜欢我爸爸开车,以前他在餐馆打工的时候从来没有时间陪我,现在我要是想他了就跟着他去跑车。有时候我爸爸拉个去中甸(香格里拉)的客人,他就带着我一起(去)。我们在等客人的时候就可以自己玩。我爸开车以后,我去过好多地方喂,香格里拉呀,雪山(梅里雪山)啊,鹤庆啊,我都去过。"[1]
>
> ……我们开车要是能拉个客人买珠宝(玉器),那一天都不用跑了,回扣至少也有几千块。我们以前有个老乡,听说是拉了一个台湾人,一下买了一百多万的珠宝(玉器),算下来回扣要有20万呢,但是好像那个玉器城的老板并没有给他这么多钱。那也还是比干其他的挣钱。[2]

此外,对于一些中年的"南溪司机"来说,基本只有小学文化水平,加之年龄上的限制,所以在外出务工时职业选择上,他们并不占优势,只好选择开车这个行当。

> 司机HZQ说:"我之所以干了很多职业后最终回来开车就是因为开车不需要跟人打交道,我汉话说不好并不影响我拉生意,开出租车么,只要车子开得稳那就是本事,钱一个也少不了。"[3]
>
> HLR也无可奈何地说:"我们怎么干,也抵不上丽江(城里)

---

[1] 访谈时间:2012年3月3日、2012年3月12日,女,12岁,访谈地点:白华村,笔者在白华村调查期间的主要接待家庭和参与观察家庭之一。
[2] 访谈时间:2012年3月24日,男,45岁,开车7年,有自己的出租车,访谈地点:白华村。
[3] 访谈时间:2010年7月25日,HZQ,男,39岁,开车4年,有半张出租车,访谈地点:旦前村。

人。他们看我们就是个'开车的',我们能挣钱咋了,还不是一个农民,没啥太大的混头。"[1]

以上因素都在一定程度上限制了"南溪司机"的发展,他们很难转行从事其他更高层次的工作。也就是说,一旦丽江的出租车市场出现大的波动,这些"南溪司机"就有可能陷入困境。他们虽然对城市寄予了很高的期望,但是残酷的现实生活却迫使他们中的大部分人只能以开车为生。

也有部分乐观的司机对行业的未来寄予了很高的期望,表示要是孩子不愿意读书,那至少还能把出租车当成一个饭碗,这也是许多司机拼命挣钱买车的主要原因之一。司机 HGF 说:"唉!像我家娃娃不爱学习,以后就让他学个驾照跟我一起来开车吧,虽然辛苦些,但是每年还是能挣七八万块钱的。"[2]

一位司机的孩子说:"我就不爱读书,想开车。但是我爸妈非要喊我读完高二才给我考驾照,他们觉得有文化的司机在外面开车才不受气,但我倒觉得早点出来攒点经验找点钱更有用。"

在南溪人的生活里,开出租车已经成为南溪人家庭经济收入的主要来源之一。在南溪,许多经济状况一般的家庭常常有意识地利用下山开车的契机来增加他们的家庭收入和减轻家庭的风险。即使在绝对经济收入不变的情况下,有出租车的家庭通常也能表现出较高的社会

---

[1] 访谈时间:2011 年 10 月 8 日,HLR,男,44 岁,开车 7 年,有自己的出租车,访谈地点:白华村。
[2] 访谈时间:2010 年 7 月 25 日,HGF,女,37 岁,开车 6 年,有自己的出租车,访谈地点:旦前村。

地位和较强的社会成就感。在与其他职业对比中所体现出的诸多优势，使开出租车成为许多外出的南溪人在职业上的首要选择。慢慢地，南溪村的外流劳动力下山后几乎都以开出租车为生，逐渐结成一个以司机为主体的职业群体。

6. 出租车提供给南溪人的精神慰藉

事实上，在"南溪司机"中，并不是所有人都是因为经济所困而开车的，也有一部分人出来开车是为了寻求精神上的慰藉和情感上的寄托，他们在职业选择上更多地体现了一种随大流的倾向。例如有的青年人出来开车是为了独立和自由；有些妇女是为了开阔眼界，长长见识；另外有些年轻人出来开车是为了积累闯荡社会的经验；还有些人是出于好奇等。

> 司机 HFJ 说："过去是有特别能力和技术的人向外走，现在是有特别原因的人才留在家里呢，大家都出去（开车）了，起码能开开眼界、长长见识。"[1]
>
> ……在城里生活比较潇洒，旅游城市嘛，各种设施比较方便，好玩好吃的东西也多。因为我们是纳西族，所以去市里面那些景点都不要钱，说句纳西话就进去了。像我们开晚班的好处就是，白天可以出去逛，比待在村里有意思多了。[2]

---

[1] 访谈时间：2011年10月8日，HFJ，男，22岁，年轻一代新司机，开车3年，家中多人开车，访谈地点：白华村。
[2] 访谈时间：2012年2月27日，HXL，男，21岁，年青一代新司机，开车1年，家中多人开车，访谈地点：白华村。

我打算趁着现在周围的亲戚都在丽江古城开车，也赶紧出来开两年（车），再攒些钱也像我那些亲戚一样买张车子，那回来（回南溪村）日子就不一样咯。[1]

我在城里开车比在山上自由多了，父母都不在身边，我晚上开车累的时候可以去上网，也可以回去睡觉，平时还能打打麻将。在村里，什么都没有，晚上太晚了也不能看电视，更不能出去（玩）。在丽江，我既可以挣钱，又可以做些自己喜欢的事情。这些事情在山上我爹妈是不给（让）我做的。村里有事情（喜事或者丧事）的时候，我开着车回去，（跟同龄人相比）还是比较拿得出的（拿得出手）。[2]

……像我么，我的好多朋友们都去丽江开车了，我自己待在村里也没什么意思就出来了。刚开始住在我亲戚那里，后来熟悉了我就在隔壁单独找了一个房子（出租屋）。白天大家在一起开车，一起进进出出的，我还是很喜欢的。[3]

城市对劳动力的需求使得农民有了离开农村的可能。对城市生活价值的认同和对农村生活的价值否定则成为促进南溪人，尤其是新生代南溪人（出生于改革开放以后的南溪人）义无反顾地走向丽江古城

---

[1] 访谈时间：2012年3月24日，HGS，男，19岁，还没有开车经验，准备下半年考驾照，家中多人开车，访谈地点：白华村。
[2] 访谈时间：2012年2月28日，HWL，男，22岁，年青一代新司机，专门开夜班车，有2.5年驾龄，家中多人开车，访谈地点：白华村。
[3] 访谈时间：2011年10月4日，HGR，男，21岁，年青一代新司机，有1.5年驾龄，家中多人开车，访谈地点：白华村。

的原因。[1]开车除了能产生实际的经济效益以外,还同时成为南溪人自我身份优化建构的一个路径。

对比近几年来一直在村里种地的村民和试图通过教育改变命运的年轻人的生活现状,人们不难发现,种地的收入远远不如开车,对于教育的投入也逐渐出现了人不敷出的情况,由此,开车的优势得到了大大的凸显。攀升的出租车运营牌照的价格以及收入上的优越性不断激发着越来越多年轻的南溪人涌向丽江的出租车运营市场。"买房不如买车""学习不如考驾照""打工不如开出租"的思想也慢慢深入了每一个年青一代南溪人的心灵。

对于那些潜在的新一代"南溪司机"来说,"下山开出租车"无论是在社会认知,还是理念、心理上都已经成为他们的职业期许并形成了一种"开车可能主义"的意识形态。反映到南溪社会,就是产生了从青年到壮年的"群体开车效应"。最终,他们带回家乡的不仅是资金,还有新的价值观念、生活理念、知识信息,这些资源和信息又慢慢激发着新一代的南溪人以出租车司机为职业的动机,他们源源不断地涌向丽江古城的出租车市场,逐渐形成了"南溪司机"的职业循环模式。(图6)。

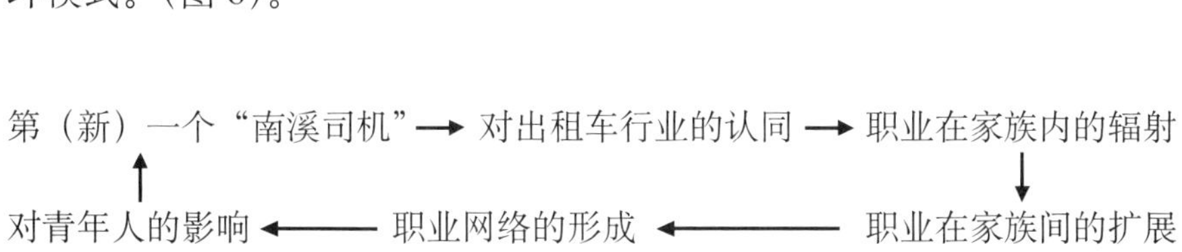

第(新)一个"南溪司机" → 对出租车行业的认同 → 职业在家族内的辐射

对青年人的影响 ← 职业网络的形成 ← 职业在家族间的扩展

图6 "南溪司机"的职业循环模式

---

[1] 张仕平:《乡村场域变迁中的农民外出就业》,2006年吉林大学博士论文,第110页。

所以，对于许多司机来说，虽然开车的生活是黑白颠倒的，但是他们还是能通过这种颠倒的生活求得某些精神上的自在和解脱。"南溪司机"对出租车这个职业的独特认知和选择，体现出一种职业选择的自觉意识。这种自觉的职业意识不仅体现在他们对于开出租车这个职业的选择上，而且更加具体地内化在他们的思想中。"南溪司机"将开车所得的大部分收益用于攒钱买车上，他们有明确的"用钱生钱""攒钱买饭碗（出租车）"的意识。

（二）"南溪司机"的发展壮大

1. 晚班市场："南溪司机"职业选择的重要契机

20世纪90年代末期最早进入丽江古城开出租车的第一批"南溪司机"赚到了自己的第一桶金，虽然有许多岁数大的司机已经退出了这个行业，但细数如今在行业中最具实力、最富有的南溪人，大部分还是那个时候[1]下山开车的人。在这批司机中，有不少人买了自己的出租车，回家修了房子，少数人还在城里买了商品房。他们成为左邻右舍羡慕的对象，原来没有外出意识的南溪人也因为受到他们的影响慢慢有了走出大山的欲望。

到2003年，达到了南溪人外出开晚班出租车的高潮。许多司机说，那几年村里几乎每天都有人下山考驾照。现在，几乎每户人家都有一两名家庭成员有驾照会开车。

---

[1] 第一批"南溪司机"大致形成于1998—2006年前后，也即出租车牌照价格控制在40万元以内的时期。

……当时开晚班的人基本全是我们南溪人,汉族(通指纳西族以外的其他民族)很少。因为晚上起步比白天高3块钱,罚款堵车现象又比较少,所以那会儿开晚班随便跑上几个小时就有好几百块钱。那时候我们晚上(凌晨)两三点没什么生意的时候就回来睡会儿觉,到了5点多再出来跑一圈就交车,就这么"半拉子"跑,那会儿一个月也能挣个万儿八千块钱呢。[1]

我们晚班是6点(18:00)接班,刚好是游客打车的高峰,也是那些有钱人[2]"出动"的时间。很容易拉他们去酒吧、桑拿、饭店、宾馆,这些活基本上都有回扣,所以开一晚上挣的钱是很可观的。[3]

我是2006年买的车,买车钱全是我开晚班挣的。现在有自己的车了,我还是不爱开白班。开惯了(晚班),挣钱的路子都熟了,白班挣"死钱"[4],没意思。[5]

2. 旅游业发展:"南溪司机"规模扩大的有力推手

作为拥有三项世界遗产的丽江市,早在20世纪上半叶,被誉为"纳西学之父"的美国学者洛克(J. F. Rock)就对丽江地区进行了深入的考察,并在其研究著作《中国西南古纳西王国》(*The Ancient*

---

[1] 访谈时间:2012年2月27日,HJJ,男,47岁,开车7年,有自己的出租车,家中多人开车,访谈地点:白华村。
[2] 在"南溪司机"看来,晚上出来游玩的客人多数是会享受生活的"有钱人"。
[3] 访谈时间:2012年3月24日,HGF,男,36岁,开车6.5年,有自己的出租车,家中多人开车,访谈地点:白华村。
[4] "死钱":相对于容易拉到"回扣"的晚班来说,白班是很难有额外收入的。因此,在"南溪司机"内部,又将开白班所得的常规收入称为"死钱"。
[5] 访谈时间:2012年3月19日,HGW,男,32岁,开车4年,访谈地点:白华村。

Na-Kni Kingdom of Southwest China)一书中详细记录了自己的所见所闻。此后美国学者孟彻里（Mekham）、英国学者杰克逊（Jackson A.）、俄国学者顾彼得、德国学者雅纳特（Janert K L.）、日本学者诹访哲郎等先后对丽江的语言、文字、历史、宗教与神话等内容进行了深入的研究，在世界学术界引起了不小反响。英国独立制片人阿格兰德（Phil Agland）于20世纪80年代末拍摄的《云之南》（China：Beyond the Clouds）更是为地处云南边陲的丽江小镇吸引了许多来自世界的目光。

1996年，丽江"2·3"地震后[1]，丽江的旅游业在抗震救灾的过程中得到了大幅的宣传，空间上遥远偏僻的石板小镇，一夜间成为生活在都市的人们对"陌生文化，遥远他乡"的一种空间遐想。2007年，丽江全年接待海内外游客530.93万人次，旅游业总收入58.24亿元。[2] 通过10余年的发展，丽江已成为在海内外有较高知名度的旅游地区和令人向往的旅游胜地之一。游客接待量和旅游综合收入分别由1994年的21.69万人次和8141万元，增加到2008年的630万人次和近70亿元，其中海外游客近47万人次。[3] 现在旅游产业创造的各种收入已经占到丽江地区GDP（国内生产总值）的一半，成为丽江经济稳定快速发展的重要支撑。

受丽江旅游经济快速发展的影响，丽江本身的劳动力数量出现

---

[1] 此外，1997年12月3日，丽江大研古镇被联合国教科文组织世界遗产委员会列入《世界遗产名录》；1999年，昆明世博会也为丽江的城市发展提供了新平台；2006年2月，省政府提出"做精大理，做大丽江，做优迪庆，开发怒江"的发展思路，使丽江旅游业全面进入"提质增效，二次创业"的阶段。
[2] 数据来源：丽江政务网。
[3] 数据来源：丽江政务网。

了供应不足的不均衡现象,有需求引进大量外地劳动力以满足本地旅游市场的需求。[1]现在,"丽江一日生活圈"也已成为许多城市小资的生活新标签,所谓"捷达开天窗,周末去丽江"。[2][3]丽江的出租车行业正是在这种巨大的劳动力需求和交通运输需求背景下蓬勃发展起来的。而来自南溪村的出租车司机也正是基于对丽江旅游业的乐观预期才不断聚集、发展和壮大的。

3. 运营牌照增值:"南溪司机"群体发展的兴奋剂

A.M.罗杰斯认为,个人对某一新事物接受的速度,取决于这个新事物的优越性与适应性。[4]在金钱和利益的刺激下,越来越多的南溪人进入丽江古城以开出租车为职业。2003年,丽江市政府停止审批出租车营运权,实行车辆报废一辆添一辆的"稳定政策"后,丽江的出租车总数始终保持着776辆不变。[5]在此情况下,出租车运营牌照的价格开始发生了翻天覆地的变化(表2)。

---

[1] King R.在对澳大利亚20世纪80年代以来旅游业的发展研究中指出:随着国际旅游业的快速发展,旅游地会出现长期缺乏训练有素的旅游业相关从业人员,需要从外引进(参见 King R.Tourism, Labor and international migration. Montanari A, Williams A M. In European Tourism: Regions, Spaces and Restructuring. Chichester:Wiley, 1995,P.177—190.)
E.A.Hoebel, Anthropology: The study of Man, New York, McGraw-Hill,1972,P.653—654.

[2] 详见:2006年10月31日,凤凰卫视《锵锵三人行》节目。

[3] 李劼:《丽江纳西文化的发展变迁》,北京:中央民族大学出版社,2007年,第179页。

[4] K.M.伍兹:《文化变迁》,何瑞福译,石家庄:河北人民出版社,1989年,第32页。

[5] 数据来源:丽江市出租车行业协会,访谈时间:2010年7月23日。

表2 1998—2012年间丽江市出租车牌照价格

年份	价格
1998	3～4
2000	8
2003	15
2006	40
2008	50
2010	80
2012	101

单位：万元

丽江的出租车牌照价格从1998年的三四万元一路飙升，2000年涨到8万元左右，2003年为15万元上下，2006年突然涨到40万元，2008年为50万元。到那时，许多人认为这个价钱的牌照是天价了，但2010年丽江出租车运营牌照的价格居然涨到让所有人都大吃一惊的80万元。在笔者2012年春季做田野调查的过程中，丽江的牌照价格已经冲破100万元大关，达到了跟上海、广州、深圳、北京等城市出租车运营牌照价格相当的水平。即便如此，许多"南溪司机"仍然很看好这个价格涨势。

这也就意味着，对于先期进入这个营运市场的司机来说，其拥有了越来越多的资产；但对于进入市场较晚的司机来说，买"天价车"则蕴含着很大的危险。年轻司机HDR用"赶上了"来形容早期那些成功[1]的"南溪司机"。所谓赶上了，就是指出租车营运牌照还停留在

---

[1] 在南溪人眼中，"成功"专指购买出租车，相较于买房、攒钱来说，购买租车属于"钱生钱"的投资，因此在南溪人看来，拥有一个能"生钱"的"机器"是生活中最大的成功。

40万元上下的那段行业发展的特殊时机。这个时期的非常规性，呈现出很强的投机性，客观上成为那些获得较好收益的早期"南溪司机"成功的重要原因。但尽管如此，现今南溪人对于出租车行业的兴趣仍然持续。

上述三方面的原因，合力推动着"南溪司机"群体的壮大。通过对访谈资料的分析，笔者发现，2006年前后成为"南溪司机"购买出租车最多的时期，也成为"南溪司机"最为辉煌的一段时间，现在大家熟悉的"南溪司机"的名字正是在那个时候打响的。

（三）"南溪司机"的生活图景

1. 工作时间

调查表明，南溪司机每天的开车时间在10小时以上的占13%左右；在8～10小时的占12%；在6～8小时的司机最多，占受访者的一半以上，为57%。此外，聚居在白华村内的南溪司机，约有37%的家庭是夫妻都开出租车，这意味着他们的工作时间加起来大于20小时。即夫妻双方几乎没有"见面"的机会，更别说构建起由父母与子女共同组成的稳定的家庭生活，这在一定程度上造成了父母在子女成长过程中的角色缺位。按照这些"夫妻档"司机的作息时间，夫妻双方的生活几乎没有交集。妻子跑白班的时候，丈夫在家里休息；轮到妻子休息的时候，丈夫又出去跑晚班了。

女司机HGD说："我每天只有早上和晚上交车的时候才能和丈夫见一面。有时我们一起吃个饭，多数时间是顾不上（吃饭）

的，我们开出租么，只要车子一跑起来，就舍不得让车子停啊。"[1]

"现在比以前好多了，（我和丈夫都）买了手机，家里有什么事的时候，都能通话（打电话）。我们跑车的好处就是有急事立刻就能碰面，不比外出打工的，有了事情干着急。"[2]

上述司机 HYH 的言语中充满了对于这种借助电话维持的家庭内部的情感的依赖。

2. 工作收入

调查中多数"南溪司机"都有"趁年轻能干、能找（挣）钱就不知疲倦多开车"的想法。依靠这种"苦得起""拼了命"的精神，"南溪司机"的年收入也在南溪人外出就业的诸多职业中处于领先水平（表3）。

表3 "南溪司机"收入水平与家庭运营模式

年收入	比例%	出租车拥有情况	家庭运营模式
8万元以上	16%	拥有整辆车	夫妻双方共同开车
5万~8万元	21%	拥有整辆车	无人开车 靠租赁出租车为生
		拥有半辆车	双方开车 有一方租用他人车辆
3万~5万元	31%	拥有半辆车	一方开车
		没有车	一方或双方开车
不足3万元	32%	没有车	一方开车

---

[1] 访谈时间：2012年3月3日，司机 HGD，女，33岁，开车4年，丈夫开车7年，有自己的出租车，访谈地点：白华社区。
[2] 访谈时间：2012年3月25日，司机 HYH，女，34岁，开车4年，丈夫开车8年，有自己的出租车，访谈地点：白华社区。

调查发现，在南溪司机中年收入在 8 万元以上的司机约占 16%，这刚好与夫妻共同开车的比例相吻合，这种"夫妻档"开车模式也成为"南溪司机"中较为成功的合作方式。年收入在 5 万~8 万元的家庭约占 21%，这些家庭通常已经买了出租车，区别于夫妻双方都承运的家庭，这类家庭中通常只有一位家庭成员开车，另外一班生意通过"吃租子"（租赁出租车）的方式承包给其亲朋，因此收入略少于前者。年收入在 3 万~5 万的家庭约占 31%，这类家庭分为两种情况：一种情况是家庭虽已购买出租车，但是由于身体状况难以胜任司机职业、子女太小难以继承等原因，仅依靠租赁车辆来获得收入；另一种情况是：多数家庭还没有能力独自购买出租车，他们通常与亲戚共同购买协议承运（买半张车），夫妻中一方开自己家的车，另一方租用他人车辆运营；此外，在"南溪司机"中还有 32% 左右的人年收入不满 3 万元，这些人通常是刚下山的新司机，也是上文提到的风险人群。他们既要承担较高的租车费用、包车押金及各种杂项费用，还要定期偿还前期学车期间向亲朋好友借的钱，因此收入较低。

3. 当前的工作环境

随着出租车市场的发展，涌向丽江出租车市场的司机越来越多。伴随着相对过剩的司机在出租车行业的出现，其中有部分未能充分就业的司机选择了购买成本更加经济实惠的"3-8 路"[1]运营车，这类运营车的出现对出租车的经营也造成了一定的冲击。同时，随着近几年

---

1 "3-8"路：由长安面包车改装的环城小公交，车体为蓝色，运行范围不可以超出古城区，所跑线路为 3 路公交车和 8 路公交车的线路（夜间线路更加灵活）。"3-8 路"上车 1 元，招手即停的运营形式，使其成为许多丽江市民出行的首选交通工具。

参与"黑车"[1]运营的私家车数量的不断增多,更进一步加剧了丽江古城出租车营运市场的竞争,导致出租车司机们越来越难挣钱,压力越来越大。现在,除少数"南溪司机"外,很少有人有机会在竞争激烈的市场环境下达到"暴富"[2]的水平。2012年,笔者在调查期间许多司机都抱怨说:

> ……那会儿(2006年以前)丽江的公交车不多,也没有到处跟我们抢生意的"3-8路"。现在,丽江的公交车方便得很,去哪里都有(公交)车,本地人出门是很少打车的。这几年(丽江)又有了"3-8路"、微型车[3]、"小1路"[4],还有好多"黑车",他们明着跟我们抢(生意),我们就更没生意了。[5]
>
> "原来嘛当地人不坐车(出租车),但是游客还是坐呢,现在

---

[1] "黑车":特指没有运营资格却偷偷拉乘客运营的私家车。近两年,许多生活在丽江古城和束河古镇的外地驻客纷纷购买了私家车,借助其经营的客栈、商铺等场所,为其所接待的游客提供包车、租车等交通服务,这在一定程度上"抢"了出租车司机的生意,并加剧了行业内的竞争。

[2] 这里的"暴富"主要指达到能够购买出租车牌照的水平,许多出租车司机之所以觉得第一批"南溪司机"赶上了,是因为2006年以前,出租车的牌照还在40万元上下的时候,按照每位司机每年开车能攒10万元算,开三四年,就能购买一辆出租车,但是2012年,丽江的出租车牌照的价格已经冲破了100万元大关,这个价格对于大多数想通过好好运营攒钱买"牌照"的"南溪司机"来说,在10年内几乎是不可能完成的。

[3] "微型车":指双排座位,后面为开放型货斗的客货两用面包车,车体为银灰色,运营范围是公交车和"3-8路"不能跑的郊县,因此当地人又将这种"敞篷型"的小面包车称为"城乡公交""乡村巴士"。

[4] "小1路":由长安面包车改装的环城小公交,运行范围不可以超出古城区范围,所跑线路为1路公交车的线路(夜间线路更加灵活),上车1元,招手即停,车体为绿色,因为与丽江出租车的颜色一样,因此又被当地人称为"小出租"。

[5] 访谈时间:2011年10月3日,司机X1,男,34岁,开车7年,有自己的出租车,访谈地点:白华社区。

好些游客都会打（坐）'3-8路'了。"司机X2口气中充满了无奈。¹

……光靠开死车，拿不到多少钱的。以前吧我们开车还能拿点回扣，现在这些游客越来越精，好多店铺为了招揽生意都挂个牌子，上面写着"本店无回扣"。一来二去的，我们就没什么来钱的地方了。²

……现在开车的钱越来越不好挣了，整晚上地跑，也挣不了多少钱。³

这两年丽江市场出租车一辆都没增加，牌照的价格却噌噌往上涨了好几十倍。原来车价三四十万的时候，好好苦几年就能攒一张或者半张车出来。现在，一张车卖到了一百多万，苦十年也买不起咯。⁴

像我们这些司机吧，攒钱真是不容易，我们挣的是钱，但开的可是命。就从2000年算起，我们村先后有3个人都因为开晚班，命都没了。其中有一家人不仅人不在了，车子也一直没有找回来。像他们（丽江人），有点条件的都把车子包出去了，自己很少开。所以，现在好多白班车也都是我们南溪人在跑。⁵

---

1 访谈时间：2011年10月3日，司机X2，男，37岁，开车5年，有自己的出租车，访谈地点：白华社区。
2 访谈时间：2010年7月29日，司机HTF，男，32岁，开车3年，家中有多人开车，访谈地点：满中村。
3 访谈时间：2010年7月24日，司机HGG，男，43岁，开车7年，有自己的出租车，由于身体原因，已经回村里务农2年，靠出租车租赁和种洋芋为主要经济来源，访谈地点：满中村。
4 访谈时间：2012年3月13日，司机HYF，男，32岁，开车5年，访谈地点：白华村。
5 访谈时间：2012年3月3日，司机HGZ，男，31岁，开车4年，正在攒钱买出租车，访谈地点：白华村。

4. 对工作的满意度

与待在山上相比,"南溪司机"表现出的普遍问题是睡眠不足,与家人团聚的时间不够,缺乏休闲娱乐的时间。但尽管如此,多数司机还是表示对现在的生活很满足,对未来的生活很乐观。司机 HCH 说:"我感觉很知足,虽然开车比较辛苦,但是生活还是明显比山上好。"[1] 通过上文的统计可见,即使是刚刚下山开车收入不足 3 万元的司机的收入也远远高于在山上种地的南溪人的收入。

在被问到"您对您现在从事的工作满意吗"时,有 34.5% 的人回答"很满意",37.5% 的人回答"比较满意",19.6% 的人回答"感觉一般",7.14% 的人回答"不满意",只有 1.19% 的人回答"非常不满意"(详见表 4)。

表 4 南溪司机工作满意度调查

满意度	数量／人	比例%
很满意	58	34.5
比较满意	63	37.5
感觉一般	33	19.6
不满意	12	7.14
非常不满意	2	1.19
总计	168	100

在回答"您是否打算更换现在的工作"时,除 3 个受访者没有回答外,多数受访者明确表示并没有考虑过更换工作的问题,这部分人占受访者总数的 73.7%。即使少数对工作持有不满态度的人,也没有更换

---

[1] 访谈时间:2010 年 7 月 23 日,HCH,女,35 岁,开车 3 年,与丈夫一起在丽江古城开车,有自己的出租车,访谈地点:鹿子村。

工作的打算，他们乐观地表示，只要坚持下去，日子就会好过起来的。

5. 生活开支

由于挣钱辛苦，许多司机的生活开支都是非常节省的。在日常生活开支中最主要的三项是：房租、子女教育以及攒钱买车。（参见表5）

表5 "南溪司机"日常生活开支

家庭成员数量	房租／元	伙食支出／元	其他开销／元	总开支／元
3～5人	150～250	400～500	300	850～1050
2～3人	120～150	300～400	300	720～850
1～2人	80～150	200～300	100	380～550

通过对访谈资料的整理，笔者发现"南溪司机"的房租在150～250元的占11.7%，这些家庭通常家庭成员在3～5人，孩子一般已经成年，需要独立的生活空间，对房屋的大小有稍高一些的要求，伙食支出在400～500元，属于"南溪司机"中的"高消费"阶级；房租费用在120～150元的家庭最多，占41.3%。这些家庭的孩子年龄尚小，对房屋没有额外的要求，伙食费用也基本控制在300～400元；房租在80～100元的占37.6%，这些房屋就是司机们通常说的"出租屋"，是许多刚刚走出大山的"南溪司机"的安身之所。出租屋依据房屋的大小和设施（主要指床、桌子）的好坏实行一屋一价，主要由单身司机承租，少数刚刚结婚的夫妇也选择租住在这类的房屋中，可以减少在城市生活的成本，居住在这类房屋中的司机的伙食支出是最少的，通常为200～300元不等。

虽然现在全国实行了免费的九年义务教育，但司机们花在子女教育上的费用占据了他们日常支出的主要部分。给子女创造尽可能好的受教育条件，也是"南溪司机"挣钱的重要动力之一。许多司机都表示，我们再穷也不能穷孩子。

> 白马小学的 HJL 说："我现在（爸爸开车以后）用的文具和参考书都是我们班最好的。"[1] 司机 HCH 说："我们开车可以省一点，孩子可不行，要不被人看不起。"[2]

访谈发现，这些司机子女的教育费用因求学阶段的不同而呈现出梯度性的增长趋势。多数司机表示，尽管时下孩子的学费支出不大，但随着不断地升学，预期的教育支出也成为他们不小的压力。许多司机表示自己拼命开车主要是想给子女创造一个好的教育环境，让他们有机会跳出大山，更有出息，不像他们，一辈子就围着一张出租车转。

除了以上费用之外，"南溪司机"生活最大的支出就是攒钱买车的费用。相对于以上三大支出来说，"南溪司机"其他的日常支出都处于相对较低的水平。

在针对女性"南溪司机"的一项"您是否做过美容、买护肤品、买首饰及衣服"的访谈中笔者发现，从来没有买过防晒、美白等护肤品的女性有 66.3%。当被问到此问题时，多数女性司机的第一反应是比较羞涩。女司机 HJU 说："我们开车又不给谁看，用不着这个么！"[3]

---

[1] 访谈时间：2012 年 3 月 18 日，HJL，女，14 岁，父母都在开车，3 年前来丽江古城读书，访谈地点：白华村。

[2] 访谈时间：2011 年 10 月 2 日，HCH，女，40 岁，白班司机，开车 7 年，有自己的出租车，与丈夫共同运营，访谈地点：白华村。

[3] 访谈时间：2011 年 10 月 2 日，HJU，女，28 岁，白班司机，开车 2 年，家里有多人开车，访谈地点：白华村。

司机 HJD 补充："我们开车又不比在家种地，晒不到淋不着的（买化妆品）整哪样（干不了什么）。"[1] 在针对美容美发的消费访谈中，只有两位女性司机表示曾经去做过头发，没有一人做过美容。这两位做过头发的司机表示，由于伙伴们都笑她们就再也没有去过了。司机 HJD 说："城里人做头发可不实惠了，剪个头发要二三十块钱，烫头那就更贵了，100 多块钱还不好看。"在购买衣服的消费统计中，年购买金额在 200 元以下的司机占 67.8%，3 年内没有购买过新衣服的女司机占 45.3%。司机 HJU 说："我们开车穿不出什么好衣服，还不如把钱省着给娃娃买些好的。"从以上信息中我们可以窥探"南溪司机"整体的消费状况。

6. 闲暇娱乐

工作压力大、时间长，缺少与家人团聚的机会和缺少休闲娱乐时间等，直接导致了"南溪司机"的生活品质不高、闲暇娱乐单调。在访谈中，认为闲暇生活丰富或比较丰富的"南溪司机"只有不到 10%，且这些人多数是年龄在 18～24 岁的青年人。他们休闲娱乐的方式主要是上网、逛公园。认为"闲暇生活一般的"占 57%，这些司机多数已成家，生活的重点就是攒钱买车。司机 HUY 说："我们唯一休息的机会就是山上有事情，（有事情）就不跑（车）了。但是回家一趟也挺累的，办完家里的事再回去开车基本是开不动的。所以当天就停半天，也算不上什么休闲，就是跟家里人团聚团聚。"[2]

"南溪司机"的休闲娱乐方式十分有限，打发空闲时间的方式通

---

[1] 访谈时间：2010 年 7 月 25 日，HUY，男，33 岁，开车 4 年，访谈地点：旦前村（葬礼现场）。
[2] 访谈时间：2010 年 7 月 25 日，HUY，男，33 岁，开车 4 年，访谈地点：旦前村（葬礼现场）。

常只有三种：睡觉、做家务、看电视。晚班司机HJP说："开一晚上夜班累得不行，根本没精力干别的了，车子一交倒下就睡觉了，睡起来吃个饭就又要开车去了。"[1] 一位白班司机说："我下了白班就要马不停蹄地给孩子做饭，有时还要看着他们写作业，再洗上一两件衣服就该睡觉了。"[2]

7. 对生活的满意度

在对"南溪司机"的生活满意度调查中，有34.3%的人表示"很满意"，32.7%的人表示"比较满意"，感到"一般"的有21.6%，感到"不满意"的人有7.7%，感到"很不满意"的人只有3.7%。"南溪司机"感到不满意的地方依次是：治安差、居住拥挤、卫生条件不好、缺乏稳定感。在访谈对象中，对于治安的满意度最低，部分司机向笔者诉说他们遭受过盗窃、抢劫甚至殴打等事件。

从以上访谈结果来看，"南溪司机"的生活水平虽然通过开车得到了很大的提高，但是他们仍处于城市社会保障的"漏洞"中。当被问到"您是否准备更换居住地"时，却很少有司机表示有此打算，对于"南溪司机"居住地的情况将在下面详细探讨。

---

[1] 访谈时间：2011年10月9，HJP，男，41岁，开车6年，夜班司机，访谈地点：白华村。
[2] 访谈时间：2012年2月27，HXX，女，42岁，白班司机，开车5年，有自己的出租车，家里有多人开车，访谈地点：白华村。

三、"乡土—社区—职业"型城市进入方式

出租车是南溪人与丽江古城劳动力市场发生联系的主要工具。在南溪人获得司机身份的过程中,其群体内部逐渐形成了以劳动力、乡土关系、资金市场、职业基地等要素为基础的内部市场,其边界大致由"南溪司机"及他们在山上家乡的人际关系网络构成。在这个市场中,有其自身特有的运作的规则和制约机制。

(一) 以乡土关系为基础的职业网络

布迪厄认为,当一个人拥有某种持久的社会关系网络时,这种关系就会变成他实际或潜在拥有的人情资源。[1]南溪人获得司机身份的最初渠道几乎都是有亲缘关系的"家里人",当这种以家庭关系为单位的职业网络发展到一定程度时,慢慢产生了以家族为单位的职业网络。随着每个家族开车网络的扩展,原本没有亲缘关系的左邻右舍也被慢慢纳入这个以出租车运营为职业的职业网络中,形成了以血缘、亲缘、乡缘为基础,共同交织在一起的职业网络。

---

1 [法]布迪厄:《实践感》,蒋梓骅译,南京:译林出版社,2003年,第八章。

通过对一份关于选择出租车为职业的问卷总结，我们发现：南溪司机的亲缘关系在其中发挥了巨大的作用，详情请参见表6。

表6 选择出租车为职业的主要原因

方式	数量	百分比/%
通过劳动力市场	2	1.19
通过电视广播听说开车好赚钱	5	2.98
通过社会上认识的朋友介绍	18	10.71
通过家人介绍	31	18.45
通过亲戚介绍	39	23.21
通过老乡介绍	43	25.60
通过本民族的人介绍	13	7.74
其他	17	10.11
总计	168	100

统计表明，有67.26%的司机是通过老乡、家人及亲友介绍来的，其中依靠老乡途径来的最多，为25.60%。在受访者中，只有10.71%的司机是通过社会上认识的朋友介绍来的。司机HGY说："村里人介绍比较可靠，开车是件很麻烦的事情，自己不认识人是搞不定的。"[1]这种建立在亲缘关系基础上的职业网络，是"南溪司机"下山开车的主要途径，同时也是当今外出务工人员的主要务工途径。

在"南溪司机"的职业网络中，体现了两个主要的特点。

首先，从关系角度来看，以家庭为中心的亲缘关系是最基础的关系资本，而建立在地缘基础上的乡缘资本，逐渐成为"南溪司机"职

---

[1] 访谈时间：2012年3月2日，HGY，男，开车7年，曾经介绍多位老乡外出开车，访谈地点：白华村。

业网络的重要组成部分。

其次,从就业的不同阶段来说,"南溪司机"的发展模式呈现出从点到线再到面的发展特色。"南溪司机"发展的第一阶段为"个人先遣点状式",南溪人依靠个人的力量闯天下,其职业选择虽没有呈现出专门化、特殊化的特点,但是却慢慢形成了对出租车行业的认同;第二阶段为"家族跟随链条式"的发展阶段,借助前期先遣者的职业经验,"南溪司机"慢慢从个人扩展到家属、亲戚、同宗、同族等有血脉关系的家族链条上;第三阶段为"乡缘辐射网络式"发展阶段,将拥有共同乡缘关系的邻居、同村、同乡人一同纳入这个更为广阔的职业网络中。

在此过程中慢慢出现了一种活跃在南溪人内部建立在老乡情缘基础上的"职业引导人"。他们以自己的开车经验义务指导那些刚刚下山的"局外人"一步步获得司机的身份。这些引导包括:如何通过驾照考试、获取运营资格证、寻找包车押金、联系承包车辆,甚至包括牵线搭桥担保贷款等事宜。

于是,活跃于丽江古城出租车运营市场(司机需求方)与丽江市玉龙县黄山镇南溪村劳动力供给市场间的职业市场就逐渐形成了。来自南溪村的劳动力通过这种有"乡缘"关系的引介人的指导,完成了从庄稼人到司机的身份阈限。引介人从集体的角度为每个新成员提供支持,同时新成员在阈限后又逐渐成为具有先在经验的下一位"职业引导人",为后续的"局外人"提供免费的帮助和支持。格勒米那·贾瑟(Guillermina Jasso)和马克·罗森茨维格(Mark Rosenzweig)通过对美国的墨西哥移民的研究发现,每个成功的迁移者都为后来迁移者的移动提供了一种经验资本。¹通过为后来的"局外人"的牵线搭桥，"南溪司机"在丽江古城的职业网络得到了进一步的巩固和壮大。

（二）以乡土关系为基础的聚居格局

由于"南溪司机"在城市中的"外来者"身份，他们在城市的居住地主要集中在集乡村化、都市化、流动化、开放化等多元要素为一体的丽江古城周边地区的城郊结合地带。这些镶嵌在繁华丽江的"城市村庄"因其良好的地理区位和便宜的房租价格逐渐成为外来的南溪人在城市安家的理想居住场所。

司机 HTR 说："以前这种出租屋的租金只要 50 块钱一个月，我们刚下山那会儿大家都住这种屋子，一个院子里全是我们南溪人……他们（白华村民）喜欢成片租（房子），对我们来说，大家租住在一起更安全方便。"²

租用民房是"南溪司机"与丽江城郊地区居民间最先发生的交往关系，也是最主要的经济联系。白华村逐渐成为"南溪司机"居住地的一种"公共选择"，大家下山后都不由自主地居住在这里。这种自然的公共选择结果呈现出"聚居"而非"散居"的特点。聚居格局的形成，为"南溪司机"创造了一种"船大好出海，聚居可抗险"的精神依靠。

在"南溪司机"的聚居区白华村，由于居住格局的影响，司机们

---

1 D.Massey, J.Arango, G.Hugo, A.Kouaouc, i A. Pellegrino, E.Taylor, An Evaluation of International Migration Theory:The North American Case, in Population and Development Review, 20(4), 1994.
2 访谈时间：2012 年 3 月 7 日，HTR，男，26 岁，开车 4 年，访谈地点：白华社区。

除了与家庭成员一同居住外，同住的还有亲戚、朋友、老乡，甚至不同族也不同乡的外省人。具体情况参见表7。在白华村的调查发现，这些司机的居所使用面积平均为17.36平方米，每月平均房租112.3元。有自购房的仅7户，占所有受访对象的4.24%，均为开车超过8年的老司机所购买。这7套房屋的平均购房款为17.27万元，房屋面积为70～150平方米，购房资金多为开车所挣。除以上情况外，大部分司机均是租房而居的，所占比例为69.67%。

表7 住房来源

来源	数量	百分比/%
向当地居民租住	115	69.67
自己在当地购买	7	4.24
租住旅舍宾馆	0	0
住在亲戚家里	22	13.33
向朋友租借	8	4.85
其他	13	7.88
总计	165	100

居住在白华村的南溪司机不仅能从其中获得亲族、地缘、业缘资源，还能整合其他一些网络关系等。这些网络关系通过开车、家事、急救、投资等方面提供包括借贷、劳力帮助、门路（社会关系）等在内的各种社会支持以改善网络中成员的生存状况，因而白华村对"南溪司机"所产生的聚拢力和吸附作用不断加强，慢慢形成了"南溪司机"在丽江市区内的聚居空间："白华社区。"[1]

---

[1] 本观点参见了张仕平：《乡村场域变迁中的农民外出就业》，2006年吉林大学博士论文，第93—94页。

在"白华社区"规模不断扩展的同时,白华村的房屋租金也逐渐提高,现在房租已经成为当地白华村居民的一项主要经济收入。许多白华村的村民都纷纷把自家的田地砌成了出租屋。据白华村里一位出租屋的房东介绍:

> 你看我家房子,二十几个房间,除了自己住的几间,其他的全部都租给了南溪人(司机)。以前也租给外地人的,但是外地人事情比较复杂,有些人还比较凶,所以我们村里人还是喜欢把房子租给南溪人。他们都是拖家带口来的,有老婆孩子一起租房的家庭还是比较稳定一些。[1]
>
> 我现在年纪比较大了,也没有南溪人那么能苦得起(吃苦),坐在家里收收房租,每个月也有五六千块钱进来。[2]
>
> 一位南溪司机说:"我们南溪人和其他(地方)来丽江打拼的人一起养着这些房东,他们每天打打麻将,吹吹牛也可以生活得无忧无虑的。"

从上述南溪司机的言语中可以发现,既有他们对依靠地皮坐地收钱的白华村民的羡慕,也有对他们不劳而获、游手好闲的微词。一方面,下山开车的"南溪司机"对于出租屋的需求促进了白华村出租房繁华的市场;另一方面白华村以便利的交通条件、优势的地理位置和不断完善的设施吸引了众多下山开车的南溪人,并逐渐成为"南溪司

---

[1] 访谈时间:2010年7月25日,笔者第一次去白华村时租住的房屋主人。
[2] 访谈时间:2012年3月8日,笔者第三次去白华村时租住的房屋主人,女,42岁,家中有2个孩子,女孩在上中学,儿子高中毕业,没有工作,日常生活以看房子和玩电脑为主。

机"在丽江古城的聚居区。

（三）以聚居格局为基础的职业生活

1. 自我完善的服务体系

在日益汹涌的开车浪潮中，"南溪司机"慢慢积累了一定的经济资本和社会资本。在与丽江古城依存关系不断强化的过程中，"南溪司机"传统的乡土网络、开车所需的资金关系链条等，围绕着聚居区被有效地聚拢、整合在一起，使白华村逐渐形成了建立在聚居格局基础上的内部市场，日益复杂的自我服务体系以及社区内部的自我运作逻辑。

慢慢地，在白华村出现了专业的擦车、洗车、修车的一条龙服务和一些兼营生活小百货和出租车用品的商店。此外，饭馆、旅店、冷饮厅、诊所、药店、理发店、麻将馆也纷纷建立。在白华，仅麻将馆就有3所、饭馆18家、旅店6家。这些设施不仅满足了当地村民日常生活的需要，也为外出的"南溪司机"创造了一个自给自足的内部市场。在这个空间中，内部的联系越来越紧密，互帮互助的意识越来越强烈，以白华村为中心的"南溪司机"生活聚居区慢慢形成了。

自我服务体系形成以后，白华社区更加具有南溪司机"第二故乡"的特征。人们甚至只依据下山有车开、有地方住的一般性信息便做出了外出的决策。

> HZX 说："出来跑车（开车）我们一百个放心，现在这（白华村）都快成第二个'南溪'了，周围住的全是山上的亲戚。"[1]

---

[1] 访谈时间：2012年2月28日，HZX，男，38岁，开车4年，访谈地点：白华村。

司机 HYY 说："现在的白华村 100 多户人家里有 60～70 户人家把他们的房屋租给了我们，有人还戏称这里是我们的'古城据点'。"[1]

HZX 凑热闹地说："……我们住在白华（村），要是村里有什么事情我们情报特灵通。要是山上有大事，大家能互相帮助，小事么，彼此又能照料。比如说，我想给我家小孩带个什么学习用品，我就不消（不用）自己回去，找个顺路的人捎回去就行了……"[2]

女司机 HFG 说："我下山不消担心没有事情做，在白华村，我们住的地随便就可以找个活干。"[3]

居住在白华村的南溪司机不仅能从其中获得亲族、地缘、业缘资源，还能整合其他一些网络关系等。这些网络关系通过开车、家事、急救、投资等方面提供包括借贷、劳力帮助、门路（社会关系）等在内的各种社会支持以改善网络中成员的生存状况。[4]

同时，依托着这种关系网络和聚居格局，老司机对新司机的间接引进构成了南溪村民间共同流动的基础，充当着接续式流动的路径，使不同时期流动出的南溪人先后流向同一目的地的同一行业中协同工作与生活。

---

[1] 访谈时间：2012 年 2 月 28 日，HYY，男，40 岁，开车 5 年，访谈地点：白华村。
[2] 访谈时间：2012 年 2 月 28 日，HZX，男，38 岁，开车 4 年，访谈地点：白华村。
[3] 访谈时间：2010 年 7 月 23 日，HFG，女，42 岁，每年农闲的时候下山打工，农忙时候回村里务农，访谈地点：满子村。
[4] 张仕平：《乡村场域变迁中的农民外出就业》，2006 年吉林大学博士论文，第 93—94 页。

2. 约定俗成的借贷市场

在丽江的出租车承运市场，昂贵的包车押金对于"南溪司机"来说绝对是一个不小的"绊脚石"。包车押金在 8000～50000 元，个别车辆的押金甚至高达 8 万元。

通过对"南溪司机"开车资金来源的一项调查发现，在"南溪司机"内部还存在着依托于乡土关系的内部资金市场。通常情况下，南溪人的借贷途径有两个：一是向亲戚借款，二是向农村信用合作社贷款。向亲戚贷款又分为无息和有息两种，分别占贷款总数的 52.14% 和 2.14%，详见表 8。访谈发现，多数司机在刚来丽江古城的时候平均携带的人民币约为 3000 元，最多的 1 万元，最少的只有 100 元。他们开车的初始资金主要依靠山上的亲友网络借贷获得。村民 HSG 回忆说："我记得我所有的报名费（学车费用）都是亲戚朋友借的，还了 1 年多才还清。"[1]

表 8 开车的资金来源

买车资金来源	数量	百分比/%
全部是自己的积蓄	31	22.14
向亲戚朋友借无息款项	73	52.14
向亲戚朋友借有息款项	3	2.14
向农村信用合作社贷款	22	15.71
其他	11	7.86
总计	140	100

可见，"南溪司机"内部的资金网络主要是倚靠血缘、亲缘、地

---

[1] 访谈时间：2010 年 7 月 24 日，HSG，男，34 岁，开车 5 年，家中有多人开车，访谈地点：鹿子村。

缘为情谊建立起来的民间无息信贷。生活在南溪村的人们在小范围内或多或少都有一两笔短期债务与他人相缠结，彼此并不在乎毫厘之间的借贷利息，无形的亲缘信用却在日积月累的借贷关系中潜移默化地积累。这些以血缘、亲缘、乡缘建立起来的人情债务，把来自南溪村的司机们更加紧密地团结在一起。随着合作关系的日益密切，逐渐产生了以月底、季度或者年底还贷的信用规则，"南溪司机"包车、买车的大部分费用都来自这种建立在乡缘基础上的信贷网络。

除了民间借贷，"南溪司机"另外一个主要的借贷途径就是农村信用合作社的贷款。笔者在丽江市农信社的诸多网点访谈发现，"南溪司机"的还贷信用在丽江是非常有名的。农信社的工作人员 GX 说："他们信用都很好，从未出过贷款拖欠的问题。"[1] 笔者在丽江古城遇到的一位当地人说："他们那些人（南溪司机），比我们坝子里的人（特指生活在丽江市的城里人）还好贷款。他们有车、有地，还有洋芋，都能做抵押，我们没东西（抵押）给人家（农信社）。"[2]

但是丽江市出租车协会的会长 HGR 则认为"南溪司机"之所以比其他坝子里的人好贷款，最主要的原因是"南溪司机"这个称呼后面所隐含的良好的信誉记录和吃苦耐劳的精神。调查发现，在丽江古城的各个信用社支点，每个南溪人的贷款信用额度（主要用于出租车的购买）最高额度为 10 万元。但即使如此，仅凭个人的贷款也是远远不够买车的。所以，团结互助的南溪人再次借助传统的亲缘关系，借用亲戚或乡邻的名义贷款，然后由自己还贷。这样，每个身负贷款的"南溪司机"都以自己为中心，拉开了一张借贷辐射网，联系着若

---

[1] 访谈时间：2012 年 3 月 11 日，GX，女，农村信用合作社白华村支点工作人员。
[2] 访谈时间：2010 年 10 月 3 日，笔者调查期间游览狮子楼景区时偶遇的一位当地人。

干个家乡的亲朋好友。因此,对于信用社的工作人员来说,从来不用担心"南溪司机"会不还贷款。因为从表面上看,这笔贷款借给的是"南溪司机"个人,但实际担保的却是一个家族甚至一个村庄。

在此过程中,南溪人不仅创造了"协作贷款""信用还贷"的资源共享方式,还发明了"拼伙买车""拼伙租车"的合作方式,获得了彼此职业发展过程中的双赢或多赢局面。慢慢地,一种运作在南溪社会内部的约定俗成的信用关系逐渐产生,它不仅加快了资金的流转,降低了交易成本,同时还使村内的资源得到更加有效的配置,为同村的南溪人走出大山,涌向丽江古城的出租车职业市场创造了一种全新的、可借鉴、可沿袭的运作模式。

(四)"南溪司机"职业网络运作的稳定因素

"南溪司机"进入丽江古城后,由于体制限制及乡土观念等因素的影响,很少会在丽江古城买房,多数南溪人是没有长期定居打算的。但孩子在山下居住地接受教育的现实却在一定程度上减少了"南溪司机"回迁的可能性,从而客观上促使目前"南溪司机"聚居格局的长期保持。

在白华村的核心地带,共有白马完小和黄山完小两所小学,近年来都在收纳下山的南溪村儿童入学,其中尤以白马完小收纳的最多。在白华村,部分家庭的司机还轮流接送这些司机的子女上下学,一来能照顾到孩子们的安全,二来通过轮值的方式可以节省彼此照顾孩子的时间,并强化了生活在白华村的"南溪司机"内在的一种情感联系。

在笔者的访谈过程中,多数司机家庭的孩子无论男女都能够顺利在城里完成九年义务教育。其中有 12 名年龄为 8~11 岁的孩子，更是在城里接受了价格不菲的课外兴趣班的学习，学习课程涉及绘画、舞蹈、书法、武术、葫芦丝及少儿英语等。

司机 HWZ 说："现在么，娃娃上学有条件，我们开车太苦了，以后有条件就不让娃娃开车。现在来丽江旅游的外国人越来越多喽，会说洋话的导游很吃香。我自己想学，但老是没胆量，所以我就把我家的两个娃娃送去学（剑桥）少儿英语。等他们以后出息了去挣洋人的钱。……我觉得还是你们读书好，有文化，工作也体面，不像我们，挣的都是卖命的钱。坐在车里一跑就是一天，有时上个厕所的时间都没有。"[1]

由于生活环境等其他原因的影响，"南溪司机"的子女对城市生活有很强的适应性。一个 12 岁的小女孩子告诉笔者，她最好的朋友就是丽江市里面的。白马小学的 HZX 说："我爸妈把我接到山下读书以后，我的学习就变好了。"[2]

在"南溪司机"中，每个司机都有着很强的改变自身社会经济地位的冲动，挣钱已不再是唯一的生活目标，改变身份的愿望和冲动随着财富和城市生活经验的积累而日趋强烈。[3] 他们不甘于做一个"跑车的""开夜班的""卖苦力的"，但是现实生活却迫使他们大部分人只

---

[1] 访谈时间：2011 年 10 月 2 日，HWZ，男，36 岁，开车 5 年，家中有多人开车，访谈地点：白华村。
[2] 访谈时间：2012 年 2 月 27 日，HZX，女，14 岁，父母都在丽江古城开车，自己来古城上学已有 2 年时间。
[3] 唐灿、冯小双：《"河南村"流动农民的分化》，《社会学研究》2000 年第 4 期。

能以司机为生。改变命运的愿望更多地被寄予到他们的子女身上，并且这种愿望随着开车年限的增长而不断地加强。家庭因素在"南溪司机"发展过程中发挥了积极的作用和类似"职业驱动力"（imperatives）的衍生力量，这也在一定程度上成为"南溪司机"职业网络运作的稳定因素之一。

此外，南溪村相对闭塞的区位特征，也成为多年来南溪村的基础教育一直处于相对薄弱地位的一个客观原因。在笔者的访谈过程中，南溪完小的语文老师 HXX 说："现在学校（南溪完小）留不住老师，好多孩子都跟着父母下山上学去了，政府又要集中办学，所以再过几年我们这个学校就被合并没有了。"由于生源不足、升学率低、师资不稳定及教育经费有限等因素的制约，南溪完小面临着被撤并的抉择。这就意味着，在未来，不论南溪人是否在丽江古城开出租车，子女的教育问题都将成为促进南溪人下山居住生活的一个客观原因和"南溪司机"未来发展的一个稳定因素。

四、对"乡土—职业—社区"型城市进入方式的探讨

(一)乡土资源对"南溪司机"职业网络建构的影响

"南溪司机"进入城市的独特性,不仅在于他们是带着各种社会资本和物质资本进入城市的职业人,还在于他们在丽江古城形成了一个以传统乡土关系为依托的职业网络。从前文描述的"南溪司机"所具有的资源网络,我们可以看到这样一些特征。

第一,"南溪司机"成功地将建立在乡村基础上的网络关系延续到城市聚居区中;"南溪司机"的职业网络是一个从亲属关系为基础构成的庞大体系,网络内的司机主要以血缘、亲缘及同乡为纽带构成。

第二,在"南溪司机"职业发展的过程中,这些传统的乡土性资源在许多方面发挥着巨大的作用。如在流动过程中,南溪人利用乡土资源寻找开车机会、习得开车技能,获得开车所需的基金和技术支持,克服工作和生活的困难;来自南溪村的资金、人力、技术等资源也沿着这条乡土性的关系网络在丽江古城和南溪村之间流动。"南溪司机"的规模也在此基础上不断发展壮大。

但客观地说,丽江古城出租车运营结构的特点为"南溪司机"的

成功形成提供了外在的保障。在丽江市旅游产业越来越发达、游客对城市的晚间交通运输能力要求越来越高的情况下,"南溪司机""见缝插针"的运营方式无疑成为南溪人在旅游业发达的丽江古城打开一片天地的保障,使其成为能够在古城的出租车行业内部获得较高名声并在市场上占有一席之地的职业群体。

(二)聚居格局对"南溪司机"职业网络建构的影响

在"南溪司机"的聚居区"白华社区"形成后,人们的生活工作方式便与之前大相径庭。他们由分散的居住形式转向统一聚居的格局,职业的选择由盲目随机转向固定的以开出租车为职业,他们的亲戚朋友则在他们的生活聚居区内以从事与出租车运营相关的产业为职业,这样一个全新的"职业基地"就慢慢形成了。

由于"南溪司机"在丽江古城的生活范围相对有限,因此聚居区的空间吸附力不断强化,司机们愿意"扎堆"地住在一起。依托这种以聚居地为基地的职业网络,"南溪司机"整合了他们身边的各种乡土关系与资源和资金链条。在"白华社区"内,司机们比邻而居,血缘和地缘成为其联系的基本纽带,生产生活具有高度的同质性。在这个基地中,外出的南溪人不仅获得了职业上的引导、生活上的互助,而且寻求了精神上的相互支持与情感上的归属。聚居格局内的司机间借助着这种自有的职业网络、内部的借贷关系、信用体系及亲缘关系等实现着"南溪司机"群体的整体运作。因此,存在于"南溪司机"内部成员之间类似的市场关系开始萌生,并以其较低的交易成本替代外部市场的某些功能。

如果将"南溪司机"与另外一些在丽江古城同样从事出租车营运的司机或其他外地人相比较，就可以看出"南溪司机"这种职业进入方式对他们生存和发展具有的重要意义。出租车营运与白华聚居区的结合已经成为一种特殊的城市进入方式和职业组织形式。在"南溪司机"中，我们看到的已经不是分散的"原子"式个体司机，也不是由出租车公司协调的市场组织，而是由南溪人自己运作起来的自有的职业组织形式。聚居格局使新来的"局外人"可以在一个较成熟的空间环境中有效率地进行技能训练。在聚居区内，"南溪司机"拥有自己的资金网络、由亲缘和地缘关系所建立的信任关系以及依托聚居格局发展起来的协作互助关系等，这些要素都在一定程度上促进了"南溪司机"的发展与壮大。

结 论

通过对南溪司机形成过程与生活工作状况的描述,本文试图提出一种农民进入城市的独特方式。有研究表明,农村劳动力进入城市的方式主要由三方面的要素决定:进入者所具有的经济要素;进入者对城市某一职业领域的选择;他们在城市的生存与生活方式。[1]从这三方面来看,"南溪司机"进入城市的方式与其他农村劳动力进入城市的方式是截然不同的。

在我国,进入城市打工的农民被统一称为"农民工",他们构成了进入城市的农村人口的主要部分。从进入城市的要素看,农民工进入城市时所携带的是单一经济要素——劳动力,而"南溪司机"在进入城市时,不仅携带着必要的经济要素——劳动力,而且还携带着以血缘、亲缘、乡缘为基础的各种社会关系和开车所需的技术及与之相关的职业启动资金。农民工进入的主要是劳动力的使用单位,如工厂、企业、家庭,而南溪村的多数劳动力进入城市的时候,并不是作为一个被雇佣者而是一个独立自主的出租车承运者。

---

[1] 王汉生、刘世定、孙立平、项飚:《"浙江村":中国农民进入城市的一种独特方式》,《社会学研究》1997年第1期。

流动的空间：中国西南的社群流动与地方想象

农民工在进入城市时，寻找的是城市劳动力市场的空缺，而"南溪司机"则开辟了丽江古城出租车营运的空白时段：晚班市场，并慢慢把这个独特的运营时间段发展成"南溪司机"特有的职业时段，满足了丽江出租车运营市场对于晚班出租车运输能力的需求。因为这样的一些特点，承运晚班出租车逐渐成为南溪人进入城市的一种独特的方式和职业手段。

霍贝尔在研究美洲平原印第安部落为获得水牛而举行的"太阳舞"仪式时提出：一个群体的内部成员在接受新的文化特质的时候，会依据自己的需要在形式、意义、功能上进行调适和改变。[1]"南溪司机"正是在这种与众不同的就业过程中发现和模塑了自己独特的进入城市的方式——围绕着出租车运营铺开的一整套城市生活方式。本研究所得的基本结论如下。

第一，在"南溪司机"职业发展过程中，出租车的形式、功能、意义和运作模式都远远超越了其本身的价值，抽离了单纯的"谋生工具"的特质，内化成"南溪司机"进入城市的一种生活选择，并不断发展壮大，成为丽江古城非常有代表性的一支出租车司机队伍。

出租车作为一种社会资本（social capital）的载体，通过出租车的经营，司机们构建了一系列的人际关系网络，串联着南溪村的血缘、亲缘、地缘、乡缘、情缘等社会关系。[2]这些生活在出租车职业网络中的司机们为家乡有开车想法的亲戚提供着潜在的社会支持、精神慰藉和技术指导，发挥着保障安全、生活互助、减轻后来者心理精神成本

---

[1] E.A.Hoebel, Anthropology: The study of Man, New York, McGraw-Hill,1972, P.653—654.
[2] 张晓青：《国际人口迁移理论述评》，《人口学刊》2001 年第 3 期。

的作用。并在一定程度上强化了他们的职业选择,形成了一个循环式的职业模式,为南溪社会职业圈层的改变创造了可能性。

第二,在职业发展阶段和发展模式上,"南溪司机"的发展历经了核心家庭"点状式",扩大家庭(家族)"链条式",交织着血缘、亲缘、乡缘、地缘等传统社会资源的"网状式"发展模式,并最终形成了一个具有极强的内聚力的以乡土关系为基础的职业网络。

第三,在生活社区上,"南溪司机"在丽江古城区的边缘地带慢慢发展出一个完全属于自己的"第二故乡":白华社区。通过聚居区的收拢作用,原本孤立、分散的南溪籍司机被结合成一个整体,协调配合,对外出务工的南溪人形成了重要的聚拢作用。由此,当南溪人做出乡城迁移的决定时,大多考虑的是"下山有车开,有房子住"这一前提条件。为了满足这一要求,南溪出租车司机逐渐发展出一个自我完善的服务体系——自给自足的内部交换网络、日益复杂的职业基地和自我运作的信贷关系。

"南溪司机"职业网络的产生与发展,使之与以传统乡土关系为依托、以出租车为媒介,以"家庭化"运营模式和"乡土性"运行机制为特点的城市融入方式逐渐变成南溪人一种持久的、真正的、共同的生活方式。

河口镇越南女工的职业流动与资本构建研究

作　　者：陈民焱（云南大学民族学与社会学学院人类学专业硕士研究生）

指导教师：王越平

写作时间：2015 年 6 月

导 论

（一）研究缘起

清晨 8 点左右阿偶和老公起床，简单地洗漱之后，一同从他们租住的公寓走出，快步来到中越边境大桥出入境登记处。此时的海关是一天中最忙碌的时候，阿偶的前面已经排成了长龙。她等了 10 分钟左右，就轮到自己办理出入境手续。她娴熟地从背包里掏出两本印有越南字和中国字的通行证（《越南社会主义共和国出入境通行证》和《中国河口出入境边防检查自助通行卡》），递给边检工作人员。当通行证被边检工作人员盖上章以后，阿偶顺利通过两国边境。她顺着中越两国的商贸街来到自己的工作地点——xx 服装店，也开始了自己一天忙碌的打工生活。阿偶的祖籍不在老街，她是海防人。她 18 岁来河口打工，在这里生活已有 4 年之久。现在她和丈夫以及姐姐在老街合租一套公寓，平日里吃住都在这里。每个月在房租上大概需要花费 800 元。她的老公平常跟着哥哥们在口岸附近做货[1]，夫妻俩白天都是各忙各的。晚上是她最期待的时光。不仅可以结束一天辛劳的工作，

---

[1] 做货：河口本地人对从事边境贸易商人的称呼。

而且丈夫每晚9点半准时接她下班。在回家的路上，两人总有聊不完的话题。像阿偶这样来河口镇谋生的越南女工很多，她们大多由朋友和长辈介绍过来，因为听说这里挣钱比老街容易。阿偶的跨国打工生活图景也仅仅是河口镇众多越南女工的一个缩影而已。

选择越南女工作为笔者毕业论文的研究对象是在和导师多次讨论中确定的。在笔者2013年、2014年两次对河口镇田野调查发现，河口当地雇佣越南女工的现象十分普遍——河口镇随处可以见到越南女工在餐馆、商店、工厂、工地忙碌的身影。她们在清晨天未亮就从越南老街赶到河口镇，开始一天的打工生活；一直滞留到口岸关闭时，才返回到自己越南的家中。而且，她们在河口县城从事的职业都是传统上认为的"3D"行业（dirty，difficult，danger），如道路清洁工、商店服务员、洗碗工、砖窑厂工人、建筑工人等。这类服务性行业的工资收入处于比较低的水平，很多本地人都不愿意从事此类工作。此外，河口镇近年来发展，对劳动力需求日益增加，仅仅依靠本地劳动力无法满足河口镇自身发展。越南女工的出现也就恰逢其时地填补了这些行业的空缺。

中国在面对全球化的机遇和挑战的过程中，实现了国民经济的崛起和中国国际地位的提升。与缅甸、越南、印度、老挝、泰国等东南亚、南亚国家之间的经济往来更加频繁。中国和东南亚、南亚国家相比，不管是在政治上还是商贸上的往来，其主导地位越来越被凸显出来。中国与亚洲各国之间的人口迁移模式也发生了巨大逆转。过去中国主要是作为移民输出国，每年都有成千上万的中国人以经商、务工、留学等目的迁移到世界各国。日本、韩国、美国、东南亚、南亚、欧洲等国家和地区是中国人口主要迁移地。以往的海外民族志研究聚焦于海外华人及其社会适应与中国劳工海外务工生存境遇等问题之上。中国学者则从华人和中国劳工的视角出发，看待中国与海外民族国家关系。而现实情况是，越来越多的中国与东亚、东南亚接壤的边境地区，外国人纷纷选择来华务工。中国不仅成为跨国务工群体的输出国，也成为接纳国。因为在资源全球配置的驱动下，国与国之间的人口流动更加成为当下的主流话题。中国也不例外。中国一直以来都是以跨国劳工输出国身份，向西方、亚洲等地区迁移人口；而现今逐步出现了境外人口向国内流动的现象。尤其是云南与越南接壤的边境地区的跨国务工现象十分突出。

通过两次田野调查，笔者发现，越南女工的跨国务工模式与国内劳工群体相比存在着一定差异，概括起来以往的跨国劳动力研究具有以下几个方面的特征。

第一，从研究对象上来看，国内学者主要关注的跨国劳工群体都是中国公民。他们在海外工作的过程中，保留自己的中国国籍。

第二，从研究内容上来看，国内学者主要关注中国劳工在迁居国的生活以及如何适应海外生活、融入当地社会以及迁移所带来的民族国家认同问题。

第三，从研究视角来看，国内学者从中国劳工出发，关注中国与海外的民族国家关系。

由此可见，从研究对象、研究内容、研究视角来看，国内学者对海外劳工研究的关注点在于中国劳工的海外生活，同时也关注到了中国香港地区、中国台湾地区的菲佣、印尼籍家务劳工的跨国生活。作为中国内陆地区的外籍劳工跨国迁移现象还是一个比较新颖的话题。中国的崛起，加深了中国与全球的联系，特别是推动了与东南亚、南亚等地的人口流动，来华的外籍劳工在本地社会适应与融合问题已成为不容忽视的新议题。笔者在田野调查过程中发现，河口镇越南女工与国内劳工群体相比呈现以下几个特征。

第一，从流动人口性别来看，呈现女性化趋势。首先，在河口镇打工的越南人多为女性，而且她们已经成为河口镇的主体劳动力。其次，她们的年龄处于16～30岁，呈现年轻化趋势。最后，她们主要从事服装业（超市）销售员、餐饮业服务员、酒店清洁工、跨国企业翻译。她们的月工资收入在1000～4000元，所获得的工资报酬成为其家庭的主要经济来源，担负着部分供养家庭的责任。

第二，从流动模式来看，呈现多元化特点。销售类越南女工因居住在越南老街，而工作地点在河口镇内，每日需要往返于两国之间，存在高度的流动性。这种生活与工作分布两国的务工模式，居住地的生活并没发生改变，与中国境内的"离乡不离土"的农民工群体的打工模式存在差异。餐饮类越南女工由于其中国雇主提供食宿和特殊的工作时间要求，她们平常居住在中国，流动性相对低，只是每逢休假或者家中有事时才返回越南。

第三，她们的汉语能力与工资报酬、职业选择存在密切关系。汉语表达能力强的越南女工能够获得的工资报酬相对高、职业选择范围广；反之，能够获得的劳动报酬少、职业选择面窄。

第四，从中越两国女性的家庭责任、社会地位来看，越南女性被要求承担更多的家庭供养义务。经历了战乱的越南，大量男性牺牲在战场上。很长时期内，造成了越南国内男女比例严重失衡。在越南经济恢复与发展时期，女性被要求承担家庭供养责任。越来越多的女性走出家庭，参与到越南经济建设之中，但并未获得与男子同等的地位。

男性依然被视为是最有贡献的人,女性的社会贡献并未得到承认。

第五,从流动人口的社会适应与跨国生活来看,越南女工具有较强社会适应能力。河口镇与越南老街市虽然只有一江之隔,但是中越两国在语言、文化、生活方式上存在着许多差异。越南女工来华务工不仅需要克服语言上的障碍更加需要适应中国的社会文化生活。笔者在与调查对象相处的过程中了解到:越南女工的社会适应能力普遍较强。一般在河口打工3个月以后,她们都可以克服语言上的障碍,掌握一些基本日常交际用语。她们对汉语的学习除了接受专门的语言学校培训之外,更多的是通过与中国人日常互动过程习得。强大的语言适应能力,使她们能够从简单的工作转换更加复杂的工作,以实现自身的流动。

对河口镇越南女工的研究,不仅是对国内劳工群体研究对象上的扩展,而且也是从一种新的理论视角——从外籍劳工的视野关注中国与东南亚、南亚国家之间人口流动。本文以河口镇越南女工为研究对象,讨论其在职业流动过程中,如何通过资本的建构——社会资本的调用与建构、语言资本的积累及提升并实现其目的。

(二)研究思路与研究方法

本研究力图通过深入而全面的个案分析和个人生活史展示,并结合国内劳工群体研究模式和社会资本理论,对越南女工群体做全面而翔实的田野调查。采用人类学的个人生活史、现象分析、主位与客位、多场域的转化、宏观与微观视角相结合等研究方法,真实反映河口镇越南女工在中国的生存境遇和她们内心的真实诉求。

1. 研究思路

本文以河口镇越南女工为研究对象，以其职业流动为切入点，关注她们如何通过社会资本的动员和建构、语言资本的积累实现自身诉求。首先，笔者发现越南女工在其职业流动过程中，她们内部存在着职业分层。其职业分层也促使了职业流动（初次职业流动、再次职业流动）。其次，社会资本的动员与建构促使越南女工们的职业流动，职业流动也进一步扩大了她们的社会关系网络语言；最后，资本的积累和提升促进了越南女工职业流动；职业流动也反过来提高了她们的汉语能力。如图1所示。

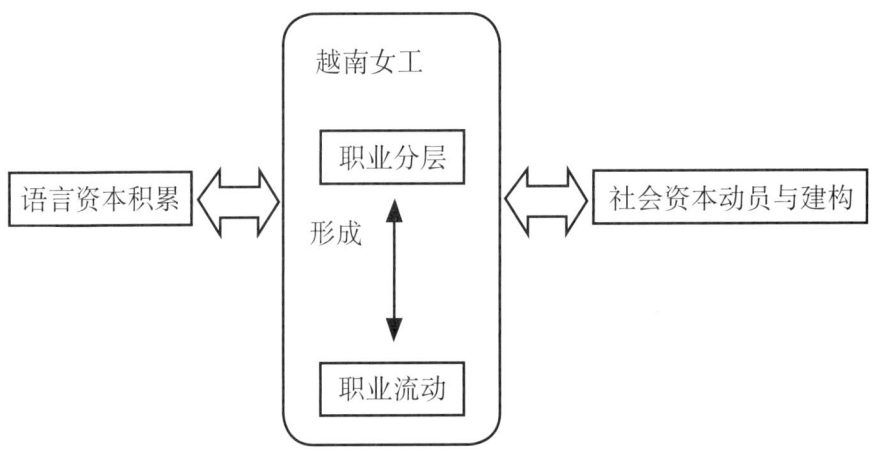

图 1 研究思路示意图

笔者先后对河口镇进行了两次田野调查。第一次调查时间为 2013 年 12 月 29 日至 2014 年 1 月 28 日。前期在对河口镇预调查中发现，河口镇中国雇主（多为外地人）聘用越南女工现象十分普遍。笔者对 3 家餐饮店（烧烤店、火锅店、米线店）、3 家服装店、1 家花店内的越南女工和中国雇主进行了深入访谈。

第二次田野调查时间为 2014 年 6 月 13 日至 2014 年 8 月 24 日。此次田野调查是在前期基础上，深入对越南女工的了解。笔者在原来的报道人基础上，进一步扩展了报道人的数量。重点调查了几位报道人，关注她们职业流动过程中，语言资本积累以及社会关系网络建构的情况，以期发现社会资本的建构和动员与职业流动之间的关系。

2. 研究方法

通过对国内和国外学者对劳工问题、流动人口、社会资本、文化资本理论研究的相关文献回顾，把握当前研究进程以指导笔者研究。此外，笔者还采用田野调查的方法，运用了参与观察（越南女工在工作场景中的行为、河口镇越南女工群体内部互动模式、与中国雇主互动形式、与中国店员交往等）、深度个人访谈（越南女工个人成长经历与家庭生活变迁）以及个人生活史等方法揭示越南女工的生存图景。

（三）相关概念的界定

资本（capital）：卡尔·马克思这样解释"资本"一词："资本是能够生产利润的那部分剩余价值——通过商品的生产和交换过程产生。"[1] 马克思之后的学者们发现对于资本的讨论是将非经济资本排除在外，资本并未像马克思所论述的局限于经济领域。T.W. 舒尔茨、贝克尔、布迪厄、林南等社会学家在马克思古典资本观[2]的基础上，发展

---

[1] Mark, Karl. 1995. Captial: A New Abridgement. Oxford: Oxford University Press, p.456.

[2] 林南：《社会资本——关于社会结构与行动的理论》，张磊译，上海：上海人民出版社，2005 年，第 13 页。

出了人力资本、文化资本、社会资本等理论。本文对"资本"的定义，更倾向于认同资本是行动者期望在市场获得回报的资源投资。笔者认为河口镇越南女工为了获得职业流动，存在着对自身投资的行为，以期获得更高回报。

社会资本（social capital）："社会资本"最早由美国经济学家洛瑞提出。按照洛瑞理解，"社会资本"能够代表社会结构中的资源指标，它存在于种族性别群体、社区组织、家庭关系、个人心理等社会形式中。[1]而弗拉普认为社会资本包括被动员的社会资源。[2]而科尔曼认为社会资本是社会结构的一个方面，结构内它便利了个体的某些行动。[3]罗纳德·博特认为社会资本是网络结构中为行动者提供信息和资源控制的程度。亦即结构洞的社会资本。[4]林南认为："社会资本由嵌入在社会关系和社会结构中的资源组成，当行动者希望提高目的性行动成功的可能性时，他们可以动员社会资本。"[5]以上学者普遍认为，社会资本由嵌入在社会关系和社会结构中的资源组成，当行动者希望提高目的性行动成功的可能性时，他们可以动员社会资本。[6]罗伯特·D. 普特南（Robert D. Putnam）从社会组织特征分析社会资本。他认为社会

---

[1] 郑时莲：《广西民族自治县基层干部的社会网络资本研究》，广西民族大学（未出版），第5页。

[2] 林南：《社会资本——关于社会结构与行动的理论》，张磊译，上海：上海人民出版社，2005年，第21页。

[3] Coleman. Foundations of Social Theory. Creation of Hyman of Action. American Journal of Sociology 91, 1990, p.1309—1335.

[4] 张文宏：《社会资本：理论争辩与经验研究》，《社会学研究》2003年第4期，第26页。

[5] 林南：《社会资本——关于社会结构与行动的理论》，张磊译，上海：上海人民出版社，2005年，第23页。

[6] 林南：《社会资本——关于社会结构与行动的理论》，张磊译，上海：上海人民出版社，2005年，第24页。

资本是社会组织的特征，如信任、规范，它们能够通过行动来提高社会效率。[1]而国内学者边燕杰是从个体层面研究"社会资本"内涵，认为社会资本即社会网络关系。他认为该网络内的成员行为具有相对隐秘性，不易受到正式社会结构的约束，从而鼓励了网络内成员情感的建立和人际信任的培养。[2]本文主要探究越南女工在其职业流动过程中，如何通过社会资本动员和建构以实现其目的等议题。因此，本文对"社会资本"的定义借鉴了以林南为代表关于"社会资本"的讨论。笔者认为在具体的社会情境下，越南女工为获得更多的职业晋升机会，而主动地动员原有的社会网络以及建构新的社会网络。这些原有的社会网络以及新的社会网络构成了越南女工的社会资本。

语言资本（language capital）：关于"语言资本"概念的理解，学者们主要从两种理论视角进行研究。一是从布迪厄关于文化资本的角度进行论述。他本人认为，语言是一种可供交换的经济资本，语言表达就是实践的形式，是语言惯习和语言市场之间联系的产物，受一定的市场规则和规律制约。语言资本是在惯习中形成，并在特定的社会实践场域中流通。[3]二是将语言资本纳入人力资本的讨论当中。贝克尔认为，与物质资本不同，人力资本是劳动者由于获得知识、技能和其他在生产和交换过程中对雇主或公司有用的品质而增加的价值。[4]由此可见，人力资本是可以通过教育、培训、经验等方式获得的。

---

[1] 罗伯特·D.普南特：《使民主运转起来：现代意大利的公民传统》，王列、赖海榕译，南昌：江西人民出版社，2001年，第113—115页。
[2] 边燕杰：《找回强关系：中国的间接关系、网络桥梁和求职》，《国外社会学》1998年第2期。
[3] 李园：《布迪厄的"语言交换的经济"中语言资本的生产、流通的分析》，《北方文学旬刊》2013年第9期，第45页。
[4] 林南：《社会资本——关于社会结构与行动的理论》，张磊译，上海：上海人民出版社，2005年，第9页。

我们所讨论的越南女工在其职业流动过程中，存在着这样的语言资本积累与提升的事实。那么，结合上述几位学者观点，笔者将越南女工的语言资本定义为：越南女工通过正式和非正式的语言学习，获得的语言能力能够在其职业流动过程中转化成直接的经济回报以及获得更多职业晋升的空间的资本。

职业流动（occupation flow）：职业流动被认为是社会流动的主要方面。当下学者对职业流动的研究，也主要从社会流动这一研究视角进行探究。学者们根据社会流动的方向、参照基点和原因三个维度，社会流动可相应地划分为三种类型："垂直流动和水平流动、代内流动和代际流动、自由流动和结构性流动。"[1]

河口镇越南女工职业流动现象比较复杂，越南女工职业流动次数上存在差异。笔者根据其流动的次数和流派发生的情境划分为初次职业流动与再次职业流动。同时，再次职业流动内部又存在着垂直流动与水平流动的差异。由此，笔者将越南女工的职业流动定义为越南女工为了获得更多的就业机会与职业晋升空间而发生的从业状态转换的现象。这不仅包括越南女工在河口镇劳动力市场内部的职业种类更迭现象，也包括在同类型行业内部更换雇主的现象。

---

[1] 郑杭生：《民族社会学概论》，北京：中国人民大学出版社，2011年，第86页。

一、田野点介绍

（一）历史上的河口与越南

河口镇旧名"烂泥塘"，清咸丰年间尚无大村落，仅10余户渔民水夫结茅而居，道光年间由开化府派把总镇戍，名"河口汛"。光绪二十二年（1896年）辟为商埠，是我国西南重要边境口岸之一。河口具有悠久的历史，远在两千多年前，就已纳入中央政权的管辖范围。西汉元鼎六年（前111年）河口纳入进桑县，隶属牂牁郡。晋朝（265—420年）改进桑县为进乘县。南朝（420—479年），析为建宁州梁水郡和兴古郡的新丰县和西中县（今文山），隋循之。唐初（618—779年）属剑南道戎州都督府品州八秤县（今蒙自）。南诏（738—902年）属通海郡，宋改秀山郡的舍资、屈中、河月、贾涌等部。元朝（1206—1368年）隶属临安宣慰司阿僰万户府舍资千户。明朝（1368—1664年）归属临安府王弄山长官司。清康熙四年（1665年）临安府析置开化府，河口改属开化府安平厅（今马关县），设河口卡。清光绪二十三年（1897年）设河口副督办，隶属于临开广道。中华民国三年（1914年）改副督办为督办，由云南省政府直辖。1949年12

月25日河口和平解放，1950年1月1日成立县人民政府，隶属于滇东南行署。1950年5月改为河口市，隶属蒙自专区。1955年2月3日，云南省人民政府命令撤销河口市，设立河口县，仍属蒙自专区。1963年7月11日，经全国人大常委会和国务院批准，成立河口瑶族自治县，隶属红河哈尼族彝族自治州。[1]

史书上最早记载河口与越南的往来可以追溯到东汉年间。"东汉元和年间（84—87年），谷物涨价，国家财政拮据。尚书张林建议用交趾、益州的贸易收入弥补，遂开石槽（在今瑶山）通今田房接通元江水道入交趾水陆通道扩大与印支诸国的贸易往来（1982年坝洒发现古代交换货物的贝币，充分证实了这一点）。南诏时期，在田房开贾涌步（水陆通商口岸），加强了与越南边境少数民族的经济交流。到了清朝乾隆年间，边界贸易渐繁，清政府在开化府的马白（今马关）设税所，同时在河口设汛，特准边民商贩往来。越南商贩溯红河上保胜，经河口镇再沿汤泉（今屏边）至蒙自，达拓东称（今昆明），船队、马帮络绎不绝。出口商品有布匹、绸缎、纸张、铁锅、烟茶、药材等，进口商品有大米、水果、槟榔、胡椒、砂仁、竹木及海产品。"[2]1910年4月滇越铁路（当地人称之为"米轨"[3]）通车后，云南80%以上的进出口货物由河口出入境。"西方国家商人纷纷到河口开设洋行、公司，如法国的差利玛洋行分店、沙利耶洋行分店、亚细亚水火油公司，美国的美孚水火油公司分店及英国的德士古水火油公司分店等。各种

---

[1] 河口瑶族自治县地方志编纂委员会编：《河口县县志》，北京：生活·读书·新知三联书店，1994年，第34页。

[2] 河口瑶族自治县地方志编纂委员会编：《河口县县志》，北京：生活·读书·新知三联书店，1994年，第325页。

[3] 米轨：轨距在1000毫米以及小于1435毫米大于1000毫米铁轨。

洋货从红河航道通过河口入境销往内地,红河航道运输一时达到高峰。"[1]1940年9月,日本军队占领越南,滇越铁路中断,对外贸易一落千丈,只有稀少的边民互市勉强挣扎。中华人民共和国成立后,与越南相继开展了中央合同贸易、边境小额贸易、地方贸易、口岸贸易等,口岸往来可谓车水马龙。中华人民共和国成立以后为了方便中越两国公民之间往来,中越两国政府于1953年8月25日签订了《关于开放两国边境小额贸易的议定书》[2],"规定了交易市场、贸易限额等。1954年前后相继开放河口、老卡、桥头、坝洒、小坝子为小额贸易市场。20世纪六七十年代之后中越两国之间关系恶化,中越两国之间的正式口岸就此关闭。"但是并没有阻断跨境民族之间通过民间通道之间的走访亲戚、贸易往来。1993年,河口作为国家一级口岸恢复开通以后,被遗忘的中越公路大桥又开始活跃起来。

(二)当下的河口镇

河口瑶族自治县位于云南省南部,红河哈尼族彝族自治州东南端,东经103°24′至104.17′,北纬22°30′至23°02′,东北部与文山州马关县接壤,西隔红河与金平县相望,北部与屏边县毗邻,南沿红河龙博河口至南溪河、红河交汇处。东沿南溪河至老卡戈索河止与越南社

---

1 河口瑶族自治县地方志编纂委员会编:《河口县县志》,北京:生活·读书·新知三联书店,1994年,第326页。
2 河口瑶族自治县地方志编纂委员会编:《河口县县志》,北京:生活·读书·新知三联书店,1994年,第326页。

会主义共和国分界。[1] 河口镇位于昆河铁路终点，为中越交通要道。海拔最低处76.4米，是云南省海拔最低的城镇。东、西两面为南溪河、红河环绕，与越南社会主义共和国黄连山省老街市隔河相望，鸡犬相闻，是自治县的政治、经济、文化中心。[2] 河口镇的交通区位优势得天独厚，以河口为枢纽，东部有砚河公路可达文山、广西南宁；西部有鸡河、蛮新公路可达个旧、建水、思茅、西双版纳；中部有滇越铁路、昆河公路直达昆明。东中西三路在河口交汇南下越南首都河内、海防港、西贡等城市，北距昆明469公里，南距河内296公里，距海防港416公里。被誉为"滇南明珠"的河口，从1910年滇越铁路建成通车，成为我国西南对外最大的商品集散地，商贾云集，店号林立，热闹非凡，被人们誉为"小香港"。

随着中国—东盟自由贸易区、大湄公河次区域合作、"两廊一圈"和中越跨境经济合作以及国际大通道建设的不断推进，河口作为国家一类口岸城市，其国际化、都市化特征日益凸显。河口口岸已成为越南和东盟间最大的进出口货物集散地。

> 2009年，红河州口岸进出口货物216万吨，同比增长39.4%，其中，出口101万吨，同比增长16.4%，进口115万吨，同比增长67.6%。出入境人员350万人次，同比增长15.5%，其中，出境175万人次，同比增长4.8%，入境175万人次，同比增长

---

[1] 河口瑶族自治县地方志编纂委员会编：《河口县县志》，北京：生活·读书·新知三联书店，1994年，第38页。
[2] 中国人民政治协商会议，云南省河口瑶族自治县委员会编：《河口文史资料选辑》第三辑，1996年，第38页。

5.4%。进出口货值 6.1 亿美元，同比下降 3.2%，其中，出口 4.6 亿美元，同比下降 8%，进口 1.5 亿美元，同比下降 11.7%。出入境交通工具 14.3 万车（列）次，同比增长 65.8%，其中，出境 7.1 万车（列）次，同比增长 54.3%，入境 7.2 万车（列）次，同比增长 56.5%。红河州口岸除了进出口货值为负增长外（2008 年 6.7 亿美元），进出口货物、出入境人员和出入境交通工具都同比增长。而且，河口口岸进出口货物量已连续 7 年雄踞云南省 13 个国家级口岸之首。[1]

不管是回望历史上的河口与越南之间的关系，还是展望当下亚太地区繁荣昌盛的经济势态，我们都可以感受到河口与越南之间存在着千丝万缕的联系。这不仅得益于河口与越南老街、谷柳之间只有一河之隔的地理优势，而且也是中越两国的边民互通有无、互相通婚的文化传统的延续。对于世代都居住在红河两岸的中越两国公民来说，穿越两国的边界就像吃饭、穿衣服一样，显得十分平常。对岸的亲戚朋友们一旦有事邀约他们做客，亲戚打来一通电话，告知他们今天有婚丧嫁娶之事，他们把电话挂了之后，就急匆匆地出门。把身上的边民证递交给海关，花不了几分钟进关、出关来到他国。这样的景象在河口是十分平常之事，中越两国之间的边民往来十分便利。

（三）越南女工的主要工作场域：河口镇

越南女工的工作场所几乎遍布整个河口镇，她们以群体和个人的

---

[1] 资料来源：红河州商务局 http://www.hhswj.hh.gov.cn/info/1059/6135.htm。

方式在河滨路、槟榔路、广龄街、人民路等地从事着服务业工作。而中越两国的商贸街是越南女工的主要聚居区，这里每天都有大量越南女工从河口口岸进关、出关。越南女工之所以选择河口镇作为她们工作落脚点的原因在于河口口岸与河口镇之间的空间距离十分近。从海关到河口镇主街道（商贸街）只要20多步。这里是很多越南女工工作的落脚点。商贸街是依着河口镇地形而建成，形成东西走向的商业街区。这里的老板大多都是外地人，本地人很少有人从事这些商贸活动，都是来自福建、浙江、湖南、四川、山东、广东、湖北等地的人在此地经商。

> 以前都是本地人在这片做生意。河口开放成口岸，涌入了很多外地人。本地人很不会做生意，越做越亏。比起外地人，做生意的头脑不是很好。慢慢地被挤出去。都是外地人在这块做，本地人就每年收房租而已，就够他们吃。他们每天都是打打麻将、喝喝茶而已。[1]

商贸街主要有四条街区：第一条街位于红河岸边，当地人称之为"越南街"。关于这个称呼的由来，当地人和笔者这样解释："这条街都是越南人在买东西，几乎没有中国人。"常年在这条街做生意的都是一些越南人。此外，这条街主要销售的产品是越南咖啡、红木家具、热带水果、竹编器皿、平仙拖鞋、国外香烟、香水等。这里兜售的产品明显具有异域风情，产品生产地一般来自越南。因此，就有了"越南街"的街名。由于这里的越南人时常需要和中国人打交道，他们也

---

[1] 资料来源：2014年7月16日访谈所得。报道人余波，湖南人，39岁。

会说一些中国话,"老板,要不要香水?咖啡?""不贵,便宜卖给你"等等。但是,他们的汉语水平十分有限,很少能和中国人畅通无阻地交流。第二条街区被称为广龄街,它的前半段卖的都是高低档中国品牌的皮鞋、女装、男装、户外用品、精品等。这些中国老板常年和越南人在一起,能够说一些越南语,但仅限于一些做生意常用到的词语。而靠近口岸的后半段,都是一些经营批发生意的商人。他们来河口的时间也比较长,算是最早来河口的一批商人,讲的越南语都十分流利。对他们来说,请越南人为他们工作,只是因为支付的工资比较低廉。他们完全能够应付越南顾客。

> 我在河口做了10多年生意。我们这条街(图2)几乎每家都请越南人,我家就请了4个,现在是旺季,请得多,我们才忙得过来。夏天的话,就只有我们夫妇两个人。这条街上都有我们自己的亲戚,我们来河口完全是因为以前亲戚先来河口做生意,看他们混得不错,才跟着过来,都是亲戚带亲戚。[1]

第三条街区主要经营的是鞋店、女装、电器、电子产品等。这条街主要由店主本人经营,大多请当地人做店员,很少有越南女工在这条街区工作。最末一条街是靠近当地人称之为"小农贸市场"的小吃街,主要是河口本地人经营的餐馆、米线店等,以河口风味为特色。

此外,河口镇商贸街之所以成为越南女工的工作地点首选,存在着以下几个方面因素:第一,从地理区位来看,河口镇商贸街在空间上距离河口口岸近。她们大概只需要花费两分钟就可以从河口海关到

---

[1] 资料来源:2014年1月10日河口镇的田野调查所得,陈世刚,46岁,福建人。

图 2 河口当地人称之为"小农贸市场"街区的一角（陈民炎 摄）

此地。她们不需要像去珠三角打工的国内女工群体一般，几经辗转才能到达自己的工作的地方。越南女工来到河口，就意味着来到她们自己未来工作场域。第二，商贸街店铺门口大多都张贴着写着越南语的招聘启事。这些明显包含着工作信息的表征物，成为她们进入河口劳动力市场的导向。因此，大多数越南女工不需要求助于中介公司便可获得一份职业。第三，商贸街的中国雇主倾向于招聘越南女工。大多数雇主表示：与本地女工相比较，他们更愿意招聘越南女工。这不仅是从雇佣一个越南女工的成本低于本地女工以及她们任劳任怨的精神品质考虑，而且还因为雇用会说汉语的越南女工能够给他们带来更多的经济效益。第四，商贸街成为越南女工寻找工作的传统劳动力市场。大多数越南女工反映，她们来河口找工作习惯于去商贸街。这是因为早先迁移过来的越南女工为后续迁移过来的越南女工传递着这样的信息：在商贸街能够找到工作。因此，新来的越南女工也倾向于到商贸街找工作。除了上述原因之外，中国商人对越经商的店铺主要分布在口岸附近，形成了以口岸为中心的商业区，也造成了这样的空间格局。

由此可见，河口镇商贸街成为越南女工主要工作场所是多方面原因共同作用的结果。同时，我们不能忽视另外一个事实——越南女工主要工作场所在商贸街，并有向河口镇腹地流动的趋势。譬如，近年来河口镇北山新区、蚂蝗堡农场也有越南女工的身影。但总体看来，越南女工人数在河口镇分布的总体趋势是腹地少，口岸附近多。这样的分布格局得益于口岸离主要商业区空间距离近。

河口镇作为一个西南边陲的口岸城市，因其特殊的地理位置，吸引中越两国的流动人口。人们因为各式各样的动机聚集在该地，如跨国旅游、跨国贸易、跨国务工、跨国婚姻。而越南女工来河口镇不仅是因为经济利益的驱使，而且是希望这样的跨国流动能够给她们自身价值、社会地位带来改变。很多越南女工在越南生活时其社会身份主要是农业劳动者，而迁移到中国后，她们转变了自身的生计方式，成为服务行业的体力劳动者。

（四）越南女工基本特征

随着河口镇经济的快速发展以及当地劳动力需求日益增长，吸纳了大量越南女工来河口打工。越南女工的身影遍布整个河口镇，形成了一定的规模，一家河口当地报纸对越南女工人数有这样的描述：

> 近3年来，河口法院受理了5件涉外民商事件，其中婚姻家庭类纠纷3件、侵权类纠纷2件，无商事活动产生的纠纷案件。

图3 用越南语张贴的招聘启事（陈民炎 摄）　　图4 明确要求会越南语的招聘启事（陈民炎 摄）　　图5 蹬着自行车的越南妇女过河口口岸来中国进货（陈民炎 摄）

由于商贸交往频繁，带来大量的物流、人流往来。截至目前在县辖区内共有越南籍暂住人员1348人，男性196人，女性1172人，据不完全统计，中国边民与越籍男性2人，女性465人，办理婚姻登记手续的有9对，非法婚姻458对，占98%。其中大多数与中国边民通婚的越南籍妇女已经长期在中国居住并生育小孩。因通婚的多是非法婚姻，他们的合法权益难以得到保障，有纠纷只能自行解决。受理的2件侵权案件，被告为越南当事人，且有财产在中国境内。而多数侵权案件因被告越南当事人无财产在中国境内，原告没有选择诉讼。[1]

从官方数据来看，我们得知来河口的越南人当中女性人数有1172人，占来河口的越南人总数的85%。虽然我们无法从官方的统计数据

---

[1] 陈宏：《河口中越边境地区涉外民商事件现状分析》，《河口》2012年第32期（2012年11月30日），第5页。

确切地知道有多少越南女性来河口打工，但是，河口有越南女工存在成为不争的事实。河口镇当地的劳动力市场存在着劳动力短缺问题，需要通过引进外籍劳工来解决劳动力市场失衡问题。由于官方对越南女工人数没有进行确切的统计，笔者在田野调查期间对河口镇当地主要商铺进行了抽样调查。选取的商铺是上文提及的广龄街、小农贸市场附近的河口风味小吃街。选取这两个地方是因为这里的人流量比较大，而且可以囊括不同类型的越南女工。笔者的调查方式主要是入户调查，通过向商铺店主询问其雇佣越南女工人数以及统计相应街区的店铺数量。笔者经过两天的调查得到以下数据。

广龄街主要从事服装、童鞋、女装、男装批发部的街区共有80个铺面，每家一般请2～3人，这条街区的越南女工就有160～240人。而靠近小农贸市场的小吃街请的越南女工人数相比之下就更多。10家店铺就有30个越南女工。这条街有30家店铺，每家店请的越南女工2～6人，共计有300多人。那么，这两条街区共计有越南女工460～540人。

不管是从官方统计数据来看还是根据笔者对河口当地越南女工人数的估算，她们俨然在当地的劳动力市场占据了一定份额。在河口当地的商店、餐馆、酒店都可以看到越南女工忙碌的身影，或为顾客推荐商品，或在后厨洗碗筷，或和同乡聊天。根据笔者在河口的田野调查，发现越南女工在来源地、民族、年龄、婚姻状况、受教育程度方面有以下几个特征。

第一，越南女工的来源地主要有老街省的老街市、坝沙和孟康等县，以及紧邻中越边境的安沛省、莱州省等，甚至还有少量的来自胡志明市和河内。

表1 33名越南女工来源地统计表

来源地	坝沙	孟康	安沛	河内	莱州	老街	胡志明市
人数	15	3	5	2	2	7	1

资料来源：笔者2014年6月河口镇的田野调查所得。

第二，越南女工的民族成分多为京族与沙族。来自老街省的越南女工多为沙族、京族；而老街省以外的越南女工多为京族。其中从事餐饮类的越南女工多为老街省的侬族中的沙支系，而零售类的越南女工多为京族。

表2 33名越南女工民族成分统计表

民族	沙族	京族	其他
人数	15	17	1

资料来源：笔者2014年6月河口镇的田野调查所得

第三，越南女工的年龄在13～35岁。从事零售类的越南女工普遍在20～26岁，而从事餐饮类的越南女工最小的13岁，最大的35岁。

第四，越南女工以未婚的年轻女性居多。特别是在餐馆打工的越南女工都是一些十五六岁的花季少女，正值青春期；也有已经成为母亲的女性，她们的孩子有的甚至已经在读初中。

第五，越南女工受教育程度在高中及以下。很多越南女工都是念到高中中途辍学来河口的，她们在越南都接受过高中、初中等国民教育。

二、越南女工的职业分层与职业流动

（一）越南女工工作种类

越南女工的职业类型

河口镇越南女工从事的职业以服务性行业为主，大多在烧烤店、米线店做服务员，或是在批发部做打包工，在鞋店和女装店、精品店做销售员，在酒店和环卫部门做道路清洁工，甚至还有一些在跨国公司做翻译人员等。笔者依据越南女工的从业年龄、工作内容、工作时间安排、收入水平、职业要求、劳动力强度等对她们所从事的职业进行描述。

烧烤店服务员

个案1 下午5点左右，阿冷和其余3个越南女工从烧烤店的三楼经过一番梳洗打扮以后，陆续下楼来到店里。进店以后，阿冷做的第一件事是从冷藏柜里面取出一份大概2两的肉。她告诉笔者："这是我们的晚餐，每天工作之前，我们都会自己准备晚餐。主要是我负责。"其余3个越南女工似乎达成了某种默契，也纷纷开始帮忙。名叫阿荣的女工从冷藏柜旁边箱子里面取出大葱、香菜等作料来到后院开始清洗。而小阿来烧好开水以后,开始用研磨机磨辣椒。小甜在一旁剥大蒜,不时和阿荣用越南话交谈。时间来到下午6点左右,阿冷做好饭,大家放下手上的活,摆好碗筷,就开始用晚餐。晚餐的时候,几个越南女工都比较随意。大家都用越南话边吃边聊,谈论的都是最近家乡发生的事情。用晚餐以后,老板和几个中国女工来到店里。她们开始往店外面摆桌椅、碗筷等。越南女工和两个中国女工就凑在一起,用河口当地方言聊起天来。等到晚上8点半左右,陆续就有客人来吃烧烤。她们也各自开始忙碌起来,只见她们的身影来回穿梭于店里店外,给客人端茶倒水。这样的忙碌一般要持续到凌晨1点左右。待所有客人都走了,她们才能休息一会儿。忙碌了一天,雇主会亲自下厨,做几样小菜犒劳她们。用完餐以后,中国女工可以离开,而她们却需要将所有用过的餐具进行清洗。等做完所有工作,已经是凌晨两三点,她们才拖着疲倦的身体回到住处,纷纷睡下。[1]

从事烧烤店服务工作的越南女工,她们年龄在14～35岁。大部分女工都是初中毕业就来河口打工,她们主要承担了端茶倒水、清洗碗筷等体力劳动,工作时间从下午5点至凌晨两三点。每天工作流程可以大致分为三个阶段:准备阶段(17:00—20:30),为迎接客人所做的准备工作。主要包括清洗食材、摆放桌椅等工作;为客人提供服务阶段(20:30—1:00),给客人端茶倒水、添置碗筷等工作;收摊阶段(1:00—3:00),做最后清洗工作,以及准备打烊。她们每天

---

1 资料来源:笔者2014年1月10日河口镇的田野调查所得。

需要工作8个小时，持续着较高强度的劳动。这样的工作时间安排明显具有"黑白颠倒"的特征，也使得越南女工经常白天睡觉，晚上工作。对于从事此类工作的越南女工，雇主一般不会对她们有特殊技能要求，花姐烧烤店的老板说："她们在老家（越南）都是做惯了，不需要教太多东西。"而她们的工资收入大致在1000元／月～1400元／月。因无法在海关闭关之前回到越南家中，雇主一般为其提供住所。

米线店服务员

个案2 凌晨4点起床以后，她们要做的第一件事情是把煤球点燃，然后把盛有高汤的大锅支在炉灶上进行加热并达到滚烫。然后有人再把刚做好的米线进行水洗，有人切大葱、香菜等作料，有人往外面摆桌椅。等到所有准备工作完成以后，已经是早上7点，陆续有食客从四面八方来吃早点，这才是她们最忙碌的时候。她们有人一直在一旁收拾、清洗碗筷，有人来回穿梭于老板与食客之间，给客人端米线、递筷子。忙到下午1点，食客们才纷纷离去，米线店的越南女工也才能吃上一顿简单午饭，午饭一般都是米线。吃完午饭后，才结束了一天工作生活，回到自己宿舍里进行休息。而晚餐一般都是她们自己准备，会有一些米饭、蔬菜、肉蛋等简单的食物。[1]

米线店的越南女工年纪大多在14～16岁，年纪都普遍偏小。她们的工作内容包括：准备食材（清洗米线、切香菜、小葱、辣椒等作料、烧煮高汤等）、给客人端送米线、收拾碗筷、清扫垃圾等。一般每天从凌晨三四点工作到下午一两点。她们的工资收入大概在1000

---

[1] 资料来源：笔者2014年1月10日河口镇的田野调查所得。

图 6 忙碌完一天以后聚在一起休息的米线店的越南女工们（陈民炎 摄）

元/月～1200元/月。一般不要求她们有特殊劳动技能，只要能够胜任家务劳动即可。她们来河口之前，普遍都不会说汉语。这样的工作劳动强度比较大，时常需要弯腰、下蹲等动作，对腰肌有一定伤害。雇主一般为其提供食宿，也就是我们常说的"包吃包住"。

批发部打包工

个案3 阿来每天早上8点多起床，洗漱完毕后，就出门上班。快步走到海关以后，需要排10分钟左右的队，才能轮到她过关。海关工作人员在证件上盖章以后，她就顺利通关。来到店门口，一般都要等雇主来开门。大概9点左右，雇主才从二楼下来，打开大门。阿来首先需要把昨天收进去的货物摆出来，简单地打扫一下卫生。早餐都是在路上买好，等到打扫完卫生以后，就坐在店门口吃起早餐。她的工作主要是帮助老板取货和打包货物。老板把货号告诉她,她把衣服找出来,而且在衣服包装袋上写上件数和价钱,然后再进行包装。这样的工作一直要持续到下午3点才能有一段空闲时间。在这段时间里,她们才能坐下来和雇主一起用餐。用完晚餐以后,因为客人少,阿来和对面的越南女工就坐在店

图7 正在为货物打包的阿来(陈民炎 摄)

门口聊起天来。雇主也不管她们,各自玩起了手机。晚上的客人就更少,只有一些散客进来店里面逛逛。阿来的工作也相对轻松很多,只需要看好货物不丢就行。有客人的时候,起身站在店门口看着点。这样的工作要持续到晚上9才能结束。[1]

从事此类工作的越南女工的年纪在24~30岁。她们的工作内容包括给客人推荐商品、帮助雇主找好货物、对货物进行打包等工作。她们的工作时间从早上9点到晚上9点,一天需要工作12小时。早上是她们工作的高峰期。在这段时间,她们需要不间断地对货物进行

---

[1] 资料来源:笔者2014年1月10日河口镇的田野调查所得,阿来,26岁,京族,越南安沛省人。

分类打包。下午3点以后,来进货的客人陆续减少,她们才可以坐下来休息。其工资收入大致在800元/月~1200元/月。对其工作技能有一定的要求,需要她们能够娴熟地对货物进行打包。雇主陈先生说:"干我们这行,早上是最忙的时候。如果她们(越南女工)动作太慢了,客人又赶时间,规定时间内完不成任务,就会影响我们的生意。找人的时候,自然最看重她们的动手能力了。"关于居住方式,她们一般都是和同乡、同事以合租的方式住在越南老街。

鞋店销售员

个案4 早上9点左右,阿柔和阿杜、小双三人陆续来到鞋店。她们三人清扫完整个店铺已经是中午10点左右,简单地用过早餐以后,就坐在店铺门口聊天。没客人的时候,坐在外面是被允许的。有客人来的时候,她们三人貌似约定好的一样。如果小双先跟着客人的话,其他两人就坐在一旁。小双就跟在客人后面,为客人推荐商品说:"老板,这双鞋是新款。你试试看!"客人中意的话,就会让小双拿适合他的尺码。小双会在一旁帮助客人挑到满意为止。客人到收银台结完账以后,小双就会拿出一个本子,把卖出的价格记在一个本子上。笔记本上已经密密麻麻地记着很多数字。到中午12点的时候,阿杜通常骑着店里的自行车去分店取午餐。这辆自行车是老板特意配置的。除了让她们到饭点去分店取餐之外,更大的用处是为了方便两个店之间调配货物。因此,她们三人时常需要骑着单车去另一家分店找鞋子。每天都要来回穿梭好几趟。夏天由于天气很热,出来逛的客人很少,她们也悠哉地坐在店门口。这时候的阿柔会给自己冲一杯越南咖啡,几个人聚在一起用越南话聊起天来。到晚上7点以后，街上行人渐渐地开始多了起来，阿柔她们在店里面忙着给客人推荐商品。三个人一直在店里面忙碌着，根本没有时间和笔者交谈。等到晚上10点店铺打烊，老板来算总账的时候，她们才清闲下来，随后也结束了一天的工作，结伴回家。[1]

表3 阿柔、阿杜、小双三人的早上9:00—10:00时间段的工作安排

日期	阿柔	阿杜	小双
6月7日	打扫店铺[2]	擦拭皮鞋、皮具	擦拭玻璃
6月8日	擦拭玻璃	打扫店铺	擦拭皮鞋、皮具
6月9日	擦拭皮鞋、皮具	擦拭玻璃	打扫店铺
6月10日	以此类推		

资料来源：笔者2014年6月河口镇的田野调查所得。

从上面的个案可知，鞋店零售员的年龄在16～28岁，她们大多都接受过高中程度的教育。她们日常工作内容包括以下几个方面：清扫店铺卫生、摆放货物、整理库存、销售皮鞋等。她每天需要工作12小时（早上9点—晚上9点）。雇主要求她们能够用汉语表达一些基本销售用语以及具有一定的销售技巧。有客人光顾的时候，必须有人紧随其后，随时为客人提供服务。她们工资一般按底薪加提成的方式结算，提成在1%～2%。一份鞋店销售员的工作，每月最高可以拿

---

[1] 资料来源：笔者2014年7月河口镇田野调查所得，阿柔，26岁，京族，越南老街人；阿杜，18岁，京族，越南老街人；小双，16岁，京族，越南安沛省人。
[2] 负责打扫店铺内外卫生的越南女工被认为是这天的值日班长，不仅负责整个店面的卫生，而且担负店长的职责。

图8 正在打扫卫生的阿柔探出头来和笔者打招呼（陈民炎 摄）

图9 河口镇很多商铺都配置了后面有货兜的自行车（陈民炎 摄）

到1800元左右。

精品店的销售员

个案5 今天早上轮到秀姐上早班。她昨晚提前就把闹钟设定在8点半。闹钟一响，她就醒来，随手把闹钟关掉。穿好衣服以后，就到卫生间梳洗一番，拎着包包出门了。经过小农贸市场的时候，和越南小贩买了一个越南面包当作今天的早餐。来到工作地方，时间刚好是9点。她从包里掏出一张员工卡，插入打卡机里面，完成了打卡的事情。之后拿着一只空桶，去店铺后面的水龙头接水。打完水回来，她和另一个中国女孩开始打扫店里面的卫生。她手上戴着一只白手套将店里面的小饰品全部擦拭了一遍。秀姐对于这份工作做得格外仔细，眼睛半刻没有离开手中的东西，很娴熟地擦拭着手中物件。等到完成所有清洁工作已经是上午10点左右。她和中国女孩大豆两人就站在收银台前面，谈起最近遇

图 10 秀姐给客人挑选商品（陈民炎 摄）

到的新鲜事。偶尔，有客人进来光顾。她就说声："欢迎光临。"就紧随客人身后，给客人做向导。到中午12点，另一个中国女孩从楼上下来，来接替秀姐的工作。秀姐打完卡以后，和中国女孩交代了几句，就匆匆离开。秀姐说："可以休息一会儿。吃完午饭，睡个午觉还要来上班。"因为男友回建水（中国云南）老家，家中没人做饭，秀姐跑去朋友阿金家蹭饭。两人一见面就开始用越南话聊了起来。差不多下午2点多，秀姐告别阿金以后，回到自己住的地方午休片刻。下午3点40的时候起床，回到工作地点。她这次接替的是早班的中国女孩去休息，这一班就要上到晚上10点才能下班。[1]

---

1 资料来源：笔者2014年7月河口镇田野调查所得，秀姐，27岁，京族，越南莱州人。

从笔者所掌握的个案了解到从事精品店工作的越南女工大多在18～26岁,她们一般接受过初中、高中等学校教育。她们工作内容一般包括:清洁店内卫生、给客人推荐商品、库存整理。特别是每月都有一次大盘点,要清点所有货物。工作安排一般是三班倒(早上9点到12点为早班,中午12点到下午4点为白班,下午4点到晚上9点为晚班)。平均每天需要工作9个小时,每月有两天休息日。工资收入在1500元/月～1800元/月,也是采用底薪加提成的方式。雇主要求她们上班时间必须站立,坐在店门口是不允许的,其工作劳动强度一般。

女装店的销售员

个案6 阿偶在XX女装店工作已经有5个月。每天都需要早上9点来到商店。每天早晨到店以后,她把自己的背包放在收银台下面,就需要拿着拖把拖地、擦拭橱窗。做完这些工作的时候,已经是10点多。平日里,要做的是陪客人挑选商品。如果来了新款,就需要把衣服一一拿出来用熨斗熨平。清点好的衣服还要进行搭配,然后摆放在货柜上面。午餐时间一般是下午1点左右。这时,是她和几个越南女工难得的聊天时光。大家一边吃饭,一边用

图11 阿偶正在为模特搭配衣服(陈民炎 摄)

越南话交谈着。下午客人比较少,大家都是坐在收银台前,看电视剧打发时间。晚上来光顾的客人多了,就需要随时跟着客人,给她们推荐一些衣服。每天大概需要忙到晚上9点,她们才能离开商铺,回到自己的家中。[1]

从个案中可以了解到,作为女装店员工的主要工作内容有清洁商铺、整理商品、推销服装等。她们每天需要工作12小时以上,每个月可以休息两天。工作期间有事,必须向雇主提前请假。如果她们使用了两天休假权,老板会少算这天工钱不说,还要倒扣10元钱。因此,除非家里有急事,这些越南女工很少请假。她们的工资计算方式也是底薪加提成。销售能力最强的越南女工曾经拿过2400元的工资。要想获得高收入就要求她们多卖东西。她们的收入一般在1600元/月～2200元/月。雇主一般会要求此类越南女工具备较好的汉语听说能力和销售技能。

越语翻译员

个案7 阿玉姐是花店店员,但她还有另一个身份是越语翻译。很多做边贸的中国商人都找她做临时翻译。阿玉姐平日里都是帮着老板阿梅照看花店生意。如果有中国商人找她做临时翻译,就会提前和花店老板阿梅打好招呼,那天花店就会歇业一天。做翻译时,阿玉的任务就是把两个人(中国买家、越南卖家)的话传达给彼此,让他们彼此知晓对方意思。有时候,越南卖家对中国买家提出的价格感觉公道,很快就会促成一桩生意。但更多时

---

[1] 资料来源:笔者2014年1月河口镇田野调查所得,阿偶,21岁,京族,越南河内人。

候，两人周旋半天，阿玉辛苦地翻译彼此的话，磨破了嘴皮子，仍然不能成功地交涉。阿玉姐只好陪着中国买家再找下家。整日都是和形形色色的人谈生意。[1]

临时翻译的工作比较辛苦，工作场所也不固定，她们需要跟随着做生意的老板在口岸附近和越南人谈生意。商人们联系她们的方式主要是通过熟人介绍。中国老板来河口和越南人谈生意，由于语言不通，都需要一些翻译作为中介人。这时，他们从当地朋友那里得到翻译的电话。然后，和翻译通好电话以后，两人谈好见面地点、工作内容、酬金等，便在约定好的地方碰头。之后的一整天，临时翻译就跟随中国老板在口岸附近奔波，帮着与各种商人讨价还价，一直到找到适合的越南买（卖）家为止。临时翻译的工作时间一般都很随意，有工作的时候，她们需要整日地陪同雇主；没有工作的时候，完全处于休闲状态。她们的收入不稳定，多则一日能拿600元，少则一日才有100元的收入。由于不是每日都会有工作机会，一个月大概平均能够获得3000元左右的报酬。

除了个案中所展示的临时翻译之外，还有部分越南女工在跨国企业上班并从事着翻译工作。她们比起临时翻译其工作场所比较固定，大多数都是二十七八岁的年轻女性，拥有比较好的教育背景，大多为大学毕业生。她们的工作一般是给中国商人做口头翻译，或者是在跨国企业给雇主做纸质翻译工作，例如翻译合同、信函、文件等。工作时间比较固定，早上9点上班，11点半下班；下午2点上班，6点下班；

---

[1] 资料来源：笔者2014年1月河口镇田野调查所得，阿玉，26岁，京族，越南老街人。

每逢周六、周日休息。她们的收入大致在 2000～3000 元。这样的职业对她们的汉语提出了很高的要求。雇主一般会要求她们能够读写汉字。

超市工作人员

个案 8 阿好是百合超市的越南员工,她现在的岗位是商品补贷员。平常她的工作就是给售空的商品进行补给。这样的工作要求她十分细心。她每天都要在所负责的区域转上好几圈,以确保货物充足。不然店长来巡店的时候,发现阿好没有及时补充货源的话,阿好将面临扣除奖金的惩罚,所以她对这份工作格外仔细。阿好另一个好朋友阿花是这个超市的收银员,每天负责收银工作。超市一般都安排两个班(白班、晚班),阿好一上就是 8 个小时班。此外期间,阿花都要站着等待客人结账。如果中途因为想上厕所离岗,都要和店长打报告。[1]

在超市工作的越南女工有很多可供选择的岗位,如收银员、货物补给员、超市入口检票员等。她们的工作内容也因岗位不同,具有不同工作职责。有的需要对货源进行补充、搬运;有的负责对客人所买东西进行结账;有的对客人购买商品进行检查等。她们的工作时间大致相同,要求一天工作 8 小时。这段时间内,她们都不允许坐着,必须时刻站立着服务客人。这样强度的工作,自然对她们的身体产生了一定影响。雇主一般对她们没有语言上的要求,更多

---

[1] 资料来源:笔者 2014 年 1 月河口镇田野调查所得,阿好,21 岁,京族,越南老街人;阿花,23 岁,京族,越南老街人。

是期望越南女工熟悉卖场环境和能够掌握电脑操作程序。她们的工资一般在1400元／月～1800元／月。

清洁工

曾经是酒店清洁工的阿艳和笔者聊道："酒店清洁人员的工作，没有太多的要求。就是会换被套、打扫房间卫生、随时保持酒店的卫生干净就可以了。一个月就只有1000多块的工资。现在的女孩子很少有做这行的，都是一些不会讲中国话的结过婚的越南女人在做。因为每天可以下午6点之前就回家，这些女性就能够在丈夫回家之前准备好晚餐。"由此可见，清洁工的工作没有太多的劳动技能要求。很多不会说汉语的越南女性都可以从事此类工作。年轻越南女性很少从事此类工作，都是一些已婚的越南女性选择这一职业。一般这些女性的年纪在25～30岁，她们没有任何汉语基础。而其月工资收入在1000～1200元。

（二）越南女工的职业分层

1. 越南女工的职业分层

从上文描述中，可以明显感受到越南女工遍布整个河口镇服务性行业。不管从从业人数上，还是从职业数量上来看，她们俨然成为当地劳动力市场的主力军。而且，从上述越南女工所从事的劳动内容来看，这些职业存在着某些相似性。可以根据越南女工的劳动强度、语言能力、收入水平的差异性划分为以下几类。

第一类餐饮类服务员。米线店、烧烤店、小吃店的服务员在劳动力强度、语言能力、收入水平上存在一定相似性，因此，笔者将这些职业划归为同一类型——餐饮类服务员。这类职业具有如下的特点。

（1）这类职业给笔者的直观感受是越南女工所承受的劳动强度较大。她们的工作性质要求其承担更多的体力劳动。可以说，这群女工是河口镇越南女工群体中劳动强度最大、工作时间较长的人。

> 我们工作不算复杂，就是太啰唆。一工作起来，客人多了，就要不停地给他们端茶倒水。一天到晚需要跑出跑进的，没有时间休息。而且，晚上要工作到很晚。刚来的时候，很多女孩子的身体都吃不消。[1]

每天需要投入大量的体力劳动，不只是烧烤店的越南女工们，米线店的越南女工也存在着这样的问题。她们承受着相近的劳动强度。这类餐饮类越南女工的一天都是在忙忙碌碌中度过，如同一个不停转动的陀螺绕着客人转。她们每天都必须洗果蔬、餐具，端送食物等。除此之外，在烧烤店工作的越南女工还必须跟随着烧烤店的经营来安排自己的生活，甚至已经完全改变了她们正常的作息时间。而米线店女工也有着相同体会。大多数越南女工普遍和笔者反映："每天这样工作，平常身体就吃不消。生理期的时候，更是觉得身体疲倦不堪。"

（2）从事餐饮类的越南女工，雇主一般对她们职业技能没有太多要求。她们不需要具备汉语技能。这类职业被认为是门槛最低的工作，只要求务工者有一定的家务劳动基础、具备吃苦耐劳的精神品格就行。

---

[1] 资料来源：笔者 2014 年 1 月河口镇田野调查所得，根据花姐烧烤店阿冷的访谈内容。

很多越南人（女工）刚来的时候，都是没有接触过汉语。我们不会在语言上要求她们。工作时间长，她们就会认得（知道）要让她们做什么。对于我们来说，她们来给我打工，只要原本就会一点家务劳动就可以。[1]

卖米线的事情是不需要什么技能的。只要多看几遍，就可以学会了。我刚来的时候，也是什么都不懂。但是，这些事情都是和以前在家做的事情差不多。只要多看、多问，没有什么学不会的。只是苦了点。[2]

由此可见，从事餐饮类服务员工作，不需要太多的职业技能，同时对于汉语的能力要求也不高。换而言之，这类职业最注重从业人员是否具有娴熟的家务劳动技能，而这些能力不需要经过职业培训而获得，越南女工完全可以凭借过去在越南老家的家务经验而得到。对于汉语能力，雇主就更没有这方面的要求。因为餐饮类服务员是否具有这项语言技能不大会影响雇主的聘用行为。

（3）餐饮类越南女工收入在1000元／月～1400元／月。一个新来越南女工的最低月收入是1000元左右，这样的工资标准远远低于雇用一个当地人的开销。河口当地烧烤老板花姐表示："现在雇佣一个本地人一个月没有1500元是没有人愿意做的，请越南人就比较便宜。但是，现在她们（越南女工）的工资标准也高起来了，做得时间久的如果不加工资，干一段时间就走了。"[3] 笔者2014年夏天再次去河

---

[1] 资料来源：笔者2014年1月河口镇的田野调查所得，郎大哥，36岁，河口蚂蝗堡人。
[2] 资料来源：笔者2014年1月河口镇的田野调查所得，根据米线店阿静访谈内容。
[3] 资料来源：笔者2014年1月河口镇的田野调查所得，郎大哥，36岁，河口蚂蝗堡人。

口的时候，发现这类越南女工的工资上涨了100～200元。烧烤店的阿冷比起春节之前一个月1400元的工资，现在已经拿到了1600元。而且，河口其他地区的雇主也给越南女工纷纷加了工资。现在河口镇餐饮类服务员的工资大致在1200元／月～1600元／月。

第二类商店零售员。商店零售员包括鞋店售货员、精品店销售员、超市收银员、女装店导购等。这些越南女工的共同工作内容是向顾客推荐商品，以售卖商品为主要的工作职责。她们在劳动强度、语言水平、工资收益方面也存在着一些共同特征。

(1) 从事零售业工作的越南女工的劳动强度明显低于从事餐饮服务业的女工。每天的工作就是保持店面整洁、售卖商品。而且，她们所处的工作环境也明显优越于前者。围绕在越南女工身旁的不是锅碗瓢盆、瓜果蔬菜，而是被装潢得富丽堂皇的店铺，以及琳琅满目的商品。这样的工作环境给人以舒适、宽敞的印象。但是，零售类的工作要求她们每日工作12小时以上，每月只能休息两天。而且，有些雇主还要求她们上班期间，必须站立在商店里，端坐休息在店门口都被禁止，甚至会受到老板的斥责。长时间站立会给她们的腰肌造成一定损伤。鞋店阿柔说："上一天班，站了一天。整个人都累得要死。回去只想睡觉，根本没有心思出去玩。"

(2) 从职业技能要求上看，从事零售业工作的越南女工其职业技能不只来自于其家务劳动。首先，必须具备一定的汉语听说能力。这并不意味着她们需要参加相关汉语能力等级考试，但是必须具备一定的日常会话能力。例如，"老板，你好！喜欢看点什么？""这是新款，很漂亮的"等与商品买卖有关的用语。以下是当地雇主和越南女工对于此类工作语言能力的要求的叙述。

> 请她们（越南女工）主要是因为她们会讲汉语，这边（河口镇）有很多越南人、中国人。请一个能说两种话的人，可以说是比较好的选择。她们既会说汉语，又会说越南语。河口好多店都是这样的情况，请的都是越南人。[1]

> 当时找这份工作，老板就用中国话问我会说汉语吗，我就回答他："可以说一些，但不多。"我们找工作就这么简单，老板问几句话，第二天就可以来上班。[2]

可见，越南女工是否能够成功应聘零售员工作，汉语成为一个关键因素。除此之外，雇主还要考察她们的销售能力。毕竟商品买卖行业主要是以交易数量来获得收益。销售能力强的越南女工也容易得到雇主青睐。

(3) 从事零售类工作的越南女工的工资收益明显高于第一种类型的女工。其工资计算方式主要以底薪加提成方式，其提成一般以 1%～2% 等方式计算。这样就意味着存在着一定的"多劳多得，少劳少得"的奖励机制。越南女工能够推销出更多商品，她们就能够获得更多工资报酬。她们一般每个月能够拿到 1500～2500 元。有两年从事鞋店工作经验的阿水谈道：

> 刚来那时候，我前两个月工资都是 1200 元。老员工的话，工资都是在 1600～1800 元。到了第三个月才开始算我的销售业

---

[1] 资料来源：笔者 2014 年 1 月 10 日河口镇的田野调查所得，意尔康鞋店老板，41 岁，中国四川人。
[2] 资料来源：笔者 2014 年 1 月 10 日河口镇的田野调查所得，根据小双的访谈内容整理。

绩。像1、2月份旅游旺季，我可以拿到2500元左右。因为是临近春节，很多越南人都跑来河口买东西；像7、8月份，天气热，人不愿意出来逛街，工资就少了很多，最多能拿1600元。像我们这里，能拿到2500元已经是最好的销售员工。[1]

第三类是企业文职人员。笔者将跨国企业翻译、临时翻译归为文职人员，原因在于，与以上所描述两类相比，这一类型的越南女工属于技能型非体力型的劳动者。[2]技能型非体力劳动者的最大特征是她们的工资收益完全是依靠自身所拥有的知识技能而非劳动技能。

(1) 与前两者相比，从事企业文职人员的越南女工劳动力强度最低。以跨国公司翻译为例，她们日常工作内容不是体力劳动，而是可以在配有中央空调的办公室里比较舒适的环境中办公。

(2) 雇主对于文职类越南女工应征者提出了更高要求，不仅要求她们接受过高等教育，而且要求她们拥有良好的汉语基础。这不仅要求她们能够娴熟地进行口头翻译，而且要求她们具有用汉语读写的能力。特别是在跨国企业上班的越南翻译，她们每天都要接触大量用中文书写的合同、文件、信函等，如果不具有汉语的读写能力，显然就不能够胜任这份工作。这些跨国企业很重视越南女工读写汉语方面的技能，而对临时翻译就没有那么严格要求。只要她们能够口头上准确翻译买卖双方的意思，可以帮助雇主翻译对方的话，就被认为是能够胜任这份工作的人。临时翻译阿玉姐说："像我这种临时翻译，有没

---

[1] 资料来源：笔者2014年1月河口镇的田野调查所得，阿水，21岁，京族，越南孟康人。
[2] 参见安东尼·吉登斯著：《社会学》，赵旭东、齐心、王兵、马戎、阎书昌等译，北京：北京大学出版社，2003年，第286页。

有资格证书不是最重要的，主要还是看我们是否能够把老板的意思准确无误地表达给对方，不要毁了一桩生意就好。翻译的时候，特别要注意一些专业名词，像锡矿、铜矿等我们不常用词的翻译。不然连自己都半天也搞不懂，更别说帮老板做什么。"

（3）从事文职工作的越南女工工资收入是相当可观的，而月结翻译与日结翻译在收入上差别比较大。以月结算工资的翻译收入在2000元左右，而日结翻译的工资幅度变动比较大，一个月的工资在3000～5000元。笔者了解到作为临时翻译的阿玉姐曾经最高能拿到600元／天，其工资的随意性很大。总体来说，其工资平均水平保持在2000～4000元左右。

2. 越南女工对职业的主观评价

从上面论述中，我们了解到河口镇越南女工职业存在着明显分层的现象：餐饮类服务员、商店零售员、企业翻译等文职工作人员。上述这些职业在劳动强度、工作时长、语言限制、工资收益方面存在着明显差异，形成一种梯级的职业分层模式。既然越南女工职业内部存在这样分层的现象，她们自然会对每一种类型的职业给予不同的评价和职业期望。那么，我们从劳动强度、收入水平、职业声望三个方面谈谈她们对这些职业的情感体验。

第一，从劳动强度来看，越南女工普遍觉得餐饮类服务员的劳动强度明显高于零售员、文职人员的工作。餐饮类服务员不仅面临着不合理的工作时间安排所带来的严重睡眠不足问题，而且高强度劳动已经损害了她们的身心健康。常常工作一夜后的她们，整个人的精神状态十分糟糕。特别是处于生理期的女性，更多的身体不适问题就会凸显出来。

> 个案 9 年前（过年前）那段时间，是我们最累的时候。几乎每天来回两头跑（越南老街和河口），因为亲戚朋友结婚集中在那段时间。有一次店里面要忙的事情比较多，而且第二天又要赶回去参加朋友（越南）的婚礼。那天是凌晨 3 点收摊，回去宿舍洗漱，上床睡觉时已经是 4 点。第二天早上 7 点还要爬起来（起床），赶回去参加朋友的婚礼。聚会上都是熟人，不知不觉就玩得太高兴了。下午回去上班，累得要死。刚好那天我来例假。但是，还是得上班。在做事情的时候，发现我的身体特别不舒服，以为是玩得太累的原因。没想到后来，我差点昏倒在地上。干我们这行，特别辛苦。很多时候，身体上不舒服也不敢请假，因为老板会扣工钱。挣不到钱不说，还要倒贴钱给他。[1]

第二，从事商店零售员的越南女工的劳动强度适中。她们日常工作不要求搬运重物，但是需要长时间地站立以及长达 12 小时的工作时间。她们对这样的工作表现出十分不满意：觉得自己虽然不用像餐饮类服务员那样给别人端茶倒水，为客人提供服务，但是这样的工作要求也给她们带来很大的职业倦怠情绪。阿柔说："做得时间久，就会觉得心烦意乱。每天都是在重复着一样的劳动，感觉没有什么意思。"而她们当中认为最为轻松的是从事文职工作人员（企业翻译、临时翻译、汉语培训机构的教师），没有受到苛刻的工作时间限制，工作环境相对轻松、合理化的工作时间安排。她们每天都是按时上班下班，

---
[1] 资料来源：笔者 2014 年 1 月 10 日河口镇的田野调查所得，报道人阿泠。

工作内容又相对轻松。而且，工作之余有大量时间供自己支配。这样的职业自然被她们视为最理想的职业。

第三，从收入水平来看，越南女工们对企业翻译等文职工作人员的工资表现出很高的满意度。笔者在上面提道，一个跨国企业的翻译的工资最高能够拿到3000元左右。这样的工资收入明显是一名餐饮类服务员工资（1500元左右）的两倍。而我们知道从事体力劳动的餐饮类服务员所付出的劳动时间和劳动精力往往是文职人员所付出的多倍。一个餐饮类服务员每天需要对其工作投入12小时的时间，而翻译员却只需要每天上8个小时的班，而且每周还有双休日。以此类推，餐饮类服务员每月需要工作360个小时，而文职人员只需要投入160小时。文职工作人员每月比餐饮类服务员少工作200个小时，而挣的钱是后者的两倍。由此可以看出，与文职人员的工资收益相比，餐饮类服务员劳动时间所获得的工资收益效用十分低。后者投入的劳动时间和劳动精力更多，但是她们获得的工资效益却不及前者的一半。而从事商店零售员的越南女工其工资水平处于中间状态，在1800～2400元。她们对这样的工资收入满意度处于中间水平，普遍认为工资设置比较合理。

第四，从职业声望来看，越南女工群体对三类职业进行自我评价的时候，觉得翻译员的职业声望最高，次之是商店零售员，最后是餐饮类服务员。职业声望处于最末端的是性工作者。

在大多数越南女工眼中，翻译的工作是现代都市女性生活的象征，她们脱离了传统社会所赋予女性必须回归家庭的社会定位。现代女性不再只围着家庭打转，她们开始走出家门，跟外界发生联系，积极参与其中。因此，她们觉得一个在企业里上班的越南女性不仅在工资收入方面表现出优越性,而且其社会地位、职业声望都比较高。而性工作者却得到这三类越南女工对其职业一致评价:从事性工作者的越南女性职业声望低下。

> 个案10 走在大街上,我们一般都不会和她们(性工作者)说话。怕别人误会我们。她们不值得可怜,我们都是女人。我们来河口是靠自己的劳动生活,她们就不一样,就想着来钱快。她们回去越南一般都会被人说三道四的。[1]

河口镇越南女工普遍都认为来河口从事性工作者的女性都是一些不愿意付出劳动而动了歪脑筋的"好吃懒做"之人。其他的越南女工很少有人愿意亲近她们,怕被人误会。她们之间平时很少有往来。越南女工认为从事性服务行业严重偏离越南传统的伦理道德观念,这样的越南女性受到社会排斥是十分正常的现象。

由此可见,从劳动强度、收益水平、职业声望方面来看,越南女工对三种职业类型给予不同评价:文职类越南女工的工作具有劳动强度小、工作时长短、工作收益高、职业声望高等特性;而商店零售员的工作劳动强度适中、工作时长与餐饮类服务员工作时长持平、工资收益处于中等水平、职业声望一般等特征;餐饮类服务员工作具有劳动强度最大、工作制度不合理、职业伤害最大、工资收益与劳动生产不成正比关系、职业声望低下等特征。从事性服务行业的越南女工明显受到其他行业的越南女工排挤,认为她们违背越南传统价值观念,职业声望极低。

---

[1] 资料来源:笔者2014年7月河口镇的田野调查所得,报道人秀姐。

在对越南女工职业的讨论过程中，笔者发现越南女工职业类型、汉语技能、收入水平之间存在着正相关的关系：汉语水平提升可以促使越南女工向上职业流动，从而获得更高的工资收益。反之亦然。这三者的关系也构成了关于越南女工在河口劳动力市场的职业等级金字塔（图12）[1]。底座是由餐馆、饭店服务员、清洁工、米线店服务员、打包工构成，而中部是电器手机店、花店、服装店、鞋店、精品店、超市的售货员、处在金字塔尖的是跨国企业的翻译等文职人员。

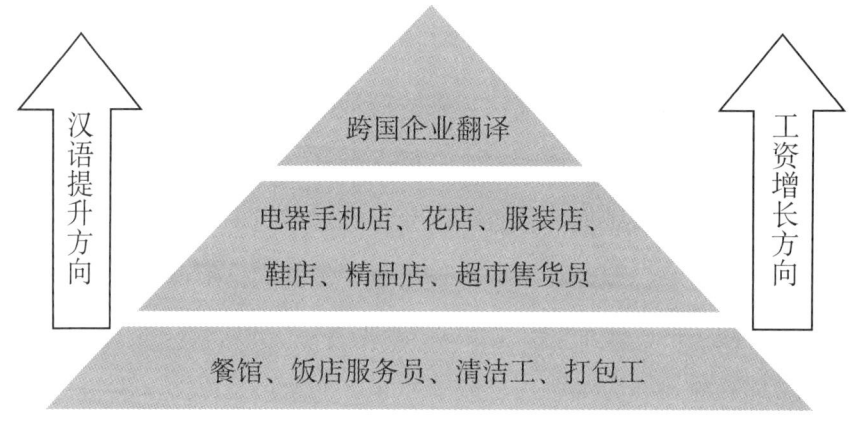

图12 越南女工职业等级金字塔[2]

这样的职业金字塔一般分布规律是底座的职业是由饭店、烧烤店的服务员构成，从业人数比较多且月工资收入在1000～1400元。这类职业的进入门槛比较低，一般不会对越南女工有语言要求。她们所从事的工作性质可以说是她们传统社会中家务劳动的延伸。这就不要

---

[1] 林南著：《社会资本——关于社会结构与行动的理论》，张磊译，上海：上海人民出版社，2005年，第35页。
[2] 越南女工职业等级金字塔中其职业流动呈现上升趋势，以及左侧的箭头表示汉语水平提升的方向，右侧的箭头表示工资收益增长趋势。其三者之间呈现互为增长的正相关性。

求她们有过多技能；而中间层级的越南女工职业是商店销售员，由于每天需要接触中国人，就会对她们的汉语有所要求，但要求程度不高，能够掌握一些基本销售用语即可。而她们的工资一般都是底薪加提成，一个作为零售员的越南女工一个月的工资在1500～2400元。销售的工作性质决定她们多劳多得的劳动收入方式。处于顶层的是跨国公司翻译。这样的工作在越南社会不仅享有很高职业声望，而且工资报酬相当可观（3000元左右），是很多越南女工梦寐以求的职业。由此可见，工资收入也随着她们的职业流动呈现逐级增加趋势。从事饭店服务员的阿艳姐谈到她的故事说：

> 个案11 5年前因为不能够听懂汉语，找工作受到很多语言上的限制。只能做饭店服务员，从事打扫卫生、整理被褥等简单的工作。后来，在和中国员工的接触过程中，懂得自己能够说一口流利汉语的重要性。在工作之余，开始向同事学习汉语，每天掌握几个单词，积少成多，几个月后，我能够听懂基本的汉语交际用语。我就把饭店服务员的工作辞了，到商贸街寻找到了一份卖衣服的工作。刚开始的收入只有1200元，包吃不包住。但是，比起饭店一个月1000元，天天都需要打扫卫生，已经很好了。[1]

现在，阿艳姐在一家女装店做销售员，一个月的工资是1400元加提成。客人最多的春节期间，她的销售业绩可以达到3000多元。她和笔者谈道，她现在已经很满意这样的收入。

---

[1] 资料来源：笔者2014年1月河口镇的田野调查所得，阿艳姐，28岁，侬族，越南老街人。

（三）越南女工的职业流动

从上文我们可以得知河口镇越南女工的职业大致存在这样的分层：餐饮类服务员（烧烤店服务员、米线店服务员、小吃店服务员等）、商店零售员（鞋店销售员、女装店的导购、手机、电器促销员、超市收银员等）、文职工作人员（企业翻译、临时翻译）。这些职业在工资收益、职业声望、职业期望、工作限制方面存在着差异。河口镇越南女工劳动力市场虽然存在着明显的职业分层现象，但是这样的职业分层不是绝对的。越南女工可以凭借自身努力和社会关系网实现自身的职业流动。

职业流动意味着越南女工从一种职业流动到另一种职业，从一个工作场所转移到另一个工作场所。越南女工的职业流动既有上文职业分层当中的职业类型转换，也有更换雇主的职业场所转移。在她们职业流动过程，可能实现职业转型，也可能依旧延续原先职业。职业流动被认为是社会流动的主要方面。当下学者对职业流动研究，也主要从社会流动这一研究视角进行探究。越南女工的职业流动在流动次数上存在初次差异与再次差异之外，职业流动内部也存在着不同。学者们根据社会流动方向、参照基点和原因三个维度，可将社会流动相应地划分为三种类型："垂直流动和水平流动、代内流动和代际流动、自由流动和结构性流动。"[1] 河口镇越南女工纷繁复杂的职业流动既存在垂直职业流动，又存在水平职业流动。

---

[1] 安东尼·吉登斯 著：《社会学》，赵旭东、齐心、王兵等译，北京：北京大学出版社，2003年，第286页。

1. 初次职业流动

对于越南女工来说，初次职业流动也同时意味着从越南到中国的跨国流动。在其两次职业流动过程中，她们主要是通过熟人、朋友的帮助实现的。

> 个案12 我是阿水，高中毕业以后，一直在家里面帮母亲在市场里卖点酸笋。姑妈那时候在河口上班。她每次回来都是提着大包小包的给她家人，大家都说她在河口混得很好。看着打扮时髦的姑妈，我自然也是心动了。她告诉我，来河口需要办理护照什么的。家人一听说我要去河口，我妈就说："女孩子出去外面看看也是好的。比在家里面强。"家人都很支持我们这些女孩子去河口打工。就这样，我开始到出入境管理机构办理出国证件，办理税票。办证的人跟我说："第一次办理税票要60元，后面办理就只要30元。第一次办理证件的有效期1个月。到期以后要及时来更换证件，不然会过期，会罚款和滞留在河口而不能回来越南。后面就可以三个月来更换一次。"等我弄好这些东西以后，我就主动联系姑妈。姑妈就让我来河口。她把我介绍到她工作的那家鞋店。鞋店老板见是姑妈介绍的，就让我留下来工作了。做了几天以后，姑妈又告诉我，我需要去服务站办理税票。不然证件会无效。等到这些事情都弄好了，我就安安心心地在河口上班。[1]

> 个案13 我是阿姜，是阿水的表姐。阿水过来河口上班一年以后，因为店里面缺人手，阿水让我过来。以前高中毕业以后，一直在老家种地。没想过可以来河口上班。办证、办理税票的事

---

[1] 资料来源：笔者2014年1月10日河口镇的田野调查所得，报道人阿水。

图 13 河口瑶族自治县公安局临时来华人员管理服务站（陈民炎 摄）

情都是阿水告诉我的，来河口可以说是没有遇到什么困难，比较幸运。来了以后，觉得这比之前待在家里面好。在老家每天都是那几样事情，不像在河口既可以挣钱，又可以出去玩。我没换过工作，因为阿水也在店里面工作，我们两个平常在河口也能在一起。我觉得这比一个人在外面闯好多了。[1]

个案中阿水和阿姜高中毕业以后，一直在越南老家帮助家人进行农业生产活动。不管是在市场上卖酸笋的阿水还是在田里种地的阿姜，她们所从事的都是农业生产劳动，通过个体劳动获得报酬并支持家里面的生计。而在河口打工的熟人回乡探亲与亲戚朋友聊天过程中，给她们带来去河口工作的信息。渴望改变现状的愿望驱使她们流动到河

---

[1] 资料来源：笔者 2014 年 1 月 10 日河口镇的田野调查所得，报道人阿姜。

口打工。为了来到河口她们事先办理好边民证、交纳税票等，到河口镇临时来华外国人服务站做相关登记。之后，熟人的引荐让她们能够顺利获得工作岗位。

除了通过熟人、朋友的介绍来河口之外，还有一些越南女工通过招聘广告获得工作机会。

> 个案14 我的第一份工作是在一家女装店做的，是我自己找到的，因为商贸街到处都是贴着有越南字的招聘广告，很容易找到工作。在服装店上班，就是给客人推荐衣服之类的。老板把怎么卖东西的事情教给你之后，后面都是自己的事情。其实，没有多少可以学的东西，做久了就会觉得无聊。特别是，我做的那家老板人不怎么样，生意也不好。[1]
>
> 个案15 工作不用托熟人也是可以找到的。一出海关以后，哪里都是商铺，而且外面还贴着有越南字的招聘启事。只要认识越南字，自己就可以跑进去问老板，招不招人的？找工作就这样简单。[2]

我们在上文中提到，河口商贸街的老板直接把他们的招聘启事贴在店门口，而且使用越南字或者明确要求应聘者会越南语。这些招聘广告明显是针对越南应聘者而发布的消息。老板显而易见地传递这样的信息，我们招聘的是越南人。那么，越南女工在这样的劳动力市场环境下，也就很容易通过自己寻找到工作机会。

越南女工或依靠亲属，或凭借自身力量进入河口镇劳动力市场，

---

[1] 资料来源：2014年7月对河口镇的田野调查，报道人阿媛，22岁，京族，越南孟康人。
[2] 资料来源：2014年7月对河口镇的田野调查，报道人阿柔，26岁，京族，越南老街人。

获得人生当中的第一份工作。当时的她们满怀期待地投入河口镇的工作之中,希望通过在河口镇的职业生涯奋斗,获得更多改变自己生活的机遇。和过去在越南的生活经历相比,她们普遍认同现在的工作所带来的优越性。例如,阿姜原本在老家从事农业生产,来到河口以后,做起鞋店的导购。她实现了从传统的农业耕作生产方式解脱出来,进入现代都市生活的转型。权衡两种截然不同的生活方式,让她深刻感受到后者所带来的职业声望、社会地位和较高的收入。但是,并不是每个越南女工都如此幸运,现实生活无情地告诉她们,通往幸福的道路不是鲜花常开,她们还需要几经生活历练才能到达幸福生活的彼岸。她们可能遇到尖酸刻薄的雇主、处处为难他人的同事、环境恶劣的工作场所、极为低下的工资收入等问题。一旦出现这些问题,她们就会对这份工作产生不满情绪。这些外在差强人意的工作情境和内在负面情绪左右了她们之后的选择。当眼下的工作不会给她们的生活带来实质性改变的时候,她们就会考虑离开当前职业,发生职业流动以求改变。

2. 再次的职业流动

在大多数人的观念里,谋得一份收入稳定和职业发展空间大的工作是最理想的。常常更换工作的人,不仅给人做人不踏实的感觉,而且收入更是不稳定。而越南女工能够在初次的职业流动中获得一份梦寐以求的工作并作为终身职业的毕竟是少数。对河口镇越南女工而言,再次职业流动才是她们的常态。时常有报道人告诉笔者:"这是我在河口的第几份工作,离上一份工作的更换时间不超过1个月。"而她们再次职业流动不仅仅是从一个工作场所到另一个工作场所,一种职业到另一种职业那么简单。上文我们提到越南女工的职业流动存在着水平职业流动和垂直职业流动[1]两种状况，越南女工的再次职业流动亦存在这两种流动形式。这两种职业流动的最大区别在于越南女工在水平的职业流动过程中，其职业声望、职业地位并未发生明显的改变，她们倾向于停留在相似的职业类型里面来回流动；垂直职业流动中，其职业声望、职业地位发生了改变，她们向上流动而获取更好的工作机会。

第一，越南女工的水平职业流动是指越南女工倾向于在相似职业之间来回地发生流动。这是笔者发现最有趣的再次职业流动现象。有部分越南女工在再次职业流动过程中，倾向于在一些相似职业之间流动，如同一个钟摆一般左右摇摆。三年前跟着嬢嬢来河口打工的阿冷的职业流动图式给我们展示了这样的事实：

> 个案16　刚开始我是和我嬢嬢来花姐家卖烧烤，也就是我的第一份工作。那时候，我刚来河口，人生地不熟的，一句汉语都不会说。老板说什么都听不懂，就算在背后说我不是，也不懂。只能看他的手势，看他指着什么，就给他递过去。幸好那时候有嬢嬢陪着我，而且店里面几个中国大姐是中国的壮族，她们的话和我们很相似，我跟她们说话完全没问题，平常也很照顾我。我很快就适应了这里的生活。有什么心事都会跟她们说，她们也常常给我出主意。但是，卖烧烤的工作太辛苦。我这个年纪刚好是贪睡、喜欢出去玩的时候。卖起烧烤来，都是黑白颠倒，哪有什么时间出去玩？而且常常要熬夜，整个人精神都不是很好。后来，春节放假后，我就没回来花姐家做。听好朋友小甜说在她做的那

---

[1] 郑杭生 著：《民族社会学概论》，北京：中国人民大学出版社，2011年，第86页。

家（饭馆），不像在花姐家那么辛苦。每天可以晚上9点多就下班，就有时间出去玩。她就和那个老板说了我的情况，老板也同意了，我便留了下来。我就跟着她在那做了几天。但是，花姐的老板娘就打电话跟我说，人手不够，让我回来。老板一般说这话是要给我们加工资的，我第二天就又回到花姐家。果然，工资增加了200块。再后来，我又因为嫌这份工作太辛苦了，就又没来，在家帮我父母做了一段时间的农活。还是觉得不出去打工，在家待着也挣不到几个钱。又到河口的服装店找工作。这些工作倒是不需要像烧烤店那样熬夜，工资收入也高。但是，晚上10点才下班。老板不提供住的地方。我家离老街坐摩托车还要30分钟。这么晚才回家相当危险。想来想去，后来还是去花姐家。这3年来，我算是换了好几回工作。但是，可能是习惯了这份工作和这里的人，最后还是回来这里上班。[1]

个案中的阿冷向我们展示一个越南女工徘徊于几个相似职业之间所体现出来的水平职业流动的真实图景。她的第一份工作是在花姐烧烤店做服务员，第二份工作是米汤饭店的服务员，第三份工作又回到花姐烧烤店，第四份工作考虑过到商贸街做售货员，但最终又回到花姐烧烤店。阿冷讲述每一次更换工作的原因是，辞掉第一份工作是因为烧烤店的工作时间过长，严重影响了她正常作息；而且，工资收入远远低于她的期望值。同时，刚好同村的小甜在另一家饭店做事，小甜就建议阿冷同她一起做事。阿冷就辞掉了花姐家的工作，和小甜一同工作了几天。雇主花姐见阿冷不回来上班，就打电话给她

---

[1] 资料来源：2014年7月对河口镇的田野调查。

提出加工资的条件让她回来。阿冷考虑再三以后，又回到了花姐家。过一段时间以后，阿冷又觉得工资太低，听在商贸街的朋友说，卖衣服比在烧烤店钱来得快，就跑去应聘零售员工作。零售员的工作要求她能够学会普通话而且不提供住宿，习惯了餐饮类服务员工作的阿冷显然不能接受这样的要求，因此，她拒绝了这样的工作，又回到花姐家的烧烤店。

从上面的分析中，我们可以了解到阿冷频繁地更换工作的原因在于她对当下的生活境遇存在着强烈的不满。虽然她们可以通过从事家务劳动的方式维持自己的生活，但是她们仍然选择远走他乡的主要原因在于她们期望通过职业流动实现身份地位的改变。而现实却一次一次地打破她们的梦想，她们来到河口以后，发现自身的生存境遇很难改变，她们依旧被主流社会所排斥。河口镇社会管理并未明确将其纳入其中，她们依旧被认为是外来人，并不能在本地获得长期的居留权。当她们发现其身份地位没有发生实质性改变的时候，她们就期望通过再次职业流动以争取在河口镇更好的生存机会。

频频跳槽现象不单单发生在像阿冷这样的越南女工身上，在河口镇商贸街当销售员的越南女工中也存在着这样的现象。从上文的叙述来看，在越南女工的观念中商店零售员的工作所享有的职业声望明显要高于餐饮类服务员。她们每天都在宽大而舒适的店铺里面工作着，不用像阿冷一般终日在不尽如人意的工作环境中，被油烟缭绕着、黑白颠倒地辛苦工作，而理想的工资收益和舒适的工作环境也不能促使她们留下来。当商店零售员的越南女工也在职业之间发生着水平流动。下面个案中的阿玉姐，她有 26 岁，是越南老街人，母亲在老街当地的农贸市场卖鸡，18 岁的弟弟在河内念大学。她来河口已经有 4 年之

久,现今在一家花店打工。阿玉和笔者聊到她的工作经历:

> 个案17 我念大学的时候,就在学校里面学了汉语。但是,熟人总说,学汉语还是要来河口打工。我就自己跑过来找工作。我记得我的第一份工作是在一家精品店卖东西。刚开始的时候,老板给我1000元工资。教我一些卖东西的话。"这个好看!""客人,你好!你要选点什么东西"等之类的。这些话,没几天就学会了。老板就不会太管你。平常也是除了工作上的事情,就不会过问你什么?大家都是有血有肉的人,遇到这样冷漠的老板,心里面自然觉得怪怪的。想和老板说点话,也搭不上什么话。所以后来我就换了工作,第二份工作是在一家女装店。刚开始还是觉得新鲜,觉得在这里工作会比以前好很多。没想到老板头几天把卖东西的相关事情交代完以后,之后就不怎么搭理我了。感觉又回到以前在精品店的状态。之后又换了几份工作。鞋店、文具店我都做过,都是待久了,就会感觉没劲又换了工作。我们这条商贸街上的很多越南人都是这样。在一个店里面待的时间不会太长。老板都是把该教的都教会以后就再也不会管你。[1]

阿冷和阿玉姐两则个案明显体现这种类型的越南女工水平职业流动的最大特点在于她们在相似行业之间兜兜转转。而且,她们之后的职业选择明显会受到第一份职业的影响。阿冷在河口长达3年的打工生活中,虽然从餐饮类服务员换作零售员,但是由于现实因素和自身能力,最终还是选择回到花姐烧烤店。由此可见,在后来的职业选

---

[1] 资料来源:2014年7月对河口镇的田野调查,阿玉,26岁,京族,越南老街人。

择中，她们明显受到第一份职业的影响，倾向于考虑像餐饮类服务员相类似的岗位。阿冷这样解释道："估计是以前就做惯了这样的工作，找其他的（工作）反而不习惯而做不了多久。"

第二，垂直职业流动的越南女工。这种类型的越南女工最大特点是她们在再次职业流动过程中，改变了职业类型：从服务员晋级到零售员，甚至到企业文职工作人员。对于她们来说，再次职业流动不单单是从一个工作地点转移到另一个工作地点的问题，而是得到了工作晋升机会。进而，提高她们的收入水平、社会地位、职业声望，达到她们改变自身命运的目标。

> 个案18 刚来河口那会儿，我一句汉语也不会讲。自然能做的就是卖烧烤、卖米线的事情。我的第一份工作是在红河谷做服务员。每天都是端茶倒水、洗盘子的工作。一天下来，整个人都累倒下了。当时就想过，难道一辈子都要这么过吗？后来听一起上班的人说，只要会讲点汉语，就不必整日受这种苦。我就和中国人学起了中国话。一天一句，用心记着，没多久以后，觉得自己学会了一点，就跑去商贸街找卖东西的工作。工资收入呀什么的，比以前强很多。而且，也没那么累人。[1]
>
> 个案19 我以前工作是在一家户外用品店做销售导购。做这份工作完全是为了学汉语。因为当时为了考汉语资格证才去学的。也多亏那段时间，我能够学到很多汉语。现在做导游的工作也比较容易。[2]

---

[1] 资料来源：2014年7月对河口镇的田野调查，阿艳，30岁，沙族，越南老街人。
[2] 资料来源：2014年7月对河口镇的田野调查，陈氏英，28岁，京族，越南老街人。

不管是水平职业流动还是垂直职业流动，都体现了越南女工选择再次职业流动的一些共同特征：

第一，越南女工更换工作频率均比较高。个案中阿冷在来河口工作的 3 年期间，就更换了 3 次工作：从花姐烧烤店到米汤饭店，再到商贸街零售员，最后回到花姐烧烤店。而阿玉的个案中更是反映出这样的情况：从第一份精品店的工作到女装店，再辗转到鞋店、精品店等销售类职业，再到边贸商人的临时翻译，最后到阿梅花店店员。阿玉姐来河口镇 4 年期间，职业至少更换了 8 次。

表4　针对16名有2次以上职业流动经历的越南女工的统计表

越南女工的称呼	流动次数	在河口镇的工作时间／月	第一份工作	现在的工作
阿[1]偶	5	48	服装零售员	服装零售员
阿冷	4	36	烧烤店服务员	烧烤店服务员
越南妇女 A[2]	2	24	小吃店服务员	小吃店服务员
越南妇女 B	3	12	火锅店服务员	小吃店服务员
阿荣	2	24	米线店服务员	烧烤店服务员
阿媛	2	4	女装店导购	鞋店服务员
阿好	3	12	鞋店零售员	家具店零售员
阿玉	8	48	精品店零售员	花店店员
阿冷姑妈	2	36	烧烤店服务员	小吃店服务员
小甜	3	24	米汤服务员	米汤服务员
秀姐	15	60	女装店零售员	精品店零售员

---

[1] 越南人多以"阿"字开头称呼彼此。
[2] 其中文水平有限，笔者无法得知该访谈对象的基本信息，因此以越南妇女 A、越南妇女 B 来称呼。

续表

越南女工的称呼	流动次数	在河口镇的工作时间/月	第一份工作	现在的工作
阿艳	2	60	酒店服务员	服装店零售员
小阿来	3	24	烧烤店服务员	米线店服务员
烧烤店的阿荣侄女	3	12	烧烤店服务员	烧烤店服务员
阮氏劝	2	36	服装店导购	翻译员
陈氏英	2	12	户外店导购	导游

资料来源：2014年7月河口镇的调查所得。

从表4中我们可以很直观地看到有16位越南女工，在河口工作时间4~36个月，便有2次职业流动的经历；其在河口工作时间12~60个月，有9名越南女工有3次以上的职业流动经历。流动次数最多的越南女工已达15次。由此可见，她们在河口的职业流动表现出很高的频度和强度。

第二，表4也反映了这样一个事实：越南女工在职业流动过程中，倾向于停留在相似或者同类型的工作上。她们如同钟摆一般，来回地在两个工作地点之间摆动。也就是我们常说的水平职业流动，其职业地位、职业声望并未发生明显的改变。个案中的阿冷第一份工作是花姐烧烤店，之后的工作是米汤饭店的服务员。依据上文分类标准，这两份工作明显同属于餐饮类服务员范畴。她在选择职业中，先前职业对其后来找工作产生了影响。因此，越南女工之所以倾向于选择与第一份工作相似的工作类型，说明了第一份工作对她们未来职业流动产生比较深远的影响。她们在之后职业流动过程中，会有意识地考虑之前的职业类型与未来职业类型之间的异同性，以权衡她们进入新的工作场所需要成本以及胜任该职业有多少机会的问题。机会太少的话，她们会选择主动放弃。寻找和以往不同的职业，就意味着越南女工之前的工作经验无法发挥其效用，使得她们顺利过渡到新的岗位上来，相反还要求她们必须学习新工作技能以适应工作变化。这样比较之下，越南女工更喜欢选择与之前职业相类似的岗位以减少她们进入这些行业所遇到的阻碍。

第三，她们对自己的职业忠诚度比较低。频频地发生职业流动现象，也展现了她们对自己职业忠诚度低、对于当前职业的归属感、成就感较弱等问题。个案中的秀姐说："越南人做不久的。卖东西就那几句话。学会了就没什么意思。很多都是做几个月就换其他工作去了，很少有做定的。老板不是真心对你，感觉你帮他做事，他没啥义务对你好的。"在对33名越南女工的职业流动次数的统计（表5）中，只有7名越南女工到目前为止没有更换过工作，其余越南女工都有着更换工作的经历。这7名越南女工只有2名表示对当前工作满意，其余5名越南女工表示有适合机会的话，她们会选择寻找新的职业。由此可见，对于越南女工来说，频繁的职业流动是她们工作的常态化现象。她们常常从这个岗位跳到另一个岗位。

表5　针对33名越南女工职业流动次数统计表

越南女工的称呼	流动次数	越南女工的称呼	流动次数
阿芳	1	阿水	1
阿冷	4	越南妇女A	2
越南妇女A	2	越南妇女B	3
越南妇女B	3	阿荣	2
阿荣	2	阿姜	1
阿媛	2	阿媛	2

续表

越南女工的称呼	流动次数	越南女工的称呼	流动次数
阿好	3	陈氏英	2
阿玉	8	阿好	3
阿冷姑妈	2	阿玉	8
小甜	3	阿冷姑妈	2
秀姐	15	阿杜	1
阿艳	2	小双	1
小阿来	3	阮氏劝	2
烧烤店的阿荣侄女	3	阿来	1
阮氏劝	2	阿金	1
陈氏英	2	阿静	3
阿冷	4		

资料来源：根据笔者2013年、2014年两次田野调查访谈资料整理。

结合表4、表5来看，具有2次以上职业流动的越南女工真正通过流动而实现职业地位的向上提升是非常少的。16名越南女工中，只有4名越南女工得到更好的职业。也就是说，这4名越南女工通过职业流动获得了更好的职业地位、职业声望。如阮氏劝起初是为别人卖衣服的导购，经过几年努力，成为一名在边贸公司上班的翻译。她说："这份工作比我以前在服装店干的时候强多了。工资自然是多了不少，更重要的是能够在公司上班，让很多同龄朋友羡慕不已。父母在外面提起我，也觉得很有面子。"由此看来，职业流动确实给越南女工一个实现自身价值、提升社会地位的机会。但是，大部分越南女工没有那么幸运。在河口镇长年谋生的她们可能会一直在相类似行业之间兜兜转转。职业流动并未给她们的生活境遇、社会地位带来实质性的改变。

三、越南女工的职业流动与社会资本

（一）交往圈：越南女工的社会关系网络

英国人类学家拉德克里夫-布朗最早提出"社会网"的概念。他用网络的概念来描述一个社会结构，网络在这里被认为是一种隐喻。[1] 之后的学者像巴里·韦尔曼将社会关系网络定义为行动者之间通过社会互动而形成的一种相对稳定的体系即社会结构。[2] 由此可见，社会关系网络是人与人之间发生互动过程所产生的关系，进而组成了一定的社会交往圈子。同样是作为行动主体——越南女工在与他人的互动过程中，也存在着自己的社会交往圈。她们生活在自己所建构的社会交往圈之中。这些交往圈不仅包括她们原来在越南本国所拥有的社会关系网络，而且也包括她们流入到河口镇之后所建构的新社交圈子。这两个社会交往圈子组成了越南女工的整个社会关系网络图景。由于这两个社会交往圈子所建构的时间存在先后的差异，越南女工原先在越

---

[1] 苏春艳：《社会网络与职业获得转型期下岗失业女工再就业过程研究》，上海大学博士学位论文，第47页。
[2] 参见巴里·韦尔曼著：《网络分析：从方法和隐喻到理论和实质》，张文宏译，《国外社会学》1994年第4期，第3页。

南的交往圈明显早于流动到河口镇所建构的交往圈。笔者对越南女工发生跨国流动前后的社会关系网络进行了下列描述。

1. 越南女工跨国流动之前的社会交往圈

越南女工未流动到河口之前,就有一个属于自己的社会交往圈子。从交往对象上来看,它们包括主要的家庭成员、远亲、好友、同村人等。这些交往对象与越南女工之间共享关于村落、祖先、民族的记忆,他们之间有着一定的同质性。笔者根据其与交往对象的亲疏程度将越南女工的社交圈子区分为家庭成员之间的交往和非家庭成员之间的交往。

首先,越南女工与家庭成员之间的交往。家庭被定义为是一种社会集团,以共同的住处、经济合作和繁衍后代为其特征。[1] 家庭成员一般包括父母、兄弟姐妹、配偶及其所生育的后代。这些由于血缘、姻缘所产生关系的人群组成了一个家庭。而且,受到儒家文化影响的越南社会的家庭类型与中国汉族社会的家庭类型较为相似。传统越南社会大多都以扩大家庭为主。四世同堂在越南国家是十分普遍的现象。但是,近年来由于越来越多的越南青年男女选择到都市生活,其家庭类型发生了转变,核心家庭成为越南社会的主要家庭组成类型。家庭成员之间存在血缘、亲缘关系,我们很难通过外部力量分割他们彼此之间的联系。而日常生活中的交往、一起庆祝传统节日、祭祀祖先等行为,加深了他们彼此间的联系。在这些维持家庭成员之间的感情方式,日常生活中的互动——家庭聚餐被认为是她们维持家庭成员之间关系的主要实现形式。

---

[1] 庄孔韶主编:《人类学概论》,北京:中国人民大学出版社,2006年,第265页。

越南家庭聚餐是她们平日里联络感情的主要方式。除了特殊情况之外（有人请客吃饭、出远门等），所有家庭成员之间达成一种默契：每到用餐时间，所有家庭成员都必须到场。这已经形成一种惯例。缺席家庭聚餐的成员被认为是不孝。因此，越南人十分重视家庭聚餐活动。

在传统越南家庭中，女人被认为是家庭聚餐的主要承办者。厨房里一切事宜，都由女人们一手包办。男子很少参与到家庭聚餐准备环节，而是坐在客厅喝茶聊天。等到女主人把饭菜端上来，所有家庭成员纷纷入席。通常是男人与男人坐在一起，女人与小孩坐在一起。男人聚在一起聊起在外面的见闻。女人们忙着给小孩喂食，不时插几句话问男人所讨论事情的细节。用餐完毕以后，大家纷纷起身，聚在厅堂。女人们忙着收拾宴席，回到厨房清洗着锅碗瓢盆。男人们又围坐在一起继续刚才的话题。一次简单的家庭聚餐也就告一段落。

我们越南人吃饭习惯一家子坐在凉席上，和你们中国人不一样。我们一家子围着坐成一圈。中间摆着几样小菜，大家都是边吃边聊。我觉得这样吃饭的时候，平时没话的人，也变得话多了。特别是我父亲，我和他平时没有什么交流。平日里很怕他，他说什么就是什么。没人敢对他表示不满。但是，一到饭桌上，喝了两口酒，人就开始话多了。还和我们开玩笑，哪里有平时父亲的样子。[1]

一家人在一起吃饭，我觉得是大家交流感情的最好机会。平时，大家都是各忙各的，很少能有机会这样坐在一起谈心。遇到

---

[1] 资料来源：2014年7月对河口镇的田野调查，关于阿冷的访谈内容。

> 不顺心的事情，很容易在饭桌上跟我爸爸妈妈说。他们会安慰我，给我出出主意什么的。[1]

这种家庭聚餐是越南女工家庭内部成员之间情感得以维系、巩固的纽带和方式。因此，一家人在一起吃饭既是为了填饱肚子，也是相互倾诉的机会。家人聚在一起除了分享你的喜悦之外，更愿意在你遇到困难的时候，给你出出主意。

其次，越南女工与非家庭成员之间的交往。作为一个生活在群体中的人，除了和自己的家庭成员有交集之外，越南女工还和非家庭成员发生联系。这些非家庭成员包括同族、同乡、同辈等。非家庭成员不管是日常生活，还是重大节日庆典活动，都和越南女工存在千丝万缕的联系。他们也构建了越南女工在本国的社会关系网络图式的一部分。但是，在这部分我们主要从与其发生互动最为密切的平辈人之间交往入手，以此来呈现越南女工与非家庭成员之间的交往。

> 我和小甜是好朋友，她就住在我家后面。我们是一起长大的，我们俩人是好姐妹。以前念书的时候，都是一起上学放学的。到上山干活什么的，都要约着一起去。她遇到什么心事，不好跟家人说的时候，都是找我聊天。大家都说我们是穿一条裤子的。[2]

越南女工同辈人之间有相似的生活经历，在整个成长过程中分享着共同的社会记忆和集体记忆，彼此之间不仅在观念上，而且在行动

---

[1] 资料来源：2014 年 7 月对河口镇的田野调查，关于小甜的访谈内容。
[2] 资料来源：2014 年 7 月对河口镇的田野调查，关于阿荣的访谈内容。

上或多或少都具有一致性特点。[1] 由于年纪相仿，没有太多隔阂，她们之间交往很容易打开彼此心房，倾诉内心秘密，分享对方的哀怨与喜悦。这种交往明显打破了血亲、姻亲的局限，是建立在共同情感体验基础上的越南女工的日常交往方式。

2. 越南女工跨国流动之后的社会交往圈

越南女工发生跨国流动后，在她们身上发生明显改变的是她们的社会交往圈不断扩张。她们的交往对象不再仅仅局限于家庭成员、远亲、好朋友、同乡人等。越南女工在工作场所结识的新同事（中国人、越南人），外出游玩认识的新朋友也纳入她们社交圈之中。这些新认识的朋友可能在未来交往过程中成为一生的挚友，也有可能只是萍水相逢的人。因此，我们根据这些人群与越南女工的亲疏程度将其划分为熟人、一面之交的朋友。

首先，越南女工与熟人之间的交往。越南女工在河口镇所结识的熟人主要包括她们在工作场所一起共事的同事、邻近商店的越南女工两种类型。这些人都是和越南女工长期相处中，慢慢发展成为关系比较密切的朋友。

> 个案20 小双和我以前是不认识的，是来了意尔康鞋店以后才认识的。因为都是越南人的缘故，我们很快就熟悉起来了。而且，又是在一起工作的人。经常在一起。工作上有什么困难的，都会相互帮忙的。同事嘛，又都是越南人，大家在一起玩，觉得

---

[1] 王越平：《乡民闲暇与日常生活》，北京：民族出版社，2011年，第164页。

比较亲。[1]

个案21 我和隔壁精品店秀姐认识，完全是我来鞋店上班以后的事情。她待在中国的时间长，中国话说得比较好。我就经常跑去她的店门口请教她关于中国话的事情，这样一来二去，我们就熟悉起来，现在成为很好的朋友。秀姐她挺照顾人的，平常遇到什么不高兴的事情跟她说说，心里面就会好受一些。[2]

个案22 我和四川大姐两个人是同事，这个分店主要是我们两个人在打理。平常两人相处的时间比较长。她女儿和我一样大，平常她就把我当作女儿看。两个人自然关系就比较近。她是长辈，平常遇到心事，跟她说的多一些。她也经常帮我拿主意。业务上不懂的地方，她也经常帮我的忙。能够认识四川大姐，我觉得是挺开心的一件事情。[3]

从以上个案中，可以得知在河口镇的越南女工与别人建立亲密关系的方式，要不是因为长期在一起工作的经历，要不邻近商店因为偶尔出来交谈而认识的越南人。这两类人最大特点是和越南女工相处时间比较长。越南女工与她们是同事，大概每天一同工作10个小时。个案中的小双和阿杜之前是相互不认识的，因为同在一家鞋店上班，而且又同是越南人，使得她们走得比较近一些。她们两人在工作过程中，慢慢发现彼此拥有很多相同的兴趣爱好。两人在一起上班的时候，都有聊不完的话题，促使她们走得更近一些，建立起了比较亲密的朋

---

1 资料来源：2014年7月对河口镇的田野调查，关于阿杜的访谈内容。
2 资料来源：2014年7月对河口镇的田野调查，关于阿柔的访谈内容。
3 资料来源：2014年7月对河口镇的田野调查，关于阿水的访谈内容。

友关系。小双说:"阿杜跟我差不多一样大,而且又是越南人。平常我们就有聊不完的话题,明星、衣服、包包等。自然走得比较近。"

其次,越南女工与"一面之交"的朋友之间的交往。越南女工在河口镇所认识的人之中,不是所有人都会成为关系比较密切的朋友,有些人可能和她们只有一面之缘。他们之间的关系只是泛泛之交,不会有进一步的发展。

> 个案23 我和小王认识,完全是因为有一次和好朋友去KTV的缘故。小王当时也在场,两个人都是不喜欢唱歌的人,就坐着聊起了天来。那天晚上我们两个人聊了很多,谈人生、谈理想,觉得他这个人是挺有想法的。他跟我要号码,我出于礼貌给了他。我也记了他号码,但是从来没有想过联系他。[1]

越南女工通过朋友间接地认识他人的故事比比皆是。越南女工工作之余,常常和自己的好朋友相约去咖啡馆、酒吧等场所玩乐来暂时逃离枯燥乏味的工作而放松心情。她们出门玩耍的次数多了,也增加了她们认识他人的机会。以这种方式认识的新朋友很少能够与越南女工发展成为比较亲密的关系,他们之间大多保持着比较疏远的关系。平日里,越南女工与这些人只有一面之缘,而且生活在不同的生活圈子,他们之间很少有机会产生联系。这样的朋友所建构的社会关系网络也比较松散。因此,再次发生互动的概率极低。

以上我们讨论了有关越南女工跨国流动前、流动后的社会关系网络图景。跨国流动前的社交圈主要局限在家庭成员之间的交往和非家

---

[1] 资料来源:2014年7月对河口镇的田野调查,关于秀姐的访谈内容。

庭成员之间的交往上，跨国流动后的社交圈则包括熟人之间的交往、一面之缘的朋友间的交往两种类型。这两者之间不仅存在时间上的差距，而且，跨国流动发生以后的社交圈是在原来未发生流动的社交圈进一步扩张。这是一种超越了地域界线的社会关系网络。

之所以在上文中对越南女工的社会关系网络图景进行描述的原因在于社会资本是嵌入在社会关系网络之中。[1]我们对下文越南女工的职业流动与社会资本两者关系展开的讨论自然就绕不开社会关系网络这个概念。而且，河口镇越南女工职业流动是通过她们自身的社会关系网络来实现的。她们的社会关系网络为她们提供了在河口镇工作的信息、暂时落脚点和情感依附等。

（二）越南女工的初次职业流动与社会资本动员

对于大多数越南女工来说，她们的初次职业流动是与跨国流动交织在一起的。第一次找工作，也是第一次离开故乡。她们要面对的不仅是陌生的工作环境，而且是一个陌生国度。如此一来，就给她们的初次职业流动增加了难度。作为没有多少社会经验的她们，很难通过自身努力同时实现两次流动，因此必须依附于一定的外部力量实现职业流动。原来越南社会的关系网络往往为她们的职业流动提供了支持作用。

个案 24 我的第一份工作是在中国生活的孃孃帮我找的。十多年前，越南不是排华嘛，她跟着她的父母来到中国。我们一家

---

[1] 塔玛·戴安娜·威尔森：《强关系、弱关系：墨西哥移民中的网络原则》，赵延东译，《思想战线》2005 年第 1 期，第 50 页。

人却留在老街。她有十几年没有联系我们。后来，中国与越南关系正常化，允许她回越南探亲。她就通过其他人联系上我们。孃孃见到我妈妈就抱着哭起来。十几年没见面，两人除了哭，什么都不做。后来孃孃跟妈妈聊起，她在河口日子过得很好。比起老家的生活不知道要好多少。看着我们家的日子这样难过，就动了让我去河口打工的心思。她说，她在河口的朋友做着烧烤的生意，最近人手比较缺。当时，听到父母有这个打算，我有点害怕。"中国"对我来说，感觉很遥远。虽然，在对岸可以望见河口。父母也拿不定主意，就说让我自己决定。孃孃当时就说："阿冷，想好了，给我打电话。"那段时间，我也不是没有心动过。毕竟总在比我大的姐姐口中，听到河口怎么怎么好的。好几次想拨通孃孃的电话，最后还是没有打。孃孃也是个执拗的人，后来又跑来亲自跟我说了几遍。听她这么讲，自己也心动了。回家就跟我爸爸妈妈说，决定去河口闯闯。他们也没多说什么。后面就张罗着办理去河口的通行证。隔了一个星期就领到证件，动身去了河口。去的路上，妈妈嘱咐我出门在外要当心身体，照顾好自己。[1]

个案 24 我来河口完全是因为我舅母在这家鞋店工作。有一天，她打电话联系我，说要介绍工作给我，让我考虑看看。因为她怀孕了，5个月以后，就要生宝宝。老板让她找人替她。她就想到我高中毕业在老家，没做什么事情，就联系我。我们都知道她在河口工作，但是不知道她具体做什么。村里面很多大人都说，去河口打工都是去做小姐的，都是做一些不正经的事情。很多女的从河口回来就被别人说三道四的。心里自然纠结了很久，到底

---

[1] 资料来源：笔者在 2014 年 8 月河口镇田野调查所得，阿冷的访谈内容。

去不去？我遇到不好的人怎么办？舅母左等右等，也等不到我的消息，就三天两头地打电话给我爸妈，很耐心地告诉他们来河口工作的好处。我父母也觉得是好事，能够去大地方生活，还能挣钱，觉得比种地强，也就劝我试试看。做不下去，回来就行。而且舅母是自家人，有她在，他们也觉得可以。就这样，我在家人们劝说下，跟着舅母来到河口上班。[1]

个案中的阿冷、阿水都是在亲属的帮助下，获得了她们人生中第一份工作，实现了跨国的职业流动。在阿冷的个案中，相隔十几年不见的嬢嬢在一次返乡探亲的过程中，得知自己姐姐家生活境遇不好，就向阿冷母亲提及带她去河口谋生。突然和她们恢复联系的嬢嬢提出这样的建议，她心里面自然会有点想法。但是，嬢嬢再三坚持以及她们之间血浓于水的血缘联系，最终动摇了阿冷。在嬢嬢的帮助下，她顺利来到河口，并找到一份在烧烤店的工作。阿水的故事也大致如此。

从两个个案中我们可以了解到，在越南女工初次职业流动过程中，主要是依赖于社会亲属关系网络组成的社会资本。不管是阿冷和她的中国嬢嬢，还是阿水和舅母，存在着血缘、姻缘关系。这种由血缘、姻缘而建立起来的亲属关系，都存在着一种天然的感情纽带，外界力量很少能够将她们分离。这样的社会关系网络成员之间是由强烈的感情维系着的，她们之间的关系有着互动频率高、感情强烈、亲密无间等特性。这些亲属群体是越南女工工作信息的主要传递者，为越南女工提供一系列关于河口镇可供选择的工作地点、工作场所和工作类型。她们主要是通过打电话、互相见面等方式告知越南女工。除了

---

[1] 资料来源：笔者在 2014 年 8 月河口镇田野调查所得，阿水的访谈内容。

提供工作机会之外，亲属群体还为越南女工提供在河口的临时落脚点、遇到困难时的感情支持。阿水说："刚来河口的时候，除了舅母，其他人都不认识。而且身上也没带多少钱，租不起房子。是舅母收留我，让我住在她家。她可以说是我在河口的依靠。遇到什么不顺心的事情，都可以跟她说。感觉我们的感情比以前还要亲。"

越南女工除了依靠这样的亲属网络实现自身的初次职业流动之外，还依靠于发小、好友等实现自己的初次职业流动。越南女工与这些人之间存在着比较亲密的感情。

> 个案25 我来河口完全是因为阿冷的缘故。我们是一起长大的，从小都把对方当作家人。阿冷去了河口以后，时常打电话跟我说她在那里的生活，她在工作上遇到什么好玩的事情，去哪里玩。当时，我就很羡慕她能过这样的生活。我就跟她说，我也想去河口打工。她知道我的心思以后，就答应我，一有机会就把我推荐给老板。机会终于来了。那天我在家里晒玉米的时候，接到了阿冷的电话。她在电话里说，老板要招人，她就推荐了我。老板二话不说，也让我去试试。我就这样来到河口。[1]

个案中小甜和阿冷是好朋友。她们俩从小一起长大，一同经历了许多人和事。同辈人之间的感情使得她们愿意分享彼此的欢笑与哀愁。获得在外工作机会的阿冷并没有忘记好友小甜，也希望小甜能够来河口工作。因此，这种强烈而深厚的同辈之间的情感维持着她们两个人之间的联系。小甜能够成功地实现初次职业流动，阿冷扮演着关键性

---
[1] 资料来源：2014年笔者在河口镇的田野调查，小甜的访谈内容。

的角色。阿冷为小甜提供了河口的职业信息以及流动到河口的机会。

从上面的个案中,笔者发现越南女工初次职业流动更多的是通过动员社会关系网络来实现的。也就是说,她们的初次职业流动依靠的是与自己有亲密关系的社会资本。不管是与越南女工有着血缘关系的亲属,还是一起长大的同辈人,她们最大的特征就是和越南女工保持着十分强烈的感情。这些感情紧密地把彼此联系在一起,也使得她们愿意为越南女工提供在河口工作的机会、暂时落脚点和感情支持等。但是,这样紧密的社会关系网络所构成的社会资本具有很高的同质性,其内部成员之间的社会关系往往会发生重叠。她们之间相互提供的工作信息存在着相似性,很难获得其他类型的工作信息。而且,她们在初次为越南女工提供工作信息后,便很难再给越南女工提供其他的工作机会。[1]个案中阿冷在一家烧烤店工作,给小甜提供的工作机会是在这家烧烤店做服务员。越南女工如果想要实现职业的再次流动就必须依靠其他社会关系网络来完成。由此,那些发生在跨国流动以后所建构的社会关系网络可能给越南女工提供更加多元化的工作信息。

(三)越南女工的再次流动与社会资本建构

大多数越南女工不会那么幸运,找到一份工作便是她们的理想。尽管她们所认为的理想职业不仅应有丰厚的工资收益、合理的工作安排制度,而且应具有较高的职业声望。但是,现实生活往往不是这样的。她们可能每天起早贪黑地干着最累的体力活,拿着很微薄的工资

---

[1] Granovetter. 1973.The Strength of Weak Ties. *American Journal of Sociology*, p.1360—1380.

养家糊口。她们是抱着改变自己命运、实现人生价值的美好理想来到河口的。希望通过自己一番打拼，实现人生蜕变。现实却告诉她们，就算再怎么努力，她们也无法从原来的生活中解脱出来。她们在实现职业内部向上流动的时候，受到外在阻力，就迫使她们通过再次流动以求发生改变。此外，越南女工如果单纯地依靠原先就有、联系比较紧密的社会亲属网络来实现再次流动的话，那么她们又会发现一个问题，再怎么流动都是在相似职业之间兜兜转转。阿冷说："我换的这几份工作跟第一份工作感觉很像，感觉好像在一样的工作里面兜兜转转地。"如果想要真正地实现职业的再次流动，她们就必须去寻找除了联系紧密的社会亲属网络之外的关系网络来完成。这样的社会关系网络不可能像之前的网络完全依赖于血缘、姻缘为纽带。越南女工要获得这类资本必须依靠自身的行动去建构、去获取。因此，越南女工以自己为中心去建构新社会关系网络是她们实现再次职业流动的重要途径。

个案26 我是在24岁的时候跟着我表姐来河口打工的。当时，我表姐在河口上班，见我在家里也是闲着，就和我妈商量把我带到河口来。她给我介绍了一份服装店的工作。后来，觉得服装店的工作没有意思，决定换工作，想让我表姐帮忙的时候，表姐就说，她认识的人不多。能帮的已经帮过，让我自己去找。那一刻，我突然想起了一起出去玩的小王说"他们店里面缺人手"，我就赶紧打电话给她，她欣然地接受。就这样我在小王的帮忙下，顺利去精品店上班。[1]

---

1 资料来源：笔者在2014年8月河口镇田野调查所得，根据秀姐的访谈内容。

个案 27　来河口将近四年了,过去的两年里面一直都是在精品店、服装店、鞋店做导购。换来换去也是那几样工作。自己也觉得做心烦、做够了。想进企业,但是没有门路。就一直在这些行业里面打转。也是一次偶然机会,和好朋友跟几个做边贸的中国老板吃饭。都是年轻人嘛,很容易就聊起来。其中一个男的说,他最近需要一个越南翻译,跟他跑生意。我朋友知道我中文学得不错,最近也有时间,就把我介绍给这位先生认识。在谈话过程中,他见我中文还可以,就让我试试。我第二天就跟着他跑生意,当起他的越南语翻译。翻译工作不仅让我觉得比以前的工作轻松,而且钱也来得快。不像做销售的,每天都要操心要卖出多少东西,自己才会有收入。现在就不用担心。认识更多人给我在河口找工作带来很多方便。不然,单靠朋友、家人没办法找到这样好的工作。[1]

以上个案里的越南女工职业流动过程中,所借助的社会关系网络明显和初次职业流动的越南女工存在着区别。首先,越南女工与信息提供者之间联系比较松散,在平常生活中并没有保持密切往来。她们与这些提供帮助的人可能只是通过朋友间接结识,或是一次偶然机会里相互认识,并未像初次职业流动的越南女工与信息提供者保持着十分密切的联系。个案中的秀姐和中国小王就是在一次朋友的聚会上认识的,他们之前并不认识对方,朋友聚会为他们提供了相互认识的平台。其次,往往这些信息提供者所携带的信息与越南女工以往所拥有的信息不同,使得这些新认识的朋友成为秀姐潜在工作机会的提供者。

---

1 资料来源:笔者在 2014 年 8 月河口镇田野调查所得,根据阿玉姐的访谈内容。

流动的空间：中国西南的社群流动与地方想象

正想着转行的秀姐与小王交谈过程中，让她获得了和以往不同的工作信息。这样看来，秀姐在和更多朋友交往过程，也让她获得了更多的工作机会。再次，越南女工再次职业流动过程中，所拥有的社会资本具有建构性。这些社会资本是越南女工主动或被动地与陌生人交往过程中获得的。越南女工在此之前并未拥有这些社会资本。这些社会资本是越南女工想要实现自身职业再次流动而所做的积极尝试。此外，也是在这些信息提供者的帮助下，越南女工能够顺利进入新的职业领域。"一个处在好位置的中间人，拥有嵌入性和控制性资源，呈现出好的社会信用。因此，如果他愿意作为中间人，会确保或提高自我的社会信用。"[1] 秀姐说："找工作的时候，老板比较信任熟人。小王作为精品店的老员工。有他作为担保，我自然也容易进去，老板也不会太为难我。"

从上文的论述中，我们可以明显感知到越南女工职业流动与社会网络之间存在相互促进的作用。越南女工通过获得社会关系网络支持力量，实现自身职业流动。在越南女工的初次职业流动过程中，更多的是由亲属、好朋友等所建构的社会网络发挥着作用。这些和越南女工存在紧密联系的人们，给越南女工提供工作信息、适应新社会的情感支持等。个案中阿冷和小甜是好朋友，这样亲密无间的朋友关系，让在河口打工的阿冷没有忘记帮助小甜。阿冷在河口打工期间一直帮小甜四处打听工作。后来，因为烧烤店扩招人手，阿冷就第一时刻通知小甜准备过来上班。而越南女工再次职业流动过程中，发挥效用的社会关系网络是由与她们关系不那么密切的人所组成的社会关系网

---

[1] 林南：《社会资本——关于社会结构与行动的理论》，张磊译，上海：上海人民出版社，2005年，第59页。

络。他们是越南女工流动到河口以后所扩展的社会关系网络成员。越南女工与这些人主要是通过业缘、地缘建立联系。他们是越南女工获得其他工作机会的主要来源。

越南女工的职业流动也促进了她们社会关系网络的扩展。越南女工的职业流动不仅让她们可以获得更多的工作机会，而且使得她们的社会关系网络得以扩展。这具体表现在两个方面：一是以业缘为基础的社会关系网络扩大。越南女工每一次的职业流动，意味着她们来到一个新的工作环境。那么，在新的工作环境里面也包括了一些以前不认识的新同事。这些新同事很有可能和她们建立比较深厚的友谊。长期一起工作，让她们有大量时间相处、了解彼此而走入她们的内心世界，从而发展成为一种亲密关系。二是以地缘为基础的社会关系网络得以扩展。河口这座边境城市把很多以前相互不认识的越南女工联系在一起。同乡、同村之情将这些来异国他乡谋生的越南女工联系在一起。这样一来，使得她们的社会关系网络得以扩大进而促进了她们的社会资本积累。

但是，笔者发现越南女工所动员和建构的社会关系网络，真正能支持其职业流动并实现职业地位、职业声望向上流动的很少，很多越南女工都是在相似职业之间兜兜转转。她们职业之间的垂直流动很少，更多的是水平流动。我们知道越南女工来河口谋生的最大动机在于她们希望通过跨国流动改变她们现在的生活状态，实现个人价值和社会地位的提升。"我们来河口是为了改变命运的"，这是笔者常听越南女工提到的一句话。而现实社会中，能够实现职业向上流动的毕竟是少数。究其原因在于越南女工主动扩大社会关系网络并为她们提供向上的流动机会很少。她们认识的很多新朋友、新同事和她们生活在同样的工作环境之中，所拥有的社会资本也存在着某种相似性。社会关系网络的相似性，很难让她们突破职业界限（从餐饮类服务员转变为零售类销售员）。如此一来，很多越南女工在河口的职业流动并不能够实现她们流动的目的。例如，烧烤店的阿冷，与她关系密切的都是一些在米线店、饭店打工的越南女工。这些人能够给阿冷提供的工作信息也就局限在餐饮类行业之内，她们很难突破这些领域而获得其他行业的工作信息。工作信息的缺乏和不对称，让她们很难实现职业地位、职业声望向上的提升。

越南女工的职业流动除了依靠这些紧密或松散的社会资本之外，语言资本在她们职业流动过程中，扮演着十分重要的角色。下章将着重分析这一资本对于河口越南女工职业流动的影响。

四、越南女工职业流动与语言资本

（一）越南女工语言掌握情况

对于国内女工群体来说，会说汉语是再正常不过的事情。我们从小就接受汉语教育，而且汉语占据了我们主流媒体，正在播放的电视剧里，主人公讲着一口流利的普通话，汉语是我们生活的一部分。因此，国内女工会说汉语是不会有多少人表示惊讶的。而能够说汉语的越南人就不一样。一个外国人能够用汉语如此流利地表达自己的观念、想法多少会让人惊叹，特别是在作为边境地区的河口镇有如此多的越南人孜孜不倦地学习着汉语，更是引人侧目。对于语言学习，由于人与人之间存在教育背景、认知、接受能力等差别，越南女工们对于汉语掌握情况也存在着差异。有些越南女工能够滔滔不绝地讲述自己的故事，而有些越南女工很难用汉语表达自己的想法。为了了解她们语言掌握情况，笔者根据以下标准对所调查的越南女工进行了如下区分：无汉语基础、仅限于工作用语、掌握基本日常对话、能够拼读汉语拼音、具备汉语读写能力。

表6 针对26名越南女工的汉语掌握水平的统计表

汉语能力＼称呼	无汉语基础	仅掌握限于工作用语(例如:老板,这个好看)	掌握基本日常对话	能够拼读汉语拼音	具备汉语读写能力
阿芳					
阿冷					
越南妇女A	✓				
越南妇女B	✓				
阿荣					
阿媛					
阿杜					
阿水					
阿姜					
阿好					
阿玉					✓
阿永	✓				
阿冷姑妈					
小甜					
秀姐					✓
阿艳					
阿偶					
阿荣侄女					
杂货店的妇女					
越南少女A	✓				

续表

汉语能力＼称呼	无汉语基础	仅掌握限于工作用语（例如：老板，这个好看）	掌握基本日常对话	能够拼读汉语拼音	具备汉语读写能力
越南少女B	✓				
阿杜					
小双					
阿柔					
陈氏英					✓
阮氏劝					

资料来源：根据笔者2013年、2014年两次田野调查访谈资料整理。

从表6中可以反映出在访谈的26名越南女工中有5名没有任何汉语基础，笔者与其用中文进行交谈、沟通存在着很大的语言障碍，她们几乎听不懂笔者所表达的汉语的意思。笔者了解到她们来河口工作的时间比较短，她们大多从事烧烤店、米线店、小餐馆服务员以及酒店清洁工等职业。而其他5名越南女工只能讲述一些关于商品买卖的工作日常用语，如"老板，这件衣服质量不错！""你穿着很漂亮！""今天有优惠。"这些越南女工的汉语表达能力就略微高于前者。她们所从事的职业大多是女装店、电子产品、户外用品、大型超市等零售员的工作。其他10名越南女工能够和当地人进行基本日常交际，有5名越南女工接受过语言学校的汉语培训课程，能够拼读汉语拼音。她们的工作类型与仅掌握工作用语的越南女工没有明显区别，两者的职业类型存在着相似性。最后，只有4名越南女工具有汉语读写能力，她们是 26 名越南女工当中，学习汉语时间比较长的人。

（二）越南女工语言资本获取方式

"语言作为一种资本，它是一种后天习得的资本，是一种自致资本。"[1]不像先赋资本必须是与生俱来。语言学习没有太多先天性条件限制，只要一个人有学习愿望与兴趣以及投入一定的时间，是可能获得一门外语技能的。大多数越南女工通过她们后来的学习掌握了汉语。笔者以越南女工获得汉语能力是否经由培训机构和学校教育，将其划分为正式语言学校培训和非正式语言学习两种形式。

1. 正式语言学校培训

在河口的大街小巷，不管走在哪里都可以看到张贴着关于越南语、汉语培训的宣传广告。它们是一道引人注目的风景线，或者醒目地挂在人流最多的外地人租房区、农贸市场，或者静静地挂在街道某个角落。据当地人反映，河口镇除了一所官方出资承办的汉语培训学校之外，还有三家规模比较大的汉语学校。这些语言学校每年招收大量越南人学习汉语。某培训机构负责人向笔者表示，该机构在河口办学十多年来，每年都有 500 名左右的越南学员到他的培训机构学习汉语。而在老街大大小小的汉语培训机构更是数不胜数。不得不惊叹在这样一座西南边陲的小镇，人们如此重视汉语学习。河口镇对于越南语和汉语具有强大的市场需求，因此也就催生了与越南语和汉语相关的产

---

[1] 林南著：《社会资本——关于社会结构与行动的理论》，张磊译，上海：上海人民出版社，2005 年，第 76 页。

图14 置于当地农贸市场的语言培训广告（陈民炎 摄）

图15 某拆迁区的语言培训广告（陈民炎 摄）

业链。

汉语培训学校不仅给越南人提供学习汉语机会，而且也是她们进入河口劳动力市场的一种途径。语言学校给她们提供一个平台，她们能够通过这些学校实现自身职业流动。因此，越南人对这样的汉语培训学校趋之若鹜、有着内在自身语言学习动机驱使之外，更多的是因为这里能够为她们提供到河口镇的工作信息。以下是笔者通过对语言学校的校长倪老师的访谈，进一步了解汉语培训机构的日常运作模式。

个案28 倪老师说："我看着好多越南人来河口找工作，他们对于学习汉语兴趣很高。以前就有做老师的梦想，算是为了了却自己心愿，我就和家人商量着办语言学校，之后就开始筹备着。请朋友帮忙设计校舍、找装修公司装潢、注册学校、跟政府沟通等烦琐的事情。折腾了大半年，终于办起了学校。刚起步那会儿，还是遭到了很多质疑。开张几个月，都没见有人过问，人都急瘦了一圈。当时，就差点打算不干了，心里面不是没有动摇过。后来是越南朋友们帮忙做宣传才把我这个牌子打到越南那边去。我们在越南谷柳市有个培训点,主要是针对越南人学习汉语这块。每期学生20人左右,生源地主要是老街省附近,也有安沛、河内、胡志明(都是越南省市)的。都是听他们朋友介绍过来的。学员有男的、有女的,来学汉语的原因不只是为了在河口找工作,也有为了和中国人做生意。这期我就招了一个在河内念大学的学生,她是利用假期学点汉语,觉得以后找工作的时候,能够进跨国企业,这些企业一般工资待遇都不错。我现在的培训点有两个,一个在河口,一个在谷柳。"[1]

根据倪老师谈话可以获悉,他办学的初衷不仅是因为越南人有学习汉语需求,更是他有一个教书育人的梦想。关于他的培训学校,一般每年办11期,每月月初招生,月中开班。完成每一期教学课程大概需要3个月。越南学员培训一

图16 河口国际越语汉语培训中心
(陈民炎 摄)

期大概需要花1200元。笔者了解到很多汉语学校都是这个收费标准。学校总共有6位负责教学的老师,教学大纲由倪老师亲自编写。教学内容是紧扣着简单交际用语和关于商品买卖等。特别值得注意的是,在这份教材封面倪老师用加粗的字体标出"成年人专用"5个字。倪老师解释道:"来跟我学习汉语的都是一些十七八岁的年轻人,要像国内学生学习汉语那样,她们没有这样的语言环境,而且她们学习汉

---

[1] 资料来源:2014年8月7日访谈所得。报道人倪老师,46岁,汉族,四川人。

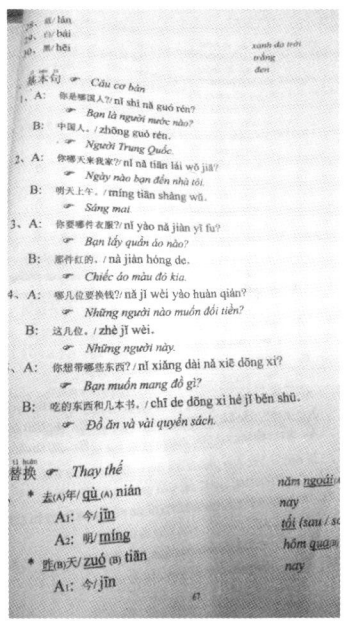

图 17 倪老师编写的汉语教材封面（陈民炎 摄）

图 18 汉语教材一则内容（陈民炎 摄）

语只是为了获得一份在河口的工作而已。讲直白点，就是实用性要强。没有太多人是为了学习而学习，我就抓住了他们这种心理，才自己编写了这套教材。"

不管是在老街还是在河口，汉语培训机构学校拥有如此广阔的市场，印证了越南女工对汉语学习的热情。对于大多数越南女工来说，学习汉语成为她们生活中重要的组成部分。这是因为汉语是她们能够顺利进入河口劳动力市场而找到一份理想工作的"敲门砖"。她们努力学习汉语都是希望有朝一日在河口镇谋求一份体面的工作。越南女工汉语掌握到什么水平，很大程度上决定了她们今后会获得什么样的工作以及职业潜在发展空间。汉语对越南女工如此重要，不禁让笔者好奇越南女工是怎样学习汉语的。带着这样的好奇心，笔者跟随报道人倪老师来到他在越南谷柳市汉语俱乐部观察越南女工的学习情况。下面是笔者的一则观察记录。

  个案29　此时已经是晚上8点半，因为是夏天的关系，天色还微亮着。8月的越南还是十分闷热。坐着摩托车，身处在异国他乡，车速带来一丝凉风。看着街道两侧都林立着陌生文字的广告牌、胡志明的头像被高高悬挂在当地广场上、一幢幢精致的法式房屋。大概5分钟以后，来到倪老师在谷柳的汉语培训学校。走进店里，感觉建筑物的整体设计是狭长的。房屋左侧放着几张木质办公桌，几位年轻女子端坐在电脑面前，轻声地用不娴熟的汉语和短发女子（中国人）交谈着。笔者走到她们跟前，正瞧见她们浏览着淘宝网。右侧边也放着几张课桌，和一台饮水机供学员休息时饮用。墙的四周张贴着一张关于汉语俱乐部宣传海报和公司简介。里面还有一个大隔间，是作为教室使用。教室两侧排放着桌椅，墙上悬挂着几台风扇。这个月份的越南十分炎热，室内没有空调会感到十分闷热、烦躁。特别是，越南老街房屋设计成狭长形状，不利于通风。黑板正对着门口，右侧还挂着两幅汉语拼音字母表，以供学生平时学习。再往里面的隔间是堆放着杂物的储物间和卫生间。

  离上课还有10分钟（越南采用的是东九区的时间，比中国晚一个小时），来上课的只有零星几个人。9点10分，学生陆陆续续地从外面赶来，走进教室。这期的课程已经上了大半，一个月的学习时光，大家都相互认识，很自然地坐在一起聊天。倪老

图19 倪老师在谷柳的汉语俱乐部（陈民炎 摄）　　图20 倪老师在谷柳的汉语培训教室（陈民炎 摄）

师觉得时间差不多了，就起身走进教室，站在黑板前和大家先用中文打招呼，再用越南语说了几句。递给第一排的同学一张信签纸。接过纸的是一个扎着马尾，长相十分清秀的女孩。她看起来才十五六岁。接过纸后，女孩在信签纸上写上自己的中文名字，传给下一位。这就如同我们在国内老师打考勤、查看缺席人数的场景。倪老师利用这点空闲时间，往黑板上誊写这课的生词。这一课讲的是关于"哪"字句的使用。誊写完后，倪老师拿起身旁的教棒，面对学生们说："今天我们要学习的是'哪'字句的使用，我们的课差不多上了一个多月，我相信你们还是有一些收获是吧？今天也要好好学习。"然后，用教棒指着第一个生词并拼读这个词"na，第三声，哪。"身后就传来学生们跟随倪老师齐声读该词。倪老师用越南话跟学生们解释了该词的意思。最有意思的是学习"黄"字，学生很不明白这是指颜色还是姓氏。一个学生站起来问老师这两个意思的区别。老师耐心地说道："这个词有很多意思。可以指颜色，也是姓氏。"提问的女孩领会地点点头。

大概21点20分，倪老师教完了31个新单词。交代学生5

分钟以后,检查她们对新单词的熟悉程度。突然安静的教室像炸开的锅,大家大声地开始朗读新单词。看时间差不多,倪老师从第一排开始依次让学生朗读新学的单词。坐在隔壁的女孩被要求第一个朗读,可能是第一位的缘故,她有少许紧张。把很多字念错了,倪老师随后就更正她的读音。以此类推,使每个学生都有机会参与其中。

图21 越南学生在课堂上学习汉语的场景,中间站立者是倪老师本人(陈民炎 摄)

图22 越南学生在用新词造句(陈民炎 摄)

时间来到21点35分,课程就进入下一个学习环节——遣词造句。倪老师把需要造句的词组写在黑板上。底下的同学开始纷纷用这些字造句。她们造句不像我们在小学接受训练那般,要求用汉字写出句子来。学习汉字对她们来说太困难了,她们更多的是通过汉语拼音的方式造句子。坐在隔壁的女生很用功地在她的本子上写下她能写的句子,遇到不懂的地方,就问笔者。笔者力所能及地帮助这位异国的同学。10分钟以后,倪老师要求同学们作答。他从另一排的女生开始。又是那个化妆的女孩,她十分自信地将自己的答案朗读出来,老师在一旁仔细地聆听,对她发音不准的地方，还是当场纠正。并要求她把越南语意思一并说出来。以此类推。

21点50分，所有同学都作答完毕。倪老师让同学们休息10分钟。大家纷纷离开座位，来到店门口，取下杯子倒水喝。女孩子们三三两两地开始聊了起来。等到时间来到22点，倪老师召集大家开始上课。课程也进入到第三板块——会话部分。这部分倪老师带着大家朗读了课本上的会话部分，并要求大家练习5分钟，并找一个搭档进行练习。大家就开始找搭档，组好队后，就开始进行练习。5分钟以后，倪老师请同学上台来进行会话表演。这部分因为灵活性比较强。很多学生离开了课本，语言表达出现很多问题。惹得同学在底下哈哈大笑。倪老师哭笑不得地更正她们的错误。时间来到22点25分，课程即将结束，倪老师对同学们说："明天是七月半，是中国的鬼节，越南也有这样的习俗，就放一天假给同学们。但是，家庭作业不能忘记写，你们要好好学习汉语呀！"同学们在打闹中，纷纷地离开了教室。

语言培训学校招生方式主要是口耳相传，也就是我们经常谈论的口碑。口碑好了，就有人来。一个学校能够教好学生，自然会有人愿意来学习。其次，教学点设置在人流量比较大的谷柳市场附近，其本身就是一个活字招牌。培训学校教学理念倾向于实用主义。老师们希望学员通过语言学校培训，能够掌握一些基本汉语交际用语而获得一份工作。它们语言教学的目的是为了适应现实需求。作为口岸城市的河口，每天都有大量中国人与越南人来这里，也成为中越跨国人口流动的集散地。而保证这些活动顺利进行的前提是人们沟通无障碍，会两国语言的人自然成为跨国交往的桥梁。因此,河口镇劳动力市场需要既可以说汉语又会说越南语的人。同时,越南女工表现出更多的学习汉语的愿望。她们希望这样的汉语学习会为她们的生活带来转机。

个案30 倪老师进一步谈道:来跟我学习汉语的都是一些家境不怎么好的孩子,她们在越南很难在政府或企业等显要的机构任职,只能在咖啡店里打点零工,挣不了多少钱。而学习了汉语来河口工作,完全是在改变她们的命运,让她们拥有不一样的生活。所以,她们学习汉语的热情都十分高涨。[1]

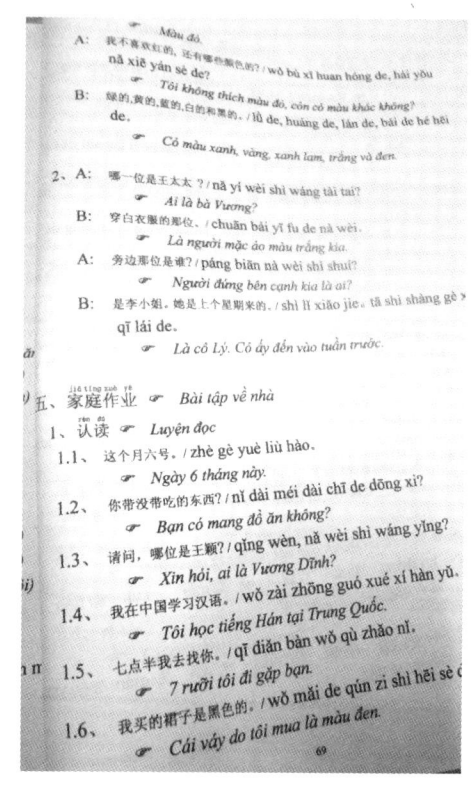

图23 会话部分及家庭作业部分的内容(陈民炎 摄)

学员每日学习时间在21:00~22:30,大约一个半小时。在这一个半小时,学生一般需要完成一个单元的内容。包括:新单词练习、遣词造句、基本会话、家庭作业、拓展阅读五部分。授课老师主要是按照所编写的大纲进行教学。此外,每个月定期举办中越两国学员见

---

[1] 资料来源:2014年8月7日访谈所得。

面会，举办地点主要在老街谷柳学校。两国学员可以在这样的见面会里，以相互对话、聊天等方式学习语言，这是一种比较开放的教学方式。同时，这样的学员交流会不仅给两国学员相互学习语言的机会，而且也是越南女工寻找工作的平台。来跟倪老师学习越南语的中国人，大多都是生意人。商人们常常会遇到店里面缺人手的情况，需要招新人；而越南女工有找工作需求。这样的见面会提供了一个平台来满足彼此的需要：雇主招人，越南女工找工作。

对于课程反馈信息，明显存在着男女性别差异。女性学员对于课堂的认真态度、求知欲、积极性更强烈些。倪老师在讲台上授课过程中，女学员基本上都能够跟着老师思路走。她们积极发言、踊跃提问，求知欲极为强烈。倪老师以其多年教学经验告诉我们："越南女性学习汉语热情比较高，在课堂上的专心程度也比较高。每期毕业的学生里，都是女性汉语能力提升得更快一些！"[1]而男性学员就表现得有点消极。他们时常出现玩手机、开小差等现象，表现出消极的学习态度。

但是，越南学员对倪老师的课程安排却有着自己的看法，并不完全如倪老师所描述的。坐在身后的女孩和笔者聊起了上课的感受：

> 倪老师的课，我已经上了一个多月了，感觉前面学着还是觉得兴趣比较高，因为以前没接触过，对于学习汉语有很多憧憬。以后学好了，可以怎么样！每天都兴高采烈地学习。那时候，天天就想着多学一点。但是，后面学久了发现老师就是照着课本来，都知道老师要讲哪部分。学久了，就感觉很烦躁。学会了汉语拼音，基本上都可以自学。但是，学费交了，不来也不行呀。所以，

---

[1] 资料来源：2014年8月7日访谈所得。

还是天天坚持来上课。¹

由此可见,越南学生对倪老师的培训评价不是很高,这样的情况不止倪老师一家语言培训学校,很多边境地区的语言学校都存在着这种现象。越南学生学到一半,中途离开的现象很多。有学员反映说:"我好几个朋友只学了几天就去河口找工作。我们这个班从一开始的20多人,已经只剩我们七八个人。"² 这些培训学校过度注重实用性,过于急功近利的教学模式使得越南学员很快厌倦了这样的学习方式。而且,学员也觉得只要掌握的汉语基础便足够应付找工作。因此,她们主动地选择结束语言学习,离开老街到河口打工。

现实的状况是不断有越南学员流失,而语言培训学校又不断地吸纳新学员,同时还有新培训机构开业。因为汉语是越南女工进入河口镇劳动力市场一个有力敲门砖。秀姐说:"去河口找工作还是要会说汉语好一些,不然就只能做一些服务员的工作。这些工作又脏又累,懂得汉语就不一样了,能够选择的职业就更多。"由此可知,"会不会说汉语""能不能说好汉语"成为越南女工寻找工作时,中国雇主对她们口头面试的内容。越南女工会说汉语成为进入河口劳动力市场的基本技能。其次,大部分越南女工学习语言是希望能够帮助她们在河口找到一份工作。这是她们学习汉语的主要动机,她们也想能够在短时间内掌握一门语言技能。语言培训学校正是抓住她们的心理特点和结合当下的语言市场的需求而产生的。它们编织了一个美丽的梦境:承诺学员们能够在最短时间内,学会汉语;学会了汉语,就会有工作。

---

1 资料来源:2014年8月7日访谈所得,阿娇,21岁,京族,越南老街人。
2 资料来源:2014年8月7日访谈所得,陈氏荣,男性,18岁,越南安沛人。

这样的宣传用语正迎合越南女工希望汉语速成的心理。她们纷纷掏自己腰包报名参加汉语培训，希望经过这样的汉语学习能够帮助她们在河口找到一份工作。阿水说："大家都说来学校学习汉语就能够在河口找到工作，我也跟着报名。"

2. 非正式语言学习

笔者所定义的非正式语言学习是指越南女工不是在语言学校，而是在日常生活中自主地学习语言的过程。这种语言学习方式与上文所陈述的正式语言学习最大不同在于越南女工学习方式从被动学习转变为主动学习。因为她们来到河口后发现一个事实，在越南接受3个月汉语培训不足以让她们在河口镇获得一份收入丰厚并且社会地位较高的职业。她们在河口所从事的职业可能与大多数越南国内女性差不多，她们无法通过职业流动真正意义上改变自己的命运。因此必须通过提高自身的汉语能力来改变自己的生存现状。

> 个案31 为了讨生活，我就跑来中国打工。我以前没学过汉语，也没认识的人，就跑到以前经常经过的宾馆里问他们需不需要人手。里面有几个我的老乡，是她们告诉我有这样的机会。老板见我老实，就让我第二天来上班。宾馆服务员不像服装店售货员那样，是可以不懂汉语，只要会做事就可以了。那时候，我的工资不高，才几百块钱。但是，我已经觉得很多，就是有点累。同事告诉我，想要找到更好的工作、工资高一点就要学会说汉语。她们以前也是不会说的，都是一起上班的人教她们的。说我也可以平常跟她们学。我当时很感动，在外面闯能够遇到这样真心诚

意地想帮助你的人很难得。后来,她们在宾馆没客人的时候,就会教我说汉语。当时,我很笨,很多词学了,但是记不住。经常请她们多说几遍。时间久了,我怕她们烦我,我就买了一个笔记本,悄悄地把学的新单词,记在本子上。因为我没学过拼音,所以都是用越南话记下来的。那时候,我整整用了3个本子,每个本子都是密密麻麻地记着东西。我上学的那会儿都没有那会儿用功。我为了尽快学会汉语,经常用自己新学的词跟她们对话。因为我经常乱用,闹了不少笑话。现在想起来感觉又好笑又心酸!呵呵!后来,我就没在那里做了。觉得自己会汉语的话,可以找到更好的工作,就跑到商贸街的服装店找工作。[1]

阿艳姐的故事反映出几个情况,一个越南女工来河口找工作,其汉语技能是她们的筹码。会说汉语的越南女工能够选择的职业范围比较大,她们不仅可以找商店零售员的工作,而且有机会流动到企业里面成为一名文职人员。汉语成为越南女工重要的文化资本。

事实上,同乡人、朋友、亲属往往成为她们在河口打工期间的汉语老师。因为这些越南女工都是来自同一个国家,她们共享着相同的社会文化背景。身处异国他乡更加深了她们之间的感情。阿艳姐回忆起在宾馆做清洁员的日子,是她一生最难以忘怀的时光。这里是她积累汉语的摇篮,更是让她结识了共患难的朋友。阿艳姐在酒店的每一天,不仅要把本职工作做好——整理床褥、清洗酒店用品、打扫卫生等;而且她尽量地利用午休时间和朋友们学习汉语。阿艳姐有个习惯就是现学现用。有一次,她刚学一个新词"下楼"。她就和朋友说:

---

1 资料来源:2014年8月1日河口镇田野调查,根据阿艳姐的访谈内容。

"我刚下流（阿艳姐把'下楼'说成'下流'）！"她的朋友顿时被阿艳姐这句话吓蒙了，朋友在心里默默地嘀咕着阿艳姐好的不学，怎么学一些不好的。阿艳姐见朋友这个反应，自己心里面也是着急，想着是不是自己没有把意思表达清楚。之后，很大声地跟朋友重复着："下流！下流！"朋友这里就气急败坏地说："阿艳，你今天是怎么了？别乱说话！"事后，才知道是阿艳姐把"下楼"和"下流"两个词搞混了。那天整个休息室里，都拿阿艳姐打趣。每天下班回家后，阿艳姐都坚持把新学的语句写在本子上复习一遍，第二天起床第一件事回顾昨天学的新词和句子，之后才随便洗一把脸，小跑着去上班。

越南女工语言学习过程固然艰辛，但是她们通过非正式语言学习获得汉语能力提升是正式语言学习无法比拟的。越南女工自主学习汉语说明了她们心中明白汉语对她们的意义——学会了汉语有更多的机会去争取更好的工作，从而获得职业流动的机会。一个不会说汉语的越南女工在河口能找的工作是很受限制的。她们只能做一些诸如米线店服务员、烧烤店服务员等收入低而劳动强度大的工作。这些工作一般被认为职业声望低、职业地位低，她们也不认为从事这样的工作可以为她们带来实质性的改变。秀姐说："服务员的工作是相当累人的，只要会说点汉语的人，都不愿意做这行。做这行的都是一些不会说汉语的，她们能够选择的范围小，只能做这里。会说汉语就不一样了，选择的职业就多了，可以到精品店、手机店、跨国公司等。而且做零售员、翻译感觉比较有面子。"此外，实现职业流动的前提是掌握汉语技能。我们在上文中讨论过，越南女工存在水平职业流动与垂直职业流动两种流动方式。这两种再次职业流动的最大区别在于前者不会给越南女工带来职业地位、职业声望上的实质性改变。越南女工只是在同类型行业之间兜兜转转。而后者却能给她们带来这些改变。但是，越南女工要实现职业地位、职业声望提升的前提是她们的汉语能力足够好。汉语能力决定了她们是否可以发生垂直职业流动，进而决定了她们能够选择的职业类型。如此一来，越南女工为了实现职业流动，她们必须学习好汉语。

笔者也从另一个关于阿柔的个案中看到一个积极向上的生命对知识渴求而做的努力。下面是一则关于阿柔自主汉语学习观察记录：

> 下午3点河口镇异常闷热，室外温度足以让人大汗淋漓。街上很少有行人路过。大家都躲在室内吹空调来躲避酷暑。阿柔觉得在室内吹空调很容易生病，整个人精神状态也会不好。她常常坚持坐在店门口的大树底下乘凉。偶尔有担贷卖水果的越南人经过，阿柔总会和其他越南女工，买一些新鲜荔枝、龙眼、黑豆冰、糖水[1]等，用来打发冗长而沉闷的午后。鞋店除了阿柔还有另一个越南女工，她正躲在后面仓库午睡。这会儿阿柔趁着没有顾客，就从自己皮包里面拿出一本汉字练习本，开始一笔一画地练字。她说："这是我在老街书店买的，老街的书店有很多卖学汉字的书，买的人也很多。都是想学汉语的人买去自己用。我想着会说汉语还不行，还要学习怎么写汉字。这样才像是学汉语。我就买了这本书，我想着每天写10个字，我一个月下来就可以学到好多字。一年下来更是可以学很多。"[2]

---

[1] 越南人夏天常饮用的一种甜品，是避暑的佳品。
[2] 资料来源：2014年8月1日访谈所得，阿柔，26岁，越南老街人。

在和她交谈过程中,笔者感觉阿柔不像是一个已经有两个孩子的母亲,她天真烂漫的眼神,俨然是一个十几岁的少女,对于知识有着深深的迷恋。每次谈话,遇到她从未听过的新生字她会让笔者重复一遍,并用纸和笔立马记下来,并查阅汉越词典查看意思。从她翻阅的速度和娴熟程度可以看出查词典是长久以来养成的习惯。她在河口上班的时候,一直保持着这样的学习方式。这本她花了22万越南盾买

图 24 阿柔摆在桌上用来学习汉语的《现代汉越词典》（陈民炎 摄）

的词典的侧面,她自己做了许多标有英语字母的书签,以便快速翻阅,每次都很认真地听我解释每个汉字的意思。她本子上已经密密麻麻记满了她新学的生字。

除了这样的非正式语言学习形式之外,越南女工也使用新媒体来学习汉语。阿柔和同事都会使用微信和腾讯QQ等聊天软件,她们时常趁店里面没有客人的时候,拿着手机和中国好友聊天。跟她们聊天的都是阿柔搜索附近的人,通过互加微信好友方式认识的。

　　个案32 阿柔说:"以前在越南没有用过微信、QQ,我们都是用Facebook、MSN[1]和朋友聊天。是听朋友说,可以用微信跟中国人聊天,这样我们就可以学习汉语了。而且,不用和这些人见面,他们也不知道我们是谁,保持点距离,不用担心会有什么危险的

---

1 微信、QQ、Facebook、MSN等都是一些电子聊天工具,在当地越南女工群体内比较流行。

事情发生。"[1]

使用新型聊天软件学习汉语不仅满足了她们对进一步学习汉语的需求，更是一种便捷方式。这样一来，忙于工作的她们完全可以不受时间和空间的限制而随时学习汉语。这样的汉语学习方式在越南女工群体里面十分受欢迎。

（三）职业流动过程中语言资本的积累与提升

从上文的讨论中，我们可以了解到汉语能力对于越南女工去河口找工作具有重要意义。"是否掌握汉语？""汉语掌握到什么程度"决定了她们在河口能够谋求到什么样的职业以及获得怎样的工资收益。为了获得更多的工资收入驱使她们学习汉语。而且，从资本的角度来考虑，汉语成为一种语言资本。作为一种资本特性，可以通过人自身的行动得以积累和提升。[2] 语言作为一种资本，越南女工可以在职业流动过程中不断地得以提升和积累。

> 个案 33 阿玉姐在河口镇四年之内换过几次职业：刚走出学校的阿玉姐和同伴在河口镇找的第一份工作是精品店售货员。她在精品店上班期间，为了能够用汉语认识商品，她花了大量时间和精力记住店面的商品标签，为了记住这些东西，她特意买了一

---

[1] 资料来源：2014 年 8 月 1 日访谈所得。
[2] 林南：《社会资本——关于社会结构与行动的理论》，张磊译，上海：上海人民出版社，2005 年，第 39 页。

本笔记本，每天都把商品名称抄在本子上。然后查阅汉越字典，标注读音和意义。虽然每天要工作又要学习很辛苦，但她学得有滋有味。遇到不懂的地方，都会很积极地和中国员工请教。心思细腻且用功学习的她，花了两个月时间把店里面的东西都记下来了。后来，觉得没有什么可以学的，她就离开了这家精品店。回到越南以后，阿玉姐参加了当年汉语等级考试。三个月在河口的工作经历大大提升了她的汉语水平，她如愿通过了当年汉语等级考试，并且获得了相关等级证书。之后，一次偶然的机会，让她和中国商人陈先生相结识，获得了一份临时翻译的工作。这份工作中，阿玉姐的汉语得到突飞猛进的提高。她不仅能够像中国人一样说中国话，而且加深了对中国文化的认识。[1]

阿玉姐的个案向我们展示了一个越南女工如何在其职业流动过程中提升自己汉语能力的故事。在越南接受过汉语培训的阿玉姐为了提高自己的汉语能力，在朋友劝说下，来到河口找了一份精品店的工作。在打工期间，她努力记住所有关于商品的信息以此来提高自己的汉语词汇量。经常与中国员工交谈，也使得她进一步练习汉语。这次工作经历给她最大的收获是她顺利通过了汉语等级考试。汉语能力得到肯定的她，在以后的职业选择中机会就多了。她不再考虑回精品店上班而是想去企业做文职人员。阿玉姐说："精品店的工作让我的汉语得到提高，我能选择的职业就多了，就不用再做商店零售员，可以试试翻译这样的工作。"因此，她第二份工作就没再回精品店上班而是选择做边贸商人的临时翻译。这份工作不仅收入高于零售员的工资，而

---

1 资料来源：笔者 2014 年 8 月田野调查所得，报道人阿玉。

且相对轻松和工作时间安排较为灵活。翻译在职业声望、职业地位上明显高于售货员。由此可见，在阿玉的职业流动过程中，不仅实现职业声望、职业地位提升，而且汉语能力得到提升。

笔者从以上个案中发现，越南女工的职业流动与语言资本之间存在相辅相成的辩证关系。

首先，越南女工学习汉语是为了实现职业流动。越南女工之所以热衷于汉语学习，是为了获得在河口镇的工作机会。不管是初次职业流动还是再次职业流动，都要求她们具备汉语能力。汉语成为她们进入河口镇劳动力市场的敲门砖。拥有汉语技能的越南女工才有主动权去挑选职业，也能够凭借自身的语言资本选择职业声望、职业地位高的工作，而不是像没有任何汉语学习背景的越南女工只能流动到餐饮类行业作为服务员。为了实现真正的职业流动，越南女工必须进一步学习汉语。

其次，越南女工职业流动也促进她们汉语技能提升。不管越南女工本人是否意识到，她们的职业流动过程也是她们汉语技能提升的过程。个案中秀姐就是一个例子。秀姐说："刚来的时候，我只会几句中国话，就是你好、谢谢、再见。说不上几句话。后来和一起工作的中国人相处，懂了一些话。但是，还是不能完全听懂，有些话还是会听成另一个意思，说话都是颠来倒去的。现在就不一样了，做了那么多工作，接触过那么多人，学会了不少中国话。我说话，别人都以为我是本地人。"她们的职业流动给了她们进一步学习汉语的机会。职业流动让她们接触各式各样的人，这些人给她们带来了大量的汉语信息。她们的信息面得以扩展，进而加深了对汉语的理解。

但是，能够通过汉语学习而实现真正意义上职业流动的越南女工毕竟是少数。上文表 6 中有 26 名越南女工工作发生了转变，但实现向上流动的只占 4 名。对于大多数越南女工来说，她们的职业流动只是在同类型行业之间来回摆动。对于大多数越南女工而言，她们仍然停留在初职工作上。

造成这种情况的原因是多方面的，其中包括获得语言途径单一化。我们知道越南女工学习汉语的主要途径是非正式学习，这种学习方式可以让她们在汉语环境里面习得汉语。她们可以通过和中国人交谈主动学习汉语，但是如果她们的职业只是在同类型行业之间水平流动，她们所接触到的汉语便会存在重复性和同质性。事实上，这样的语言环境又限制了其汉语能力的进一步提高。秀姐说："做销售员的工作，其实你能学习的汉语就那么几句。老板一般把卖东西的话教给你之后就不管你了。我们一天也跟老板说不上几句话，他们也不愿意花时间在我们身上。同事？平时客人多，哪有多少时间讲话。学习汉语就是这样，学到一定程度，总是会感觉没有什么可以学的。就算你到一家新的鞋店上班，学了半个月，就会觉得和在之前店里上班知道的一样多。"语言获得途径的单一化，造成了她们能够获得的汉语知识同质化较高，她们的汉语学习就不能够得到进一步发展。跨国企业做翻译的越南女工与烧烤店女工相比，明显要求掌握更多的汉语技能。后者可能不要求其会说汉语，她们也能胜任这份工作，她们只需要具备一定的家务劳动技能。而翻译的工作需要和中国人打交道，与中国人能够畅通无阻地交谈是一项最基本的职业要求。

其次，越南女工汉语学习时间少。进入工作岗位以后，越南女工大部分时间都是工作，很少有时间专门来学习汉语。因此，没有时间学习也成为她们的一个阻碍。

再次，她们很少接触其他类型的越南女工，日常生活中与她们保持着密切联系的都是从事着相同职业的女工。再怎么流动，也就是在相似语言环境里面兜圈子，她们很难突破行业界限去获得一些异质性很大的语言信息。语言信息缺乏也造成她们很难提高汉语水平。很多越南女工因为学习语言的单一化、学习时间少、获得语言信息少、提升汉语能力的难度大等，造成了其职业流动受到阻滞。对于大多数越南女工来说，她们想要真正实现职业声望、职业地位的提升愿望是一个遥不可及的梦。

结 论

本文以云南河口镇越南女工群体为研究对象，展示了她们在河口镇的生活图景：

首先，河口镇越南女工群体主要从事服务行业，其行业内部存在明显分层。第一，依据她们的劳动强度、语言限制、收入水平三方面可以将其职业划分为三种类型：餐饮类服务员、商品零售员、跨国公司翻译。三者又构成了越南女工职业金字塔，处于低端的是餐饮类服务员，中间的是商品零售员，顶端的是跨国公司翻译。第二，越南女工职业的主位评价存在内部差异：她们普遍认为跨国企业的文职人员不管是工作收入，还是职业声望、社会地位都明显高于商店零售员、餐饮类服务员。而对于从事性工作者的越南女工存在偏见和歧视。她们认为这样的工作不仅不符合越南传统伦理道德，而且是"丢面子"的行为。第三，越南女工存在着明显的职业流动倾向。其职业流动根据流动次数可划分为初次职业流动与再次职业流动。越南女工初次职业流动常常和跨国流动现象交织在一起。而越南女工再次职业流动不仅表现为同类型行业之间的水平流动，而且也存在着职业声望、职业地位得到提升的垂直流动的情况。

其次，越南女工的职业流动是通过社会资本动员和建构来实现的。越南女工在跨国流动前、跨国流动后建构了两套完全不一样的社会关系网络。跨国流动发生前，越南女工所拥有的是具有强关系的社会关系网络，其网络成员包括家人、朋友、亲属等，她们之间存在着强烈的感情联系。越南女工初次流动往往是通过动员这些社会资本得到实现的。而跨国流动发生以后，越南女工发现以往的社会资本不足以使得她们实现再次职业流动，她们就会主动去扩展社会网络。这些新拓展的社会网络关系成员一般与越南女工保持比较松散的联系，但是能够为越南女工提供更为丰富的工作信息、暂时落脚点、情感支持等。虽然越南女工的社会关系网络在职业流动的过程中得到了扩展，她们认识了更多的新朋友、新同事；但是真正获得职业声望、职业地位提升以及最终实现向上流动的越南女工毕竟是少数。因为这些新结识的朋友、同事能给她们带来的工作信息与她们之前掌握的信息存在着同质性，这些信息不足以支持她们实现垂直流动。因此，大多数越南女工职业流动都是在同类型行业之间兜兜转转，不能够满足她们向上流动的诉求。

最后，越南女工的职业流动与语言资本之间存在相辅相成的关系。越南女工的汉语技能主要是通过正式语言培训学校和非正式学习来获得的。正式语言培训学校学习经历，让大部分越南女工不仅掌握了一定汉语拼音能力，而且也是她们获得来河口工作机会的前提。正式语言学习也为她们后来在职业流动过程中，进一步学习汉语打下了坚实基础。而非正式语言学习是她们主动学习汉语的方式。笔者发现越南女工学习汉语是她们实现职业流动的前提和必要条件，而她们的职业流动也促进了汉语积累与提升。两者之间相辅相成、互为条件。但是，越南女工汉语能力促进她们职业地位、职业声望提升的作用是有限的。越南女工很快会发现在职业流动过程中，他们自主学习汉语的内容单一、学习时间有限、语言氛围同质性高，这都给他们进一步提升语言能力带来了障碍。而不同职业类型对汉语有着不同要求。因此，无法提升自身汉语能力的越南女工就被一些职业声望和职业地位高的行业拒之门外。

由此可见，河口镇越南女工通过社会资本和语言资本的动员和建构以实现频繁职业流动是她们的主体性选择，也是她们改变自身境遇的诉求和提升自身价值的途径。她们不满足于当下的生活状态，渴望通过职业流动来改变自己命运。但是，这样努力所带来的改变是有限的。很少有越南女工通过社会关系网络扩张和汉语能力提升来实现向上流动的愿望。很多越南女工向上流动会遇到阻碍，更多地是表现出同类型行业之间的兜兜转转。但是，我们不能否认越南女工们为了实现自身价值、提升社会地位所做努力，在河口跨国务工的每一天，她们积极扩大自己的社会交往圈子、努力学习汉语。这是她们不满足于现实生活而进行积极主动的尝试。这也是我们当下对跨国移民研究时需要进一步思考的问题，跨国移民者作为行动主体如何通过自身社会资本、语言资本的动员和建构来实现其诉求。

多层空间视野下的河口镇
"越南街"民族志研究

作　者：高鹏宇（云南大学民族学与社会学学院人类学专业硕士研究生）

指导教师：王越平

写作时间：2017年6月

导 论

（一）研究缘起

在云南的最南端，有一个藏匿在热带河谷中的小城。这里绿荫掩映、清秀宁静。奔流不息的南溪河与元江在此交汇流入越南。这座小城便是云南境内海拔最低（平均海拔仅有76米）的城市——河口。"到了河口，便似到了越南。满街的中越两国文字多得简直让人晕眩，戴着斗笠、身穿奥黛（越南国服）的越南姑娘总与你擦肩而过。这里的种种极易使人产生身在异国他乡的错觉。名扬中外的滇越铁路跨越百年的历史，从此岸直通彼岸。此时，越南风情正向你招手，待君款款而来。"看着这段《孤独星球》中描绘的河口，笔者不禁对这个冥冥中似乎将要与笔者发生一段纠葛的小城产生了某种难以言喻的情愫。按捺不住地在字里行间搜寻，当我看见"越南街"这三个字时，方才发现这或许就是笔者要去的田野，一个人类学行者的期冀与归宿。

1. 田野初印象：真实的"越南街"

怀揣着对"越南街"的种种猜疑和想象，2015年8月，云贵高原已是盛夏之时，笔者迫不及待地踏上了这趟猎奇之旅。从昆明出发，坐着一直往南方开的列车，穿越重峦叠嶂的哀牢山，终抵中越边境小城河口。原本总是幻想着能与异国窈窕女子在此邂逅，感受着异域的cultural shock。然而"越南街"并没有想象中的万种风情，也并不及海外唐人街恢宏的规模。虽热闹景象未减，但其仅为越南商贩在中国经营、生活的数家边贸市场。即便与期望相去甚远，至少我对越南人和越南商品的好奇之心并没有丝毫减弱。头几天的观光浏览，仍旧让我充分地感受到越南的别样风情和此间缓缓流露出的人文气息。那琳琅满目的越南商品着实让我眼花缭乱，越南人的热情叫卖声不断在耳边回荡，那一张张异国面孔所绽放的笑颜在阳光下逐渐盛开。坐在越南人搭建的货棚下乘凉，嚼着甘甜可口的椰片，喝着越南特有的黑豆冰，闻着街边不时飘来刺鼻的榴莲味，看着眼前的忙碌——这来去匆匆的身影，人头攒动，时光悄逝，此刻的生活却是慵懒而惬意的。

美好的时光总是虚度的，当笔者从梦中醒来进入田野时，却发现隐藏在"越南街"异域风情背后的真实，甚至还有"危险"。随着田野的深入，笔者竟在"越南街"里找到了诸多中国商贩的身影。有几家商铺的商贩虽看似为越南人，且一直使用越南语和其他越籍商贩聊天打趣，亲密无间。但经熟络后方才得知，他们竟是有着越南华侨身份的中国人。我这才醒悟：原来"越南街"竟有这么多的中国人在此经商。某次，在一位越籍商贩的店铺里，逗留之际，笔者从一堆垃圾中发现越籍商贩丢弃的几个凉鞋的包装盒，明显印有中国浙江某厂商的标签。这又引起了我的注意。终于，在笔者不断的软磨硬泡中，一位越籍商贩承认了"越南街"市场里，几乎所有越南人经营的商铺里都贩售着大量的"中国制造"。虽不曾购买这些商品，笔者仍感到一种深深的欺骗。不禁感慨：来此游览的中国人，又何曾想到这看似朴实的背后所隐匿的层层虚假。而每逢夜幕降临，在霓虹灯和街边路灯两种光线的相互交错下，整个"越南街"被笼罩在一片欢乐而神秘的氛围之中。此时，街头不时出现一些穿着暴露、浓妆艳抹的年轻越南女性——"越南街"夜生活的象征——越南"小姐"。她们总是在街头路边，甚至倚靠在越南商铺的门口招揽途经此地的男性顾客。经过头几晚的骚扰后，笔者再也未曾于夜晚，孤身一人地走入这充满诱惑的危险之境。此时我方才发现，"越南街"与周遭的商场、街区相比，是那么的"独一无二"。它的确是个不同寻常的地方，更准确地说，这是河口镇地方社会中一个独特的地域空间。

2. 田野的发现："越南街"的空间特征

在前期的调查过程中，笔者观察到"越南街"存在与以往研究相类似、同时又较为独特的空间特征。

首先，"越南街"与以往学者们研究的唐人街既有相同又有差异。"越南街"的越籍商贩通过贩售越南特产，获得在此长期经营生活的空间，从而逐渐形成外籍商业聚居区。但不同于唐人街（其实质是一种商业移民实现的路径），越南街的形成有其特殊的历史背景。据笔者的调查了解，当下的"越南街"实质为河口政府规划的中越边贸市场。其经历了从周期性的流动集市到长时段的、固定的边贸市场的历史过程。但尽管其地理位置经历多次变动，然而"越南街"的名称却一直未曾改变，越南街的空间特性因此得以显现。

其次，笔者观察到"越南街"经营商品的空间分布上，由外及内分别是散装水果、包装食品、日用品再到红木家具，而市场最里面是一排提供洗头按摩服务的店铺。是谁安排了这样的空间布局？其目的何在？同时，还发现"越南街"市场里绝大部分越籍商贩都经营着相同的越南特产，对店铺的空间布局和商品的摆设位置都大同小异。笔者试想当中国消费者面对如此"千篇一律"的商品时定会产生选择困难的窘迫，那么越籍商贩的优势及竞争力又是如何体现的？

在此次调查中，笔者还发现一个有趣现象。"越南街"市场一楼基本都是贩售越南特产的商铺，而二楼及以上楼层其实属于"红灯区"，是越南性工作者经常出没的地方。某次笔者在一楼闲逛时，一位越籍女性商贩好心地提醒笔者小心提防二楼下来的"越南小姐"，尽量不要在楼梯附近逗留。然而之后一次在"越南街"购物时，另一位越籍商贩竟向笔者兜售情趣用品，还怂恿笔者去二楼"消费"。笔者认为前后的态度差异，或许体现了"越南街"市场一、二楼的空间较为特殊的关系。这种微妙的关系究竟反映出"越南街"怎样独特的社会关系和社会秩序？

走出"越南街"所囊括的几家边贸市场，笔者发现在河口镇其他街区，既未曾见到如此这般集中的边贸市场或是越南人的商业聚居区，也几乎未曾见到零散分布的越南特产商店。或许这又是政府的行政规划所为。由此，"越南街"究竟是怎样的一个商业空间、社会文化空间和政治空间，这样的问题不断地萦绕着我。

3. 问题的提出：什么是"越南街"？

经过田野的初体验，笔者越发觉得"越南街"是一个独特的地方。而在更为深入的田野调查中观察发现，"越南街"存在着诸多特殊的空间现象，其空间特性显而易见。回到最初的发现："越南街"不仅有大量的越南人存在，还有很多中国人在这里经营生活。"越南街"不仅有名副其实的越南商品，还有更多的"中国制造"充斥其中、在此销售。据此，"越南街"的名称依何而来？看过"越南街"的虚虚实实之后，笔者不禁产生了一个看似简单、实则却难有确切答案的问题："什么是越南街？"由此还引发了一系列的问题："越南街"是如何产生的？是谁建构了"越南街"？"越南街"的实质究竟是什么？

选择《多层空间视野下的河口镇"越南街"民族志研究》作为笔者毕业论文的研究题目，是在和笔者的导师王越平副教授多次讨论中确定的。回顾以往的空间研究，大多空间视为人类生产、生活的载体，只是透过空间来研究社会文化相关议题。而笔者认为，当下研究应当采用社会理论空间转向后提出的"空间本体论"的研究视角。即空间研究的主体性转变，不仅仅将空间视为社会的容器，而是关注空间本身的产生及建构。因此，本文旨在以"越南街"的空间现象为研究问题，以河口政府、"越南街"的各类商贩、外地游客等为研究对象，以空间的生产为理论分析视角，以地方文献和访谈为主要材料，同时结合主位与客位、宏观与微观等研究方法，研究"越南街"空间的建构过程，将"越南街"的形成发展视为地域空间与地方社会互构的过程。

（二）研究思路和研究方法

本文力图通过历时性研究路径以及深入而全面的个案分析，并结合列斐伏尔、福柯和黄应贵等学者的（社会）空间理论，对生活在"越南街"的各个群体进行全面而翔实的田野调查。在此基础上，采用个人生活史与地方社会变迁、历时与共时、主位与客位、整体与个体、宏观与微观视角相结合的研究方法,从历史、人群、商品等多维度真实地呈现河口镇"越南街"空间的形构历程,并诠释其空间特性、文化表征以及嵌入河口地方的社会文化意涵。

1. 研究思路与篇章结构

本文以河口镇"越南街"为田野点,以参与建构"越南街"空间的各主体——政府、商贩、外地游客等为研究对象,运用人类学的田野调查方法,对生活在"越南街"的各群体进行深度访谈与参与式观察。在对田野调查资料进行呈现和归纳的基础上,通过剥离地理空间、社会空间和文化空间三个不同层面的空间形态,从而呈现真实的"越南街"。说明"越南街"空间是如何被生产、如何被生活以及如何被想象的。最后再回归到地方社会视域之中,阐释其是如何在地方社会各力量的共谋下,型塑为一个独特的地域空间(图1)。

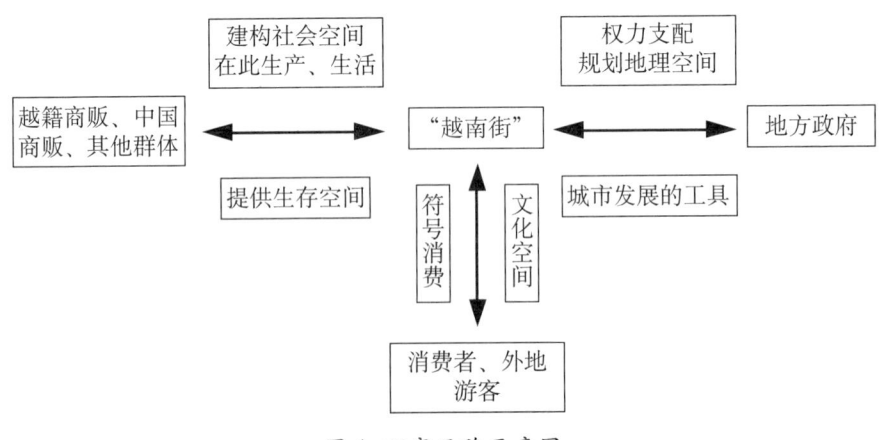

图 1 研究思路示意图

根据上述研究思路，本文将主要从下述四个方面展开论述。

第一部分"越南街"从边民互市点到边贸市场再到商贸城这一发展及变迁的历史过程。从其地理空间的不断演变和边界的维系，确定"越南街"的空间内涵。

第二部分介绍"越南街"的各个群体的基本特征、社会关系、经营生活以及各群体之间、个体之间的联系与交往。不同的群体在"越南街"逐渐形成新的社会结构与秩序，探讨由此而型塑的社群共同体所建构的社会空间。

第三部分将介绍"越南街"市场所售的不同商品及其变化，归纳不同类型的消费认知以阐释越南商品的符号消费。并透过越南商品的符号消费及文化生产，建构"越南街"的文化空间。

第四部分将首先说明"越南街"因其空间特性而尤为独特。其次阐述政府、商贩、游客等不同主体如何参与"越南街"空间的建构。最后发现"越南街"这个独特的空间实则为越南商人、游客与河口地方社会共谋的结果。

2. 研究方法

本文主要采用质性研究方法，整体上采用田野调查和民族志研究的方法。具体通过参与观察"越南街"市场的日常经营与各类商贩们的生活；并通过深入访谈和记录个案的方式，梳理"越南街"的建构历程、各群体的日常生活和互动往来，以探究"越南街"的社会结构和社会关系、空间特性及文化表征。

文献调查法：通过对河口镇的发展历程及"越南街"的历史演变的文献搜集，掌握越籍商贩跨境从事边民互市贸易的时代背景与社会环境。同时，对国内外关于跨国流动的社会空间的相关研究进行梳理，把握本文问题的切入点，整理出本文的研究思路，并以此作为笔者开展正式田野调查的前期准备。

田野调查的方法：针对笔者研究对象的特殊性，将采取以观察为主的策略，通过观察并在观察中参与"越南街"市场的经营活动和各群体的日常生活与交往获取第一手资料。在具体的研究过程中，笔者采用大量的人类学结构、半结构式访谈，视不同的研究对象和具体的研究情境采取不同的访谈方式来获取资料。从而掌握了丰富的、具有代表性的个案，并结合理论分析进行论述。

个人生活史的研究方法：生活史是当前人文社科领域，尤其是文化人类学所常用的研究方法。它旨在以个人诠释和理解周围世界的角度来研究个人生活经历，进而回溯到地方的社会文化变迁。笔者将运用个人生活史的研究路径，深入"越南街"不同商贩的个案探寻，将个体视角的叙事与"越南街"的发展演变以及河口地方社会的时代变迁相结合，以助于建构微观层面上对"越南街"空间的认知。

（三）田野点概况

河口瑶族自治县位于云南省南部，红河哈尼族彝族自治州东南端，东经103°23′~104°17′、北纬22°30′~23°02′，东北部与文山州马关县接壤，西隔红河与金平县相望，北部与屏边县毗邻，南沿红河龙博河口至南溪河、红河交汇处。东沿南溪河至老卡戈索河止与越南社会主义共和国分界。[1]

---

[1] 河口瑶族自治县地方志编纂委员会编：《河口县县志》，北京：三联书店，1994年，第38页。

河口镇为河口县政府所在地，位于昆河铁路终点，为中越交通要道。河口是我国西南边陲重镇，具有悠久的与东南亚各国经济文化交流的历史。西汉元鼎六年（前111年），在此置进桑关。历代先民在崇山峻岭中开辟了内联四川成都、外联交趾（越南）的"蜀安南道"，史学家称之为"南方丝绸之路"的第二条通道。1895年辟河口为商埠，1897年建立河口海关，19世纪末，20世纪初，红河航道上"大船三百，小船千艘，来往如蚁，盛况空前"。1910年滇越铁路建成通车，河口成为我国西南对外最大的商品集散地，商贾云集，店号林立，热闹非凡，被人们誉称为"小香港"。[1]

中越边贸历史悠久，河口镇"光绪二十二年（1896年）辟为商埠，是我国西南重要边境口岸之一"。 20世纪60年代中期以后，中越关系紧张，两边人民的贸易往来陆续减少。中越战争结束后，双方关系逐步回暖，中越边贸往来迎来新的发展时期。"越南街"，顾名思义是越南人所在的"街"。然而，"街"这个词实则为西南地区人们对集市、市场之类的场所的一种地方称谓。这不同于常见的"街道""街区"的概念。"越南街"实际上是河口镇对越方边民开放的边贸市场。

---

[1] 中国人民政治协商会议云南省河口瑶族自治县委员编：《河口文史资料选辑 第五辑》，云南：个旧市印刷厂，1998年，第88页。

流动的空间：中国西南的社群流动与地方想象

一、历史变迁与地理空间

"空间是以自然的地理形式或人为的建构环境为其基本要素及中介物。"[1]因而当我们谈及"越南街"不同的空间形态时，首先是物质性的地理空间。本部分将主要讲述"越南街"从边民互市点到边贸市场、再到商贸城这一出现、发展及变迁的历史过程。由此看出其地理空间的形成与变化。尽管"越南街"历经数次变迁，其地理空间在不断发生改变，但其空间内涵却保持相对的稳定，并由一定的边界所维持。因而不管市场如何搬迁，"越南街"的称呼却从未改变。

（一）从边民互市点到边贸市场

当下的河口镇历经了悠久的中越边贸发展历史，在河口人的记忆和外地人的印象中，最能体现中越边贸友好往来的，是一个叫作"越南街"的地方。这个闻名遐迩的"越南街"，是中越合作发展边贸的象征，是中越边民互市的历史起点，也是中越边民往来的历史见证。

---
[1] 黄应贵主编：《空间、力与社会》，台北："中央研究院"民族学研究所，1995年，导论第4页。

多年以来，经历风风雨雨的它已然成为中越边民共同的美好记忆。那么，"越南街"的名声从何而来，它是如何出现的？它是否曾经发生过变迁，又有怎样曲折的历程呢？

1. "越南街"的起源和形成
界河岸边的"草皮街"

20世纪80年代末期，河口中越边境尚未正式开放。但随着中越关系缓和，河口和越南老街政府对边境人员流动的控制不再严格，原本封闭的关口逐步打开。于是，两方部分边民在中越界河（主要在南溪河）岸边的滩涂之上，自发进行"以货易货"的商品交换活动。中越边民的民间互市也就由此开展起来。在河口县工商局工作多年的一位工作人员向笔者讲述了"草皮街"刚兴起时的情景。

> 从1986年开始，河口和老街的很多边民就在双边政府较为松懈的管控下，自发地进行以货物交换为核心的互市活动，也就是民间俗称的"草皮街"。当时的物品几乎都没有统一的价格和标准，大家都是在交易中谈妥后进行交换。河口的粮食和蔬菜比较匮乏，老街那边就比较多。而越南人的需求主要是棉衣、布匹、鞋袜这些日常生活用品。大多数交易都是在河口这边的岸边完成的，越南人划着小船驮着物资就从对岸过来了。偶尔也会有我方边民划船行至河中央，跟越南人交换物品。当时的交换活动没有规律，互市时间完全由两方需求所定。[1]

---

[1] 资料来源：2015年8月笔者于河口镇的田野调查所得。访谈对象：李某，现年约40岁，河口县工商局工作人员。

关于"草皮街"的说法，目前无法从正式文献记载中获得。大致是指两国边民之间通过"以物易物"的方式在边境地区进行民间交易的活动场所。"街"实则为西南地区人们对于集市、市场的一种地方称谓。而非常见的"街道"或"街区"的概念。在云南各边境地区，例如金平县金水河口岸、勐腊县磨憨口岸等地早期的边民互市都出现过"草皮街"。如同云南乡村地区的"赶街"[1]，赶"草皮街"也是边民社会生活中不可或缺的重要活动。

"草皮街"时期，河口地方政府对中越界河岸边进行的民间互市交易并没有进行严格管控。因而，当时中越边民交易货品的种类没有受限。双方互通有无，各取所需。尽管如此，交换中很少出现抢夺货物的现象，市场交易的秩序基本稳定。尽管"草皮街"仍然尚未形成规模，但在河口边境还未正式开放的时期，这样的民间交易促进了中越边民的日常往来，也为日后的"越南街"埋下了伏笔。

"越南街"的出现

1989年3月，中越边境的对外开放出现了突破性的进展。双方边民开始进入对方城区进行购物和短途游览。河口镇更大规模的边民互市贸易由此拉开序幕。从下述的地方文献中，可看出如今繁荣的中越边境在当时就已燃起的"星星之火"。

1989年3月4日，越南边民（7人）乘竹筏渡过红河进入河口城区购买日用品，我方未阻止。之后，大量越南边民乘竹筏、木船渡过红河、南溪河进入河口探亲访友，每日进入河口的越南边民高峰时达

---

[1] 云南、贵州一带的方言，又称"赶场"，指一些地区（尤其见于农村），每到特定日期（如周末、农历的初几）都会在一些固定的场所或街道汇集一个较大的贸易市场。邻近村镇的人会从四面八方赶来此处，进行商品交易，这种临时性的贸易活动叫作赶街。

到 3000 余人次，一般时期有千余人次。与此同时，河口部分边民也渡过红河、南溪河到越南老街、谷柳等地参观游览，长期封闭的边境由此逐步开放了。入境的越南边民携带少量农副土特产品上市交易，同时购买河口日用百货，当天入境，当天出境，少有停留，河口的边民互市贸易随之起步。[1]

1989 年末，鉴于两岸的中越边民日趋增长的交易需求，河口政府决定在河口镇邻近中越国界的街区设立官方主办的边民互市点。"该市场位于河口镇人民路东端、中越铁路大桥的桥头地带，从河口火车站门口沿人民路至邮电局门口（南溪河沿岸公路），全长 200 余米。沿路搭成的临时货棚及摊位共有 532 个。其中：中方边民摊位 141 个，越方边民摊位 391 个。"[2] 此边民互市市场的规模超乎以往，开设初期，河口镇周边就有大量居民前往购物、参观。当时，河口县乃至红河州各新闻媒体都对该边民互市点进行多篇幅宣传，并报道称其为"河口边贸一条街"。

与此同时，为配合边民互市的顺利开展，便于中越边民长期的贸易往来，河口县政府允许越方边民在河口短暂停留与暂居。于是，一批有意滞留在河口境内进行经营的越南人，便在规定的范围内（边民互市点）搭棚安家，做起了小本小利的摊点生意。除却诸多跨境的越南商贩，还有很多河口本地及周边乡镇的中国商贩在此经营。

---

[1] 中国人民政治协商会议河口瑶族自治县委员会文史委编：《河口文史资料选辑 第四辑》，云南：个旧市印刷厂，2000 年，第 236 页。
[2] 中共河口瑶族自治县委员会、河口瑶族自治县人民政府编：《滇越门户——河口》，云南：个旧市印刷厂，2002 年，第 182 页。

"越南街"好像有20多年历史了，从什么时候开始出现的已经记不清楚了。好像自从越南人过来摆摊做生意，我们就这样称呼。但以前还有什么"边贸街""中越街"的说法，大概都是那个时候出现的。不管叫法怎么变，地方怎么变，都是我们河口的"越南街"。[1]

当时，河口民间还尚未出现所谓"越南街"的说法，而是随官方口吻，称之为"河口中越边贸街"，简称"边贸街"。实则，此简陋的交易场所已然为"越南街"的雏形。以致当下大多数河口人的记忆，是将从1989年末建立的第一个边民互市点，乃至后经数次变迁的边贸市场，都统称为"越南街"。

2."越南街"的迁移和发展
边民互市点的两次迁移

鉴于中越边民互市贸易的良好发展前景，以及为适应小额贸易迅速发展的需求，经过河口县县委、县人民政府研究决定，由河口县工商局投资新建一个临时性边民互市市场。此次选址依旧是中越界河沿岸，却不在城市的交通干道，而是位于河口镇的东南部、南溪河与红河汇流处的河滩之上。河口政府没有命名该边民互市市场，官方资料称之为"河口边民互市市场"。

该边民互市市场于1991年6月建成，占地面积1万余平方米，

---

[1] 资料来源：2015年8月笔者于河口镇的田野调查所得。访谈对象：黄某，现年约60岁，河口本地人，河口农场退休职工。

投资共计达32万元,共建简易货棚摊位496个,全部供越南边民使用。[1] 从此,中越界河边上的边民互市市场再未出现中方边民摆设摊位,以后全都由越南边民长期经营。民间"越南街"的说法大概就是从此时兴起,并一直沿用至今。这一时期的"越南街",型规不整,散乱无章,大都分布在河边的一片滩涂上。颇具露天杂货市场的人文风情。"越南街"的名声也由此广为流传。笔者田野调查期间的主要报道人侯女士是业已退休的河口县第一招待所经理。她向笔者绘声绘色地讲述当年"越南街"刚兴起时的热闹景象。

除了河口本地的居民,好多云南人甚至省外的游客都来"越南街"买东西。"越南街"的名气可大咯!因为好多人没见过越南特产,比如热带水果、糖果、手工艺品还有越南橡胶鞋等。这些商品吸引了很多中国游客。那个时候"越南街"还有卖野生动物的。越南人在他们那边抓了蛇、蜥蜴、甲鱼、穿山甲之类的,什么都敢拿过来卖。那时候管得也不严,有些卖给河口的餐馆,外地人过来就专门点这些东西吃。如果没吃够,再去"越南街"买一些带回家,送亲戚朋友。每次州上、省里领导来河口视察,县招待所食堂的厨师就跑去"越南街"买海鲜和土特产,比如甲鱼、扇贝、黄鳝、蛇等。河口领导就拿这些稀有的野味招待上面来的领导。还有些越南人发现很多中国人把猫狗之类的当作宠物养。所以,他们还在越南那边逮了很多野猫野狗,拿来驯化,然后再卖给中国内地的游客。不过,这些越南人还算比较规矩,诈

---

[1] 中共河口瑶族自治县委员会、河口瑶族自治县人民政府编:《滇越门户——河口》,云南:个旧市印刷厂,2002年,第182页。

骗和强卖的很少出现。因为有政府的工作人员会定期巡逻抽查，管理还是严格的。[1]

当时，这些居于界河岸边沙滩上的越籍商贩就形成了生计生活一体化的格局。他们白昼在摊位前做生意，在货棚的空隙间生火做饭，夜间在货棚内就寝。后来的"越南街"——边贸市场内的商住一体化就是按照此时期的生活习惯而形成的。

> 越南人做生意好辛苦的，吃住都在货棚里。他们就地取材，用竹子和木头搭了棚，白天摆摊，晚上就睡在里面。竹棚不太透风，晚上里面还是闷热难耐。但他们就是这样过日子的。不用去找自来水管，他们就在河边洗漱、洗衣服。用河水做饭，吃住都在棚子里。[2]

就在"越南街"日益兴盛之际，却经历了"7·13"火灾[3]。虽灾后随即开展重建工作，市场得以迅速恢复。但此次事件暴露出的消防安全隐患严重影响了"越南街"的日常经营。1992年底，根据河口政府的城镇规划，为新建红河河堤，河滩上的边民互市市场随即逐步拆除。

---

[1] 资料来源：2015年8月笔者于河口镇的田野调查所得。访谈对象：侯女士，约70岁，河口本地人，原河口县第一招待所经理。

[2] 资料来源：2015年8月笔者于河口镇的田野调查所得。访谈对象：侯女士，约70岁，河口本地人，原河口县第一招待所经理。

[3] 1992年7月13日凌晨3时许，位于红河与南溪河汇合处沙滩上的边民互市点突起大火。经过两个半小时的抢救，终于控制了火势蔓延，大火被扑灭。灾后经过清理登记，这场大火中，共烧毁简易棚273间，面积达4500平方米。涉及162户，共554人，损失共计104万元。

"越南街"由此中断,绝大多数越方边民暂时搬回越南。

1993年初,红河河堤建成后,政府在河堤上设立了新的中越边民互市市场。"这一市场位于河口镇滨河路东端,从中越大桥桥头沿河堤建盖,属于临时性边民互市市场。由河口县工商局投资73万元,1993年5月7日建成投入使用。占地面积达9728平方米,临时简易货棚512间。"[1]

河口民间继续沿用"越南街"一词指代该市场。"越南街"经历了"7·13"火灾和拆除后,得到了"重生"。这一时期的"越南街"重新对中国边民开放,于是便出现了中国商贩的身影。不过大部分的商户仍为越南人。当时的新闻媒体对"越南街"进行了诸多篇幅的专访报道,从其极为细致的描述中,可见"越南街"的热闹非凡和繁荣景象。

> 新越南街从中越大桥左角斜向东西新开发区延伸,呈直角形状拉开。整条街全长数公里,竹棚铺面仍是这条街最显著的特色,经营者90%为越南人,90%的货物为越南货。一条街走下来,映入眼帘的都是珍珠、玛瑙、贝雕、木雕、药材、竹器、藤篾工艺品、土特产品、椰壳帽等。由越南人开办的冷饮店、小食馆、发廊、卡拉OK屋杂混其中,整条街弥漫着浓郁的异国情调。越南的音乐、越南的商品、越南的风俗,走入这条街,你觉得身处异国,走出这条街,你才发现仍在中国。这就是河口越南街,有模有样,名副其实。认真地说,越南街拥挤且狭窄,宽大的屋檐和篾板撑起

---

[1] 中共河口瑶族自治县委员会、河口瑶族自治县人民政府编:《滇越门户——河口》,云南:个旧市印刷厂,2002年,第182页。

的天棚，挡住了阳光也挤小了空间，使之无形中成为炎热河口的一个纳凉消暑的好去处，也成为到河口旅游者的必游之地。故而，它虽不像瑞丽的跳蚤街人流如潮，却也不觉寂寞。不论白天、还是入夜，游者络绎不绝，或购物、或观光、或品越南小吃、或觅异乡风情，小街总有着热闹的沸点。[1]

边贸市场的建立

随着河口边民互市贸易的不断发展，"越南街"的繁荣势不可当，名声远扬。更多越南人向往此地。同时，河口旅游开发后，接待的外地游客也日趋增多。边民互市的日常交易已然无法满足人民日

图 2 20世纪 90 年代初的"越南街"，简易的货棚摊位

益增长的物质需求，河口镇迫切需要建造规模更大、现代设施更为完善、市场更为规范的边贸商场。

1995 年前后，河口镇新阶段的城镇建设规划对红河河堤进行升级改造，加宽和硬化路面，滨河路由此应运而生。原位于红河河堤沿线的边民互市市场也随之阶段性拆除。从 1996 年初开始，河口镇在滨河路东端内侧，陆续开工建盖了三座大型边贸商场：中越边贸商场、利宏商场以及金明边贸商场。建设概况如下：

中越边贸商场，位于河口镇滨河路东段，由河口商场有限责任公

---

[1] 晓冉：《河口越南街》，《人与自然·彩云之南》1997 年第 12 期。

司投资建设。"1997 年 1 月竣工投入使用，建筑面积 3227.44 平方米，为钢混结构，内设商业用房 112 间，设有厨房、卫生间，总投资 201 万元。提供给中越边民开展互市使用。"[1] 中越边贸商场的产权原属于河口商场有限责任公司，由于企业改革，2000 年被河口县烟草公司收购。名称未变，但实际成为烟草公司的产权。由烟草公司的门市部（市场营销部门）负责日常管理。2006 年 4 月，河口红丰地产开发有限公司通过拍卖，买受了河口县烟草公司现址商场（中越边贸商场），同年办理工商登记，注册了个体工商户"河口阳光边贸商场"。由此，中越边贸商场改名为阳光边贸商场。

利宏商场，位于河口镇滨河路东段，1998 年 2 月 16 日竣工投入使用。建筑面积 1689 平方米；为钢混结构，内设商业用房 103 间，同时设有厨房、卫生间。总投资 256.2 万元。提供给中越边民开展互市使用。[2]

金明边贸商场，位于河口镇滨河路东段，1998 年 6 月竣工投入使用。建筑面积 3200 平方米，为钢混结构，内设商业用房 60 间，设有厨房、卫生间。总投资 350 万元，提供给中越边民开展互市使用。[3]

2006 年左右，河口兴盛小商品市场成立。（见图 3[4]）该市场地址位于阳光边贸商场与利宏边贸商场之间的通道。这条通道长约 100 米，宽约 10 米。该市场顶篷由钢塑材料搭建，属于半露天式市场建筑。

---

[1] 中共河口瑶族自治县委员会、河口瑶族自治县人民政府编：《滇越门户——河口》，云南：个旧市印刷厂，2002 年，第 183 页。

[2] 中共河口瑶族自治县委员会、河口瑶族自治县人民政府编：《滇越门户——河口》，云南：个旧市印刷厂，2002 年，第 183 页。

[3] 中共河口瑶族自治县委员会、河口瑶族自治县人民政府编：《滇越门户——河口》，云南：个旧市印刷厂，2002 年，第 182 页。

[4] 笔者摄于 2015 年 8 月 16 日。

内设商业用房40余间,并设有厨房、卫生间。市场建成招商后,全部由越籍商贩租赁并经营。

"越南街"改造升级所带来的影响甚为深远。首先,现代规模商场的出现,极大地刺激了更多越南商贩前来租赁经营,越南人名副其实地占领了"越南街"。其次,边贸商场由当地开发商投资运营,这也促使本地的市场资本参与"越南街"的社会生产,深化了河口社会的中越经济关系。最后,兼具现代商业气息和越南独特风土人情的"越南街"吸引了更多海内外游客,成为河口旅游的文化景观。

图3 "越南街"河口兴盛小商品市场

"越南街"以前是红河边专门为越南人提供贸易的简陋场所。现在升级了,换了地点,修建了有特色的现代楼房,各种设施大大改善。它的特殊之处在于,它是越南人在河口的商业贸易聚集区,并且商场里卖的全都是越南土特产品。

河口的"越南街"虽然占地不大,但是市场内琳琅满目的越南商品;实木家具、手织工艺品、水果、干果、厨具等摆满了货架。在"越南街",除了能购买到越南传统独特的土特产品外,还能品尝到颇具特色的越南饮食。一进"越南街",扑面而来的是咸鱼和"法国"香水及一种说不出的味道。咸鱼在很多摊子上堆积如山，一些越南妇女满脸笑容地指着一堆咸鱼，用半通不通的普通话推销着。[1]

1998年，河口镇还在红河岸边建盖了一座边贸市场，官方资料称"河口边境商城"。"该商场位于河口边境经济合作区北山片区、槟榔寨片区、老城区结合部的红河岸畔，隔着红河与越南老街市新建金城市场通道码头相望。1998年3月28日竣工投入使用，商场占地面积10989平方米，总建筑面积5333平方米，道路及绿化面积5097平方米，共有商业用房291间，每间使用面积18平方米，设有厨房、卫生间，为砖木结构。总投资为580万元。主要经营越南边民从境外带入的小商品、土特产和水果及国内的日用百货等。"[2]然而尽管河口边境商城颇有规模，也难以与"越南街"的优势地位相抗衡，远不及其影响之深远。2000年以后，该商城市场萎靡，越南商贩逐渐搬离，呈现出一派萧条衰落的景象。随后部分房屋被租用给外来的中国内地商贩经营生活品的批销生意，大部分供租于外来务工的流动人员。

金明、利宏等现代化边贸商场的先后建立和营业，使得河口镇"越南街"的市场地位更为稳固，稳固地扼守住河口镇发展的"黄金地段"，成为时至今日河口镇城区商圈的核心。

伴随着金明、利宏等边贸市场的陆续建立，形成了20世纪90年代末期至21世纪初，河口镇"越南街"的新景象。从此，"越南街"

---

[1] 李涛：《话说红河·河口》，昆明：云南人民出版社，2009年，第185页。
[2] 中共河口瑶族自治县委员会、河口瑶族自治县人民政府编：《滇越门户——河口》，云南：个旧市印刷厂，2002年，第183页。

告别了临时而简易的货棚摊位,取而代之的是稳固而规范的现代商场。于是,中越边贸的边民互市由原本的周期性流动市场转变为长时段的固定市场,诸多越南商贩由此开始更为规范地长期经营。或然,"越南街"的原本内涵已被解构,它不再只是中越边民互市的交易场所,它已然成为河口镇对外形象的一张"名片"。当下的"越南街"深刻地嵌入了河口地方社会的发展,成为如今边境贸易与中越关系的象征,河口观光旅游中一道最为亮丽的风景线。(图4、图5)

图4 滨河路东段,右侧棕榈树后方为"越南街"[1]　　图5 21世纪初"越南街"一角[2]

(二)从边贸市场到商贸城

前述"越南街"已成为河口家喻户晓的"购物天堂"和"旅游名片",吸引各地游客前来观光游览,越南商贩不断来此经营。而到了2016年初,"越南街"又再次经历了变迁,几家边贸市场在政府的监督下整体搬迁到了新建的"中国·越南城"。那么,"越南街"为何在

---

[1] 笔者摄于2015年8月10日。
[2] 笔者摄于2015年8月10日。

这个时候停业搬迁？"中国·越南城"这样一座现代化国际商贸城又是如何建立起来的呢？

1."越南街"边贸市场的搬迁

2016年1月初，"越南街"将在3月底整体搬迁至新建"中国·越南城"的消息不胫而走。越籍商贩们对此却不以为然，继续正常地经营生活。然而，在市场门口经营水果摊位的越籍商贩陆续地搬离了"越南街"，暂时返回至越南。

2016年3月8日，政府正式发布了《河口瑶族自治县人民政府公告第1号》。公告表示："河口金明、利宏、兴盛、阳光4家商场目前规划设计已经滞后，整体功能不配套，经营管理不规范，环境卫生'脏、乱、差'，治安环境恶化，安防措施不到位，消防设施不完善，多次整改仍存在重大消防安全隐患"，"经河口瑶族自治县人民政府研究决定于2016年3月25日对河口金明、利宏、兴盛、阳光4家商场进行停业，商场内所有经营商户必须于2016年3月31日之前全部搬离商场"。[1]

2016年3月18日，政府又发布了《河口瑶族自治县人民政府关于对金明、利宏、兴盛、阳光4家商场进行停业搬离的通知》，要求商场内所有经营商户必须于2016年3月25日停止营业，3月31日前搬到指定区域（"越南城"）。从2016年3月26日起对河口金明、利宏、兴盛、阳光4家商场停电断水。越籍商贩们面对突如其来的搬迁通知，显得有些不知所措。搬迁前夕，他们通过各种渠道了解有关搬迁的事宜，而商场管理方也未能正面回复越籍商贩们的疑问。越籍商贩一方

---

1 河口瑶族自治县人民政府文件：《河口瑶族自治县人民政府公告第1号》。

图 6 停靠在马路对面的搬运车，在"越南街"正式搬迁之前就已待命[1]

面亟待中国政府方面出现"转机"，另一方面也做好了搬迁准备（图6）。

2016 年 3 月 25 日下午，部分越籍商贩在工作人员的指引下完成了搬迁。2016 年 3 月 26 日，由于商场强制性断电停水，"越南街"的大部分越籍商贩都处于停业状态。在河口县工商局、城市建设检查大队、质量监督局等部门工作人员的讲解和游说下，越籍商贩陆续地展开了大规模的搬迁。同时，还有大批消防武警和防暴警察前来监督搬迁工作。据笔者观察，4 月 26 日从上午 10 点至下午 7 点，全天搬离"越南街"的越籍商贩累计超过 300 户。大多数通过三轮机动车运输搬迁，个别商铺（主要是珠宝店、实木家具店）通过大型卡车搬运商品。4

---

[1] 笔者摄于 2016 年 3 月 24 日。

图 7 搬迁工和货物运输车[1]　　图 8 人去楼空的"越南街"市场[2]

月 28 日,"越南街"最后一批"蓄意滞留"的商铺在多方施加压力下,也相继完成搬迁。至此,"越南街"为期数日的搬迁工作基本完成。"越南街"几家边贸商场遂即进入了"真空"状态(图 7、图 8)。

2. "新城"代"老街"

结合前述,由于存在消防安全隐患、经营不规范、设施老化等诸多问题,河口政府强制"越南街"商户从老旧的边贸商场搬迁至新建成的"中国·越南城"。那么,这样一座现代化国际商贸城又是如何建立起来的呢?

"中国·越南城"的开发商——河口天元置业有限公司,为河口本地最大的房地产开发商之一。河口县天元国际商贸城项目位于河口北山小学旁,由河口县天元置业有限公司引资新建,项目占地面积约 86 亩(1 亩 ≈ 666.67 平方米),规划总建设面积(地上部分)18.148 万平方米,计划总投资 2 亿元人民币,工程于 2011 年 12 月 30 日开

---

1 笔者摄于 2016 年 3 月 26 日。
2 笔者摄于 2016 年 3 月 26 日。

工建设。[1] 天元国际商贸城共有两期项目工程，一期为"中国·越南城"商业区，二期为"天元·橡树湾"商务住宅区。

"中国·越南城"的主体建筑为一期工程完成建设的 5 幢楼房（1、2、3、4、7 栋）。从"越南街"搬迁而来的越籍商贩目前都被安排在 1、2 栋及 7 栋，这几幢商业建筑已于 2016 年初建成投入使用。所有经营红木家具、手工制品及工艺品的越南商户被安排在 7 栋一层入驻，其他大部分主要经营越南特产、包装食品的商户则被安排入驻 1、2 栋一层的商铺。原先在"越南街"市场门口搭棚摆摊、贩卖水果的越籍商贩则被安排在 1 栋与 3 栋之间的广场空地上摆设摊位经营。少数经营水果摊点的越籍商贩则被安排在 7 栋门口搭设货棚。所有入驻的越籍商贩都被安排在 7 栋 4～6 住宿。入住的精装公寓平均面积约为 50 平方米，设施俱全。个别越籍商贩尚未能入住，只得在"中国·越南城"附近的商住房租房入住。

"中国·越南城"项目工程由浙江义乌商会实际投资，其预期目标是"建成河口未来绝无仅有的最大体量商业综合体"。"中国·越南城"规划商业建筑面积 65000 平方米，将是中国河口和越南老街范围内占地面积最大、体量最大的商业项目。预期建设后，能够为大力促进河口镇商贸旅游业发展提供较为专业的平台，也将成为河口面向越南及其他东盟国家的小商品专业批发市场。提升河口镇边民互市交易水平，增添口岸旅游景点和接待能力，为进一步提升口岸形象创造了更好的环境。[2]

---

[1] 资料摘自河口县商务局关于《河口县天元国际商贸城项目建设推进情况汇报》（2014 年 7 月 13 日）。
[2] 资料引自"中国·越南城"的宣传材料。

2016年4月底，大部分越籍商贩业已完成店铺装修，开始陆续挂牌开业。2016年5月1日，河口官方为"中国·越南城"举办了盛大的开业典礼。"越南城"正呈现出一派欣欣向荣之景象。

从"越南街"到"越南城"，也就将以边民互市为核心的日常交易，推向了更为复杂多样的现代物流贸易。同时，原本"越南街"的格局或将有所改变。它不再是以越籍商贩为核心的越南人商业聚居区，而是作为中越双边共同参与建设的现代商贸区，并入河口同越南及其他东盟国家发展程度更高的国际贸易轨道。

（三）空间的演变与边界的维系

"越南街"始于20世纪80年代中越界河边兴起的"草皮街"，而后在国家政策与当地政府的扶持下，作为中越边民互市点的"越南街"蓬勃地发展起来。经过数次变迁，1998年6月，金明边贸市场的竣工及投入使用，标志着中越边民互市由原本的周期性流动市场转变为长时段的固定市场，由此进入了边贸市场时期。实际上，当下的"越南街"是对河口镇滨河路东段的几家中越边贸市场的统称。本身并不指涉越南人所在的社区或街道，人们只是沿用了由越籍商贩作为主体经营的边民互市场所的习惯性称谓。这些边贸市场的出租商铺近乎全都由越籍商贩所经营。他们在"越南街"长期地经营与生活，形成了一个独特的外国商人的商业聚居区。2016年初，由于"越南街"长期存在消防安全隐患、经营不规范、设施老化等诸多问题，在政府的规划下，"越南街"又整体搬迁至"中国·越南城"，将以边民互市为核心的日常交易，推向了更为复杂多样的现代物流贸易。由此，"越南街"

的变迁，历经了从流动的边民互市点到稳固的边贸市场再到更为发达的商贸城。

自河边兴起边民互市以后，"越南街"的地理位置一直在不断地发生着改变。在边民互市时期，市场主要沿南溪河和红河岸边的公路或滩涂、河堤而设立搭建，方位时而变动。而到了边贸市场时期，则移位于新建成的滨河大道上。所以"越南街"的地理空间处于不断演变的过程之中。但是20余载已过，"越南街"的称呼却未曾改变。而当"越南街"搬迁至"越南城"，尽管商场的名称已改变，空间内涵在一定程度上发生了改变。但由于原本在"越南街"长期经营的越籍商贩的整体搬迁，社会结构及社会关系并未发生太多变化。因为社会空间是异于地理空间的存在，是由社会关系建构起来的。而正如布迪厄所说："场域作为一个社会空间，应当有其边界。其边界位于场域效果停止作用的地方。"因此，在"越南街"空间的演变中，我们可以发现尽管其地理空间不断地改变，但因越籍商贩等社群之所在而型塑的社会文化边界的维系，"越南街"的空间内涵并未发生实质性的改变。所以本文所述的"越南街"，更多意义上是作为社会空间的"越南街"。下文将通过叙述"越南街"社群共同体的建构，以阐释"越南街"社会空间的型塑。

二、社群与社会空间

"越南街"的形成与发展,与人群的活动密不可分。只有人的社会生产和社会行动,才使得(社会)空间产生意义。正如布迪厄所说:"社会空间是异于地理空间的存在,是由关系建构起来的。"[1] 作为社会空间的"越南街"正是基于其物质性的地理空间,由人的社会关系和社会行动所建构的。因此在回顾"越南街"的历史变迁与地理空间的型塑后,本章将主要介绍"越南街"的各个群体的基本特征、社会关系、经营生活以及各群体之间、个体之间的联系与交往。最终探讨在社群共同体表征的社会关系之上所建构的社会空间。

(一)"越南街"的越籍商贩

当下的"越南街"——数家边贸市场,几乎全都由越南籍商贩经营(下文将用"越籍商贩"一词表示在"越南街"从业的各类越南籍商人)。这也是"越南街"最为显著的特征之一。那么,越籍商贩都有哪些基本特征?他们为何能够跨境来到中国经商?如此庞大的社群

---

[1] 高宣扬:《布迪厄的社会理论》,上海:同济大学出版社,2004年,第24页。

是如何形成的？他们的社会关系网络是如何建立的？其社会生活又是怎样的？

1. 越籍商贩的基本特征

因市场内租户时常变动，目前在"越南街"从业的越籍商贩的总人数市场管理方和工商局皆未能提供准确数据。[1]笔者通过目前几家市场长期开业的店铺数目进行估算，"越南街"大致有300余户越籍商贩。[2]其中，阳光边贸市场和利宏商场的商铺最多，各有100余户越籍商贩。金明商场有近60家店铺由越籍商贩承租，而规模最小的兴盛小商品市场有40余户越籍商贩在此经营。

这些越籍商贩都来自河口对岸的越南各地，属于暂居河口的外国来华人员。然而不同于短暂停留、流动性较强的越南散工（主要以女性为主，他们需要在县公安局临时来华人员管理服务站办理税票），这些越籍商贩需要在河口县出入境管理局登记，领取边民暂住证，以往有效期一般只有半个月左右。如要长期在河口经营生活，可在派出所流动人口办登记，有效期限最多可延长至半年。[3]

受客观条件所限，笔者无法对当下300余户越籍商贩进行逐一访谈，遂求助于"越南街"市场的监管部门。河口县工商局持有的4家边贸市场的外籍（越南人）经商备案登记表能够为笔者提供有效的信息。但由于这份资料统计的年份较早，工商局的工作人员仅能提供当

---

[1] 根据2008年工商局对"越南街"4家边贸市场内越籍商贩的登记备案情况，仅有189户越籍商贩登记在案。
[2] 根据笔者于2015年8月期间田野预调查的观察和统计所得。
[3] 此情况由河口县工商局市场管理科向笔者介绍所得。

时登记在案的 189 户越籍商贩的基本信息。[1]（图 9）

据此提供的 189 户越籍商贩的样本，笔者对越籍商贩的基本信息进行了较为全面的数据统计。并结合笔者在"越南街"的田野调查的观察记录所得，发现越籍商贩在性别、年龄阶段、文化程度、来源地、经营类型等方面的基本特征如下：

根据数据统计，越籍商贩中女性约占 71%。在 2015 年 8 月的田野

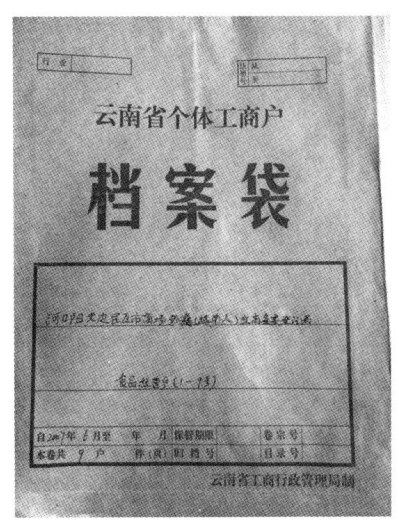

图 9 边贸市场外籍（越南人）经商备案登记表封面[2]

预调查期间，笔者也发现"越南街"的越籍商贩女性明显多于男性（表1）。因而断定"越南街"的越籍商贩以女性居多。尤其经营洗头按摩店的皆为越南年轻女性从业者。但在其他经营类别中，并未发现有明确的性别区分。同时，根据笔者田野观察，越籍商贩主要以家庭经营方式为主。店铺平均从业人员人数为 2～3 人，其中以夫妻两人的共同经营为主要类型。未婚的越籍商贩所占比例很小。

表 1 189 户越籍商贩户主的性别

性别	男	女
人数（人/单位）	55	134

资料来源：根据河口县工商局提供的越南人经商备案登记表统计所得。

---

[1] 该档案的登记时间为 2007 年至 2008 年。
[2] 笔者摄于 2015 年 8 月 17 日。

由表 2 数据所示，越籍商贩的年龄主要集中在 18～50 岁，约占总人数的 89%，并以中青年为主。根据笔者田野期间的访谈所知，经营水果货棚的多为较年长者，年龄基本都在 40 岁以上。而经营洗头按摩店的越籍商贩较为年轻，年龄大致都在 30 岁以下。

表 2 189 户越籍商贩户主的年龄阶段

年龄阶段	18 岁以下	18～30 岁	31～50 岁	51 岁及以上
人数（人）	4	97	72	16

资料来源：根据河口县工商局提供的越南人经商备案登记表统计所得。

越籍商贩的受教育程度大都在初中及以下。据笔者田野调查，很多越籍商贩都是初中毕业后，或在越南打工、务农几年至数十载，而后来河口"越南街"承租经商；或年轻时直接跟随亲戚朋友来到河口（表3）。

表 3 189 户越籍商贩户主的文化程度

文化程度	小学	初中	高中
人数（人）	74	108	7

资料来源：根据河口县工商局提供的越南人经商备案登记表统计所得。

越籍商贩的来源地主要以老街市、河内市和永福省等地为主。其中，永福省越南人约占总人数的 76%，构成了"越南街"越籍商贩的最大群体。这个结果同样验证了笔者于田野调查期间访谈所得信息：越籍商贩们普遍认为当下永福的商贩至少占到八成（表4）。

表 4　189 户越籍商贩户主的来源地

来源地	老街市	河内市	永福省	其他地区
户数（户）	25	14	143	7

资料来源：根据河口县工商局提供的越南人经商备案登记表统计所得。

越籍商贩们经营的商品种类繁多，随便走进一家商铺，里面的商品琳琅满目，让人眼花缭乱。根据越籍商贩经营的商品种类，可将越籍商贩分为以下三种主要类型：水果摊贩、"杂货铺"和红木家具店的商贩。除此之外，还有少量经营日化用品、珠宝等商品的越籍商贩。

第一种类型的越籍商贩是水果摊贩，大约有 20 户。他们主营越南各种热带水果、干果及少量香料、调味品和生鲜产品。经营此类商品的水果摊贩主要分布在"越南街"市场门口的货棚摊位，少部分则在通向市场内的过道里，搭建货架、摆设摊点。这些商贩基本都以贩售水果招揽顾客。首先映入来往于"越南街"的游客眼帘的便是这一排低矮拥挤的水果大棚。这些水果摊位构成了"越南街"最为显眼而独特的文化景观，似有似无地彰显着类似东南亚露天市场般的人文风情。

第二种类型的越籍商贩是"杂货铺"的商贩，主营各种越南特产零食，包括咖啡、糖果、饼干、饮料、干果等商品，同时还贩售各种越南拖鞋、厨具（砧板、菜刀等）以及打火机等日用小商品。由于种类繁多，没有专营商品的倾向，笔者形象地将此类商铺称为"杂货铺"。经营此类商品的店铺最多，具体数据不详。根据笔者田野期间的观察，"越南街"大约有八成以上的越籍商贩都主营此类商品，从而也使得"越南街"越籍商贩显现出较为突出的同质化特征。

第三种类型的越籍商贩是红木家具店的经营者，也是越南街上经营人数较少的商铺类型。红木家具店主营红木家具、各式木雕、手工艺品、装饰品等，整个"越南街"几家边贸市场一共只有十余家商铺专营红木家具。这些店铺的分布位置也较有特点：两家位于阳光市场门口两侧的门面，其他则大都分布在市场内主干道较为显眼的位置，还有四家则分别位于阳光、金明两个边贸市场的最内侧。

除以上三种主要类型的商贩外，"越南街"还有主营日化用品、珠宝和贩售其他小商品的商贩。这些类型的商铺为数也甚少，据笔者观察后的初步估算，一共仅有七八家。这些商铺并没有突出的特点，皆由越籍商贩经营。

以上情况为笔者于2015年8月在"越南街"的田野预调查期间的观察所得。以下数据统计来自2008年官方资料。由于时隔较远，当下的市场商铺多有变化。将两个时期的数据相较，依然可看出"越南街"市场商铺分布的大致格局：越籍商贩大都以经营各类越南特产为主，经营类型的同质化特征显著。除此以外，还有部分商贩专营水果、红木家具、日化用品、珠宝等商品（表5）。

表5 189户越籍商贩户主的经营类型

经营类型	水果摊位	越南特产、食品、鞋子等	红木家具	洗头按摩服务	其他杂类
户数（户）	26	126	7	12	18

资料来源：根据河口县工商局提供的越南人经商备案登记表统计所得。

越籍商贩的汉语水平总体较低，据目前调查情况来看，基本无人参加过正式的语言培训。他们都是通过与中国顾客的日常交易而逐渐习得汉语。越籍商贩们独特的汉语发音主要是模仿河口的本地方言。

2. 越籍商贩的社会关系

一个群体中的任何个体之间都存在一定的联系，而每个个体间的联系组合起来就会形成一个庞大的网络结构。学者巴里·韦尔曼将社会关系网络定义为行动者之间通过社会互动而形成的一种相对稳定的体系，即社会结构。[1] 由此可见，社会关系网络是群体中，个体之间发生互动过程所产生的关系。那么，越籍商贩是依靠什么建立起他们的社会关系网络？

笔者通过对"越南街"几家边贸市场十余户越籍商贩的简短访谈，发现几乎所有在此营业的越籍商贩之间都存在亲属关系。由于越籍商贩来到"越南街"的时间顺序有先后差异，所以同一家族、家庭的越南人可能被分割在不同商场里。但没有一个商户不处于某种血缘联系之中。同时，大部分越籍商贩还都存在紧密的地缘关系。前述笔者在调查期间发现，绝大多数越籍商贩的籍贯为永福省。笔者对此产生了很大的疑惑：据笔者了解，永福省并未与河口接壤，与河口隔有越南老街、安沛两省，那么为何目前经营"越南街"的大部分越籍商贩不是来自与河口相距咫尺的老街省，而是相距甚远的永福省呢？于是，笔者在田野调查中询问了一些越籍商贩，他们对此大致有类似的解释。以下为与笔者较为熟络的越籍商贩范某的叙述。

> 我们越南人大部分都来自永福省。"越南街"最早的时候是不是这样我不清楚，2006年我来到这里后，身边就都是。而且我们很多人都有亲戚关系，都是一家带着一家过来做生意。比如我

---

[1] 巴里·韦尔曼著：《网络分析：从方法和隐喻到理论和实质》，张文宏译，《国外社会学》1994年第4期，第3页。

家,我母亲当年是跟着一个远房的亲戚来"越南街"的。一两年后,母亲又把她的妹妹带了过来。她开了一家越南特产店。等我来到这里,我母亲的妹妹带着我做生意。然后我母亲就回家了。2010年过年后,我母亲的妹妹又从老家带着她丈夫的妹妹过来。2015年初,我叔叔的儿子也想过来做生意,于是我又借着过年回家的时机,带他一起来到"越南街"开了家跟我一样专门卖红木商品的店铺。我们越南人就是这样,慢慢地都来到"越南街"。所以,基本都是老乡,而且都是亲戚。[1]

由此可见,早期来到"越南街"承租经营的越南人大多都来自永福省。而随着"越南街"市场的日渐壮大,每户越籍商贩又邀请和帮助各自的亲属来到"越南街"经商,久而久之就形成了以永福省为主、相互间都有亲属关系的越籍商贩群体。

"越南街"的越籍商贩群体拥有一个庞大的亲属网络。虽然这些越南人大多以家庭经营为主(部分甚至以独立个体为单位),但他们身边可能都有着旁系甚至直系亲属。大量的越籍商贩正是依托这样的社会关系网络,方能顺利来到河口,在亲属们的帮助下而进入"越南街"经商。下述个案出自笔者前期的田野调查。这是一位来自永福省的越籍商贩潘某及其兄弟在"越南街"从业的故事。

个案1 2010年初,潘某和妻子跟随永福省的同乡来到了河口,并从越南同胞那里转租到一间位于利宏商场的商业用房。然

---

[1] 资料来源:2016年3月笔者于"越南街"的田野调查所得。访谈对象:范某,现年约27岁,越南永福人,越籍商贩。

而，初来乍到的潘某，不太适应异国他乡的生活。不过潘某发现周边邻居大都是永福省人，还有不少越南人的祖籍是同一个县。潘某很快地便融入到这个"大家庭"中，烦忧也逐渐消退了。经过两年多的努力经营，潘某的生意日益兴隆。这时，他想起了还远在家乡辛苦打工的弟弟。潘某比弟弟大两岁，从小两人的手足之情就极为深厚。见到如此满意的业绩，潘某联系了弟弟，建议他也来"越南街"。2013年初，弟弟经过考虑后便决定前往中国。潘某很高兴，他亲自为弟弟办理入境手续和暂住证，弟弟的租赁合同也是在潘某的陪同下签订的。弟弟商铺的装修和进货，都是在潘某的帮助下完成的，弟弟甚为感动。"越南街"搬迁前夕，两人专门挑选了两个相邻的铺面。"越南城"顺利开业后，兄弟俩便做起了邻居。[1]

除了依靠亲戚间的帮衬来到"越南街"从商以外，出自亲戚的经营资源的转让与馈赠，同样也成为越籍商贩得以进入"越南街"经商的有效方式。下述为越籍商贩梁氏在"越南街"经营洗头按摩店的故事。从其经历还可看出，在亲属关系转变为可利用资本的过程中，也实现了个体的愿景与诉求。

个案2 梁氏（化名）2006年底从越南河内来到河口务工。梁氏原先在河内跟随亲戚学习汉语数月，有一定语言基础，于是在广龄街一家服装店从事导购工作。然而，梁氏并不喜欢当时的

---

[1] 资料来源：2015年8月笔者于"越南街"的田野调查所得。访谈对象：潘某，现年约32岁，越南永福人，越籍商贩。

工作。她认为这份工作比较辛苦，收入也偏低。

2008年底，梁氏的婶婶由于家中变故需回到越南，遂无法在河口继续生活。于是，她将在阳光边贸市场经营数载的洗头店转让给了梁氏的父母。名义为转让，实则为馈赠：因为梁氏的叔叔婶婶长期在外经商，其在家读书的子女一直都由梁氏的父母照顾。梁氏的婶婶此举也算是对于梁家的回报。而梁氏的父母都在河内老家务农，便将店铺交给了梁。于是，梁氏获得了"免费"进入"越南街"的机会。据梁氏的回忆，当得知此消息，她异常兴奋，来到河口的目标——在"越南街"开一家自己的店铺，终于要实现了。从此，梁氏便一直在"越南街"经营着这家不足30平方米、仅有3个员工的小店。虽然地方不大，收入一般，但梁氏表示很满足。[1]

除上述由血缘建构的社会关系网络，由地缘关系生成的情感联系（以友情为主），也是维系越籍商贩社会关系的纽带。它们同样能够帮助个体更好、更快地熟悉陌生环境，融入这个跨境的同胞群体。下述个案来自一位名为阿芳的越南姑娘。在其同乡好友的帮助下，在"越南街"诸多商贩中逐渐占据了一席之地。

个案3 2015年，高中毕业后的阿芳从故乡越南永福省，来到河口"越南街"帮助家人经营商铺。父母希望阿芳能够独当一面，于是将店铺交给了她，便回到越南务工。但是阿芳从没有做过生意，而且对销售越南特产并不熟悉，而且汉语水平也很有限。

---

[1] 资料来源：2015年8月笔者于"越南街"的田野调查所得。访谈对象：梁氏，现年约30岁，越南河内人，"越南街"洗头店老板。

阿芳经常为此而感到苦恼。

阿芳和阿柔来自永福省同一个县。由于年龄相仿，又是同乡关系，阿芳自从来到"越南街"，便很快和阿柔成为挚友。阿柔跟随叔叔在"越南街"经营越南特产已有好几年了。关于如何与中国游客打交道，阿柔经验十足。看到阿芳的困惑后，阿柔给予了她很大的帮助：阿柔"手把手"地教阿芳如何推销自己的商品，同时每天不厌其烦地教授阿芳一些日常使用的汉语词汇。在阿柔的帮助下，阿芳进步很快，不到半年，她已经能够流畅地与中国顾客进行简短的交流，销售业绩也不错。当笔者问及两人的关系时，阿芳表示："我们就像亲姐妹一样！"[1]

综上所述，依靠血缘、地缘关系所建立起的社会关系网络，成为这些从越南跨境来到河口经商的越籍商贩们在"越南街"得以立足的社会资本。通过获得社会关系网络力量的支持与帮助，从而实现了他们在"越南街"长期而稳定的经营与生活的目标。

3. 越籍商贩的社会生活

商铺的经营活动几乎是这些越籍商贩每天生活的全部。每天早上8点左右，各个商铺就陆续开门营业。整个白天都处于营业状态，直至夜晚11点左右关门休业。他们很少外出活动，"越南街"及周边街区几乎就是他们日常的活动范围（图10）。

越籍商贩虽然在河口生活亦有多年，但与河口本地居民少有来往，

---

[1] 资料来源：2016年8月笔者于"越南城"的田野调查所得。访谈对象：阿芳，现年约20岁，越南永福人，越籍商贩。

很少主动参与本地的社会活动。在与中国人（主要是顾客）的来往中，越籍商贩往往显得比较被动。有时也需要通过集体活动适度调节紧张的生活节奏。越籍商贩也时常在网络平台上进行社交活动。但因为他们没有完全进入中国本地的互联网社交圈，绝大多数仍然处于母国越南的网络社交之中。

图10 聚集在"越南街"后门打牌的越籍商贩们[1]

　　空闲的时候，我们也会出去玩。不过都是陪客户和中国的朋友去越南。我们给他们当导游，带他们转转越南好玩的地方。偶尔我们也会在这边玩，吃饭或者去KTV唱歌。同样也是跟中国的朋友一起去的，我们自己很少出去玩。因为平时忙着做生意，没多少休息时间。不过有一帮在河口打工或读书的越南年轻人，他们经常结伴组队在广场踢足球。有时会来邀请我们跟他们一起踢。

　　我们经常拿手机上网。闲着的时候看看新闻，玩一下游戏。我们一般都使用越南的网络信号，然后在Facebook上浏览，跟家里的亲戚或朋友聊天。以前在家还有人使用MSN，现在也很少了。除了一些汉语比较好的年轻人，我们很少有人使用微信。因为基

---

[1] 笔者摄于2015年8月20日。

本都是汉字，使用起来不方便。[1]

综上可知，越籍商贩并未较深地涉入河口当地的社会关系交往中，仍然处于越南人内部的社会关系网络中。其所呈现出的是以"越南街"的经营者和周边越南同胞的交往为核心的社会生活。

（二）"越南街"的中国商贩和其他群体

1."越南街"的中国商贩

如前所述，越籍商贩人数众多，几乎占据了整个"越南街"。但除此"主人"外，同时也有其他社群的存在。"越南街"身处河口腹地，自然应有中国人的身影。再者，当下的"越南街"边贸市场的前身为中越边民互市点，曾有大量的中国商贩在此交易。那么这些中国商贩现在是否还在？他们的生活又历经怎样的变迁？"越南街"的中国商贩内部是否有所区分？当下的日常经营又如何？

中国籍本地商贩

前述1989年末，河口政府建立的"河口边贸一条街"为"越南街"的前身。中国本地商贩作为中方边民出现于此。当时的中国本地商贩虽少于越籍商贩（中方边民摊位141个，越方边民摊位391个），但与他们同样享受边民互市政策，并且在与越南人的交易中，获益颇多。1991年，政府又开辟了新的边民互市点，而摊位则全部供越南边民使用。中国本地商贩遂从"越南街"撤出。从下述河口退休职工黄某对

---

[1] 资料来源：2016年3月笔者于"越南街"的田野调查所得。访谈对象：范某，现年约27岁，越南永福人，越籍商贩。

其子经商故事的叙述中，可瞥见当时中国本地商贩的经营情景。

> 河口开始搞中越边民互市贸易的时候，我儿子也去摆过摊位。那时候中国这边都是自己摆设摊位，而越南人享受河口政府的优待，他们搭建各种货棚。我儿子主要卖一些手电筒、收音机、电池之类的小商品，都是从外地批发商那里进货的。其实这些东西在我们这边很常见，但越南人就稀罕这些玩意儿。收入还是可以的，虽然也辛苦，但至少比在厂子里干活好些。然而好景不长，生意没做多久就中断了。因为换了地方的"越南街"就只让越南人摆摊。所以很多本地人只好转行了。我儿子也回到工厂里上班。[1]

1993年初，红河河堤建成后，政府在河堤上设立了新的中越边民互市市场。这时期的"越南街"重新对中国边民开放，于是吸引了大量本地与外地的中国商贩前来经营。小陈一家就是。

> 个案4 小陈（化名），女，现年约23岁，大学文化水平，是土生土长的河口本地人。但小陈的父母不是本地人：母亲是来自红河县的哈尼族，父亲的籍贯则是广西百色。河口边民互市开放后，1991年两人不约而同来到河口务工，由此相识相恋，结为连理。小陈的父母起初在河边街租赁一家铺面贩售日用、五金等小商品。1993年"越南街"重新开放后，中越边民又开始了你来我往的日常交易。小陈父母认为该市场前景较好，遂在此租赁一间

---

[1] 资料来源：2015年8月笔者于河口镇的田野调查所得。访谈对象：黄某，现年约60岁，河口本地人，河口农场退休职工。

简易货棚,做起了销售生活用品的生意。同年,随着小陈的出生,夫妻二人从此便在河口定居下来。[1]

1997年,随着阳光、利宏等几家边贸商场的建立,中国本地商贩又再次迎来了商机。他们与越南人一起租赁铺面、销售商品。然而,随着越籍商贩的口碑不断提升,中国商贩的经营就日趋惨淡。后来都纷纷退出了"越南街"。而留下来的少部分中国商贩,他们的经营方式则由零售转向了批销。2006年成立的河口兴盛小商品市场,全都是越籍商贩租赁经营。因而,中国本地商贩群体在"越南街"就显得更为稀缺了。

个案5 小陈一家,自1993年开始,一直都在"越南街"经商。边贸市场建立以后,小陈家租赁了一间金明商场的门面。刚开始营业时,仍旧做小商品的零售。而后,经营较为惨淡,少有顾客登门。原因是大部分客源都被越籍商贩抢去了:"这些越南人真会做生意,叫卖得特别热情。他们脸皮厚,很主动,敢随便拉客人进店,有点强卖的意思。顾客往往被弄得很尴尬,碍于面子就买了。"渐渐地,中国商贩纷纷转让或停租了"越南街"的商铺。而小陈父母并不想跟他们一样退出"越南街"。于是,夫妻商议决定从此不再经营小商品的零售,而是将商品批发给越籍商贩,由他们进行售卖。后经事实证明,这样的合作是成功的。小陈一

---
[1] 资料来源:2016年8月笔者于河口镇的田野调查所得。访谈对象:小陈,现年约23岁,河口本地人。

家也由此留在了"越南街",直至今日。[1]

如今在"越南街"几家边贸市场内,几乎见不到本地商贩。为数不多的几家店铺主要从事中国制造的小商品的批销,销售对象为"越南街"的越籍商贩。越籍商贩再将这些商品零售给顾客。形象地说,中国本地商贩已然成为越籍商贩的中国"供货商"。

中国籍外地商贩

2016年3月,"越南街"整体搬迁至"中国·越南城"。"越南城"建设的预期目标为打造面向越南及东盟最大的主营小商品批发的商贸城,由此从外地招商引进了大批中国籍商户。新入驻"中国·越南城"的外地中国籍商户的铺面主要集中安排在"中国·越南城"主楼2栋的二层。据悉,这一楼层的中国籍商户多数来自昆明·新螺蛳湾国际商贸城。2016年初,"中国·越南城"招商部曾在昆明进行大规模招商,主要对象为昆明·新螺丝湾商贸城的批发商。根据"中国·越南城"的规划,1、2栋商业楼二层主营男女服饰、日用品、家纺等商品的批发及零售。因而,这些来自昆明·新螺丝湾商贸城的批发商历来都以批销上述商品为主要经营方式。这些中国籍商户已与开发商签订为期三年的租赁合同,但由于对市场前景难以把握,大都尚未装修及开业,仍处于观望等待的状态。

个案6 秀莲(化名),女,现年约30岁,湖南人,个体户。

---

[1] 资料来源:2016年8月笔者于河口镇的田野调查所得。访谈对象:小陈,现年约23岁,河口本地人。

原本在昆明·新螺蛳湾国际商贸城 H 区经营中低档童装的批发与零售。2016 年初，经由朋友介绍和"中国·越南城"的招商宣传，决定和生意伙伴一起入驻"中国·越南城"专门提供给新螺蛳湾国际商贸城批发商的新商铺。于 2016 年 3 月初，租下 2 栋一间 50 余平方米的商铺，并与开发商签订了为期三年的租赁合同。但秀莲的铺面跟同层其他中国籍商户一样，目前也尚未装修、开业。因为她在新螺蛳湾商贸城的铺面经营仍需自己亲力亲为，无法分身打理"中国·越南城"的店铺。而且她认为"中国·越南城"刚刚开业，市场暂时也尚未形成，不急于正式入驻，只是抢占铺面静观其变。秀莲说："我们都感觉这边以后会发展起来，有生意做的。所以先租下铺面。等以后看看这边的情况，等市场开放了，我们可以把铺面再转租给其他人。要是生意很好做，我们就过来自己开店。精力不够的话，我们再转让昆明的商铺。"[1]

2. 越南华侨商贩

尽管"越南街"拥有人数众多的越南群体，但毕竟深处河口腹地，自然少不了中国人的社群。而除了中国本地商贩和外地商贩以外，"越南街"还存在一个人数甚少、较为特殊的群体——笔者将其称为"越南华侨商贩"。

当下的"越南街"市场内只有三四家由越南华侨所经营的商铺。主要分布在阳光边贸商场，还有一家位于利宏商场。"越南华侨"的祖辈自中国移民至越南后，出生于越南、长于他乡。有些年轻时曾在

---

[1] 资料来源：2016 年 4 月笔者于"越南城"的田野调查所得。访谈对象：秀莲，现年约 30 岁，湖南人。

越南工作、结婚生子，之后因战乱、越方排华抑或其他缘故，而迁回中国。有些则自幼跟随父母回到中国，在这里读书、工作乃至成家。"越南街"的越南华侨商贩祖籍是广西、云南两省。当年返回国内，多经辗转而后来到河口定居、从商。笔者在"越南街"的田野调查期间，结识了越南华侨小黄一家，朝夕相处后，笔者与他们逐渐熟络起来，从而了解到这一家人不平凡的人生经历。

个案7 小黄（化名）一家在"越南街"比较特殊，是为数不多的越南华侨。小黄的外祖父是广西崇左人。20岁时外出闯荡，后行商至越南河内，在越南结识了同为越南侨胞的外祖母，两人结婚后，便在河内长期侨居下来。1968年左右，黄母生于越南。1977年，时年9岁的黄母已在越南入学数载，并初步学习了越语。然时逢越南大搞排华运动，人心惶惶。黄母一家决定返回中国故乡。然而返途经历曲折，并未能回到广西老家，而辗转至云南保山地区。黄母一家遂在此定居生活。黄母初中毕业后，随父母回到广西老家。后至河口与同为越南华侨迁至此地的黄父相识，便结连理，在此定居。

小黄于1991年出生于河口，自小跟随母亲学习越语。在河口从小学念至初中后，至蒙自高中学习。为谋生计，小黄的父母曾先后前往蒙自、玉溪、昆明等地务工。2000年前后回到河口，开始做起批销小商品的生意。2006年，阳光边贸商场更名易主后，黄家承租其门口一摊位，开始销售越南特产。因黄家尚有亲戚定居于越南河内，遂进购货品较为便捷。时至今日，黄家在"越南街"经营已有10年之久。

黄家与周边的越南商贩相交甚好,常能以越语互相交流,沟通无碍。每逢越籍商贩遇到困阻时,黄家都慷慨解囊,精诚相助。同时,黄家与"越南街"的中国本地商贩关系也较为良好。小黄为土生土长的河口人,与其他同龄的本地商贩有相似成长经历。他们在日常生活中,互相帮扶,来往甚密。小黄目前就读于越南河内师范大学,研究生行将毕业,希冀回到中国寻求一份适宜的工作。

尽管这些越南华侨商贩大都出生在越南,然而他们在河口生活了10多年甚至数10年,已然与本地同化,实质作为本地中国商贩中的一部分。但因有曾在越南生活和成长的经历,他们较为熟练地掌握着越南的语言,熟悉越南文化,故又易与越籍商贩相互来往,并与他们产生较为密切的社会关系。因而,越南华侨既作为实际上的中国人,有时也可视为文化上的"越南人"。他们这一"双重身份"在"越南街"诸多群体中,就显得格外独特。

3."越南街"的其他群体

前述为"越南街"越籍商贩和中国商贩的基本情况。在日常经营中,他们为顾客提供实体商品以供消费。除此之外,"越南街"还存在一群从事服务行业的越南人。主要包括开设洗头按摩店的越南商户和从事性服务工作的越南性工作者。这两种职业全都由较为年轻的越南女性所从事。

洗头按摩店

"越南街"的商铺,除了由兜售咖啡、鞋子、糖果、水果、实木家具等越南土特产品的越籍商贩经营外，还有一群从事"洗头按摩"服务行业的越南女性。"越南街"的洗头按摩店历来享有较好的口碑，往来的顾客对其优质的服务赞不绝口，也常有媒体刊登、宣传报道，因而也成为"越南街"独特的魅力所在。

"越南街"还有一个地方是一定得去领略和感受的，那就是去享受一下这里的洗头按摩服务。越南是个盛产美女的国家，在"越南街"的洗头小妹个个都水灵漂亮、婀娜多姿、柔情似水。"越南街"的洗头小妹不仅人长得漂亮，个个嘴上还像抹了蜂蜜一样的甜。还没到门口，洗头小妹们就喊"哥哥、姐姐"了。并且洗头按摩的手法和技术也是一流的，能洗得你不知不觉中睡去，按得你全身舒坦畅快。到"越南街"洗头按摩，那可是一种真正的享受，绝对能让你精神疲惫地进去，神采焕发地走出来。让你念念不忘，流连忘返。[1]

"越南街"的洗头按摩店有10余家，集中分布在几家边贸商场（主要是阳光、金明两家商场）一楼的最内位置。门口一般都挂有以"XX正规洗头店"为格式的门面招牌，例如"阿莲正规洗头""阿成正规洗头"。洗头按摩店大致出现在"越南街"几家边贸市场建立后，由中国顾客的消费需求而逐渐形成。下述个案来自越籍商贩梁氏，她在阳光市场内经营一家洗头按摩店。从其从业经历，可瞥见这一群体日常经营的生活情景。

---

1 李涛：《话说红河·河口》，昆明：云南人民出版社，2009年，第186页。

个案 8 梁氏（化名），女，现年约 30 岁。越南河内人，初中文化水平，2006 年底从越南河内来到河口务工。梁氏原先在河内跟随亲戚学习汉语数月，有一定语言基础，于是应聘了位于广龄街的一家服装店从事导购工作。2008 年底，梁氏的亲戚由于家中变故，将在阳光边贸市场所经营数载的洗头按摩店转让给梁家经营。而梁氏父母忙于农事，不便来到中国。于是将洗头店交给梁氏打理。由于店铺设施老旧，梁氏将洗头店重新装修一番并购置一批新设备。随后据自己的乳名，取名为"阿糯正规洗头"。梁氏又从家乡邀请了两位挚友：阿水和阿芬，三位年轻的越南女性一起经营洗头店。梁氏在工商局备案登记的资金数额为 7000 元，店铺主要提供理发、洗头、洗脸、修面、按摩等服务。其中理发 5 元，其他四项服务一套 20 元。问及店铺的日常经营时，梁氏表示她们 3 人有明确分工：阿水相貌较好，性格外向开朗，平时主要由她来招揽顾客；而阿芬来中国前，曾在河内就职于美发行业，理发洗头的技术较为娴熟；而梁则负责按摩和管理店铺的工作。[1]

笔者访谈得知，"越南街"的洗头按摩店皆以"XX 正规洗头店"为店名格式，是为避开存在潜在的性交易嫌疑。那么，"越南街"是否真的存在大量的性工作者？她们从何而来？为何从事此业呢？下文将具体讲述关于越南"小姐"的生活故事。

---

[1] 资料来源：2015 年 8 月笔者于"越南街"的田野调查所得。访谈对象：梁氏，现年约 30 岁，越南河内人，"越南街"洗头店老板。

性工作者[1]

每逢夜幕降临,"越南街"就会变得热闹非凡。在霓虹灯和街边路灯两种光线的相互交错下,整个"越南街"被笼罩在一片欢乐而神秘的氛围之中。夜晚的"越南街"灯火通明,人声鼎沸,还有一股暗流在涌动:此时,街头会出现一些穿着暴露、浓妆艳抹的年轻越南女性,她们就是"越南街"夜生活的象征——越南"小姐"。

使得"越南街"名声大噪的,不仅是一楼经营越南特产的越籍商贩,更多的影响力则来自"二楼"。不知何时起,"越南街"的二楼至三楼(利宏商场仅有两层,阳光和金明商场分别有三层),出现了一批从事性服务的越南年轻女性。

"上二楼"在"越南街"是一个表达含蓄、富有象征意义的词汇。表面含义十分明确,但其实质为与居住于"越南街"二楼的越南性工作者进行性交易。

> 个案9 何大姐(化名),现年约45岁,四川人。2008年前后来到河口,工作地点就在"越南街",是越南性工作者的担保人,也就是我们俗称的"老鸨"。何大姐向笔者道来其工作现状:"我现在带着七个'越南小妹'(越南性工作者的俗称),都是老街省农村来的。她们跟着我,是因为不会讲汉语,我可以帮她们找客人。一般每人每月要给我交1000元(担保费),有些在我帮助下接待客人比较多的,我要求她们再给我500元。她们每人平均一天能接待两三个客人,旅游旺季时,有的一天还能接待七八

---

[1] 自2016年"越南街"搬迁后,越南街上的性服务工作者已经销声匿迹了,下文所述的情况是"越南街"较早的情况。

个呢！大家都是为了挣钱才一起合作。其实，我跟她们没什么感情可言。但她们得听我的话，否则单凭自己很难赚到钱。"[1]

通过与部分越籍商贩、性消费者和担保人的访谈，笔者对在"越南街"从事性工作的越南女性有了一个初步的了解。以下叙述为她们的基本特征：首先，她们的年龄主要集中在14～25岁，平均年龄在20岁左右。其次，这些越南性工作者来自越南老街市、安沛省和永福省等地，其中以与河口接壤的老街市为主。她们一般都居住在"越南街"的二楼及以上楼层，3～5人不等租用一个房间作为日常工作起居的生活场所。日常主要的工作内容是为中国消费者提供性服务。一般都是白天休息，晚上工作。偶尔会出现白天工作，晚上休业的情况。性交易的场所主要是"越南街"二楼及以上楼层和"越南街"周边的宾馆，主要有"站街"招揽顾客和由担保人（俗称"老鸨"）中介两种交易方式。随着交易地点的不同，按服务的质量和时间计算，这些越南性工作者每次可赚60～300元不等。每逢节假日和旅游旺季，交易价格会略有涨幅。她们每月的收入除缴纳房租和被担保人（俗称"老鸨"）扣除定额的担保金之后，大抵能够留下2000～4000元。越南性工作者主要在"越南街"及周边街区活动，除了工作需求，平时很少出门。这些从事性服务行业的越南女性内部也有所区分。家庭背景、经济基础、语言程度是划分该群体的基本因素。而这些因素也导致了她们不同的从业缘由：一类是以基本的生存和供养家庭为根本原因从事此业，另一类则是为融入中国更好的物质生活和更为丰富的社

---

[1] 资料来源：2016年3月笔者于"越南街"的田野调查所得。访谈对象：何大姐，现年约45岁，四川人。

交圈而选择这条"捷径"。

(三)"越南街"社群间的互动

前文主要介绍了越籍商贩、中国商贩等这些"越南街"主要的社会群体，描绘了他们日常生活与工作的生动图景。而在实际的生活中，他们固然有各自的生活空间，存在一定的边界。但他们并不是各自孤立、相互隔离的群体。而是通过商品、信息、资源的交换与共享，产生日常生活中群体之间的联系与个体之间的互动。因此形成了一个跨越族群边界、文化边界的社群共同体。

1. 越籍商贩与越南性工作者

从国籍身份和族群认同角度来看，同为越南人的越籍商贩与越南性工作者，似乎自然可视为同一社群。但从职业和文化层面而言，他们又存在较大差异。"越南街"一楼的越籍商贩和二楼三楼的越南"小姐"，在生活中似乎没有交集，来往也甚少，然而实际上却保持着一种微妙的"伙伴关系"。同时，洗头按摩店作为两个群体之间的"过渡层"，也在"越南街"的社会交往中扮演重要角色。

"一二楼之间"的隔离与联系

自从边贸市场和越南性工作者出现以后，"越南街"市场内部一直都存在所谓的"一二层"空间格局。亦即越籍商贩的生活空间与越南性工作者的生活空间分别处于市场的一层和二层及以上，两者之间相互隔离又有联系。隔离建立在地理的空间分割之上，他们无法观察对方日常的工作和生活状态。而联系则意味着越籍商贩和越南性工作者在经济上有较为密切的合作关系，互利共生。

"越南街"的引人之处，不完全在于越南特产，而是对外充满诱惑的越南"小姐"。这些越南年轻女性才是刺激大部分中国男性游客，特别是成为有性消费需求的部分中青年男性顾客来"越南街"观光和消费的主要目的。由于男性顾客对性消费辅助产品的需求，从而促进了越籍商贩成人用品的销售。甚至在金明商场和阳光商场一楼占据显赫位置的店铺，有专门主营成人用品的越籍商贩。然而，越籍商贩与性工作者之间其实并不熟悉，两个群体间展现出一种"隐形"的合作。

个案10 越籍商贩阮某，现年约37岁，越南永福人，来河口已有七八载。他在金明边贸商场经营着一家商铺，零售越南特产。在笔者的观察过程中，发现每逢有男性消费者光顾时，他除了努力兜售自家店铺里的咖啡、香烟、砧板等越南特产，都会极力向顾客推销成人用品，将其产品功能之强大描述得天花乱坠，并恳请顾客前往"越南街"二楼进行性消费。然而，其实二楼诸多越南"小姐"，阮某一个也不认识。当笔者问及缘故时，阮某表示：这是一种很好的合作方式。当一楼的商贩推介顾客去二楼消费，顾客可能就会对成人用品产生需求，商贩们自然就有了生意。[1]

虽然"一二楼之间"通常只有"隐形"的合作关系，但仍有少部分越籍商贩与越南性工作者们保持着直接的联系。因两个群体中的个体之间可能存在地缘甚至血缘关系，这些越籍商贩自然成为顾客和越

---

[1] 资料来源：2016年3月笔者于"越南街"的田野调查所得。访谈对象：阮某，现年约37岁，越南永福人，越籍商贩。

南性工作者之间交易的中介。

个案 11 来自越南老街的越籍商贩陈某，现年约 42 岁，在阳光边贸商场贩售小商品。平日里，他除了主营越南特产之外，还有一个重要角色——"皮条客"。据陈某表示，阳光商场二楼有两个越南"小姐"是他侄女儿时的玩伴，关系甚好。两个越南女孩现年只有 19 岁，来河口从事此项工作却已有两三个年头。陈某为了帮忙照顾她们的生意，每逢有性消费需求倾向的男性游客光顾店铺之时，都会把两位越南"小姐"介绍给他们。由于陈某的中介，越过了中国"老鸨"的管理，两位越南"小姐"有时会比其他同行多赚数十元。"这两个孩子在外面也不容易，赚点钱也是为了供养家庭。毕竟是同乡，还是我侄女的朋友，不过我也尽力了，只能帮她们到这里"，陈某时常如此唏嘘。[1]

然而，在"越南街"并非所有的越籍商贩都与越南性工作者们保持着"隐形"的合作关系。部分越籍商贩不仅从未与"二楼"有过来往，甚至对越南性工作者嗤之以鼻。尤以越籍女性商贩较为突出。在笔者田野调查期间，曾多次听闻这些越籍女性商贩对于越南性工作者的负面评价。以下第一人称的评论来自一位中年女性越籍商贩，从其表述中可明显看出其所持有的批判态度。

虽然这些越南女孩的工作为"越南街"带来了源源不断的中

---

[1] 资料来源：2016 年 3 月笔者于"越南街"的田野调查所得。访谈对象：陈某，现年约 42 岁，越南老街人，越籍商贩。

> 国顾客，但我觉得她们败坏了"越南街"的名声，也败坏了我们越南女性的名声。我们越南女人都是年纪轻轻就出来工作，靠自己劳动赚钱。而她们不付出劳动，仅靠身体就能赚钱。即使赚得再多，也是不对的。我们不会跟她们来往。[1]

笔者通过对在"越南街"商场的10余户越籍女性商贩的访谈，得出这样的结论：她们普遍认为"越南性工作者们严重地偏离了越南传统的伦理道德规范，这样的越南女性理应受到社会的排斥"。

作为"过渡层"的洗头店

前文论及"越南街"越籍商贩和越南"小姐"的关联之后，还有一个较为特殊的地点不可忽视——越南女性商户所经营的洗头按摩店。因其无论从具象的空间布局来看，还是以抽象的文化表征而言，都与前两者密切相连。洗头按摩店可作为"越南街"越籍商贩和越南"小姐"两个群体间的"过渡层"。

从"越南街"商铺的空间布局来看，"越南街"的洗头店分布于市场一楼最内的位置，处于通往二楼的过道路口。而当"越南街"搬迁至"越南城"之后，洗头按摩店被安排在7栋的二层店铺。主营越南商品的越籍商贩则被安置在一层店铺。7栋三层以上的楼层为越南"小姐"的工作地点及居所。因而，从实际的地理空间来看，洗头店一直夹在"越南街"越籍商贩和越南"小姐"所处的不同空间之间。

在中国当下文化语境中，"按摩店"极易让人产生偏差的理解。因在大多数人的认知中，洗头按摩店绝非纯粹的服务行业，总会隐性

---

[1] 资料来源：2016年3月笔者于"越南街"的田野调查所得。访谈对象：黎某，现年约36岁，越南永福人，越籍商贩。

地夹杂些许非法的性消费活动。那么,"越南街"的洗头按摩店是否也是如此?仅从洗头按摩店的店名来看:"XX正规洗头店"的取名格式,着实有点"不打自招"之意。那么,"越南街"诸家洗头店究竟是否"正规"呢?带着这样的疑惑,笔者从河口本地居民的口述中,了解到一些关于"越南街"洗头按摩店早期的历史。

> "越南街"以前有很多洗头按摩店,但不在一楼,都在二楼。刚开始的时候,洗头按摩店都是正规的,没有其他乱七八糟的服务。但后来不知什么时候,二楼有好多越南"小姐"住进来了。表面上还是洗头店,实际都是"鸡店"。她们不止给客人理发、洗头、按摩,暗地里开始做那种生意。后来越来越明目张胆,那时很多人来"越南街"都是直奔二楼,越南"小姐"就出名咯!后来政府也开始管得严了,二楼好多家洗头按摩店都被查封掉了。那一阵,越南"小姐"都不知去向了。再后来,一楼慢慢开起了几家洗头按摩店,但都挂着"正规洗头店"的牌子。其实有些都还是原先的"小姐",但已经再没有"小姐"服务了,都是正经的洗头按摩服务。同时,有部分越南"小姐"回到了二楼,现在的二楼都没有门面。[1]

从上述访谈材料可看出,"越南街"当下几家"正规洗头店"确实"正规",并没有"挂羊头卖狗肉"之意。因而,笔者推测树立"正规洗头店"招牌的意义在于撇清"洗头按摩"在中国文化语境中容易

---

[1] 资料来源:2016年4月笔者于河口镇的田野调查所得。访谈对象:侯女士,约70岁,河口本地人,原河口县第一招待所经理。

产生的歧义，与诸如性交易之类的文化解读产生隔离，向外人展示其曾经承载的"黑暗历史"和已然"洗白"的结果。所以，从文化表征来看，当下的洗头按摩店作为一个符号象征，其所展示的是，自从事非法的性交易的服务行业过渡到从事所谓合法、正规的服务行业的过程。尤以"正规"二字为其显著特征。因而，原先从事性服务行业的越南女性，可以通过改行经营洗头按摩服务的商铺，加入越籍商贩的行列之中。身份改变的同时，也实现了职业的流动。

综上所述，无论从"越南街"的空间布局来看，还是以文化表征进行解读，洗头按摩店皆可视为"越南街"越籍商贩和越南"小姐"两个群体所处空间的"过渡层"。

2．越籍商贩与中国商贩

越籍商贩与中国商贩的合作

前文已述，"越南街"几家边贸市场成立以后，有不少中国本地商贩也同时入驻了"越南街"，并为越籍商贩提供"中国制造"的小商品进行售卖。在"越南街"日常经营中，越籍商贩与中国商贩展现出相互合作、互利共赢的良好关系。下述个案就是"越南街"中越商贩们在日常经营中相互合作的一个缩影。

> 个案12 张某，现年约45岁，河口本地人。在"越南街"十多年的经营生活，张某早已与周边的越籍商贩形成了良好的合作关系，十分默契。他向笔者介绍其日常经营中，与越籍商贩的往来："越南人来我店里拿货都比较零散，基本都是顾客登门、店里正好缺货时，过来只拿当时需要的，所以每次金额最多不过两

三百元，尽管如此，但我还是不得不每天都要把每笔账记清楚，因为累计起来还是一笔不小的数目。没错，他们在我店里拿货都是先赊后补。因为我们都是合作很多年的关系了，相互比较信任。结算一般是一周左右一次，关系很熟的越南人，又不赶时间的话，有时甚至可以一个多月才去要账。"[1]

除上述中国本地商贩作为越籍商贩的"供货商"的合作关系外，他们在与中国客户以微信等通讯平台为媒介的电子商务交易中，也展现出相互合作的密切关系。他们的合作主要有两种方式：首先，越籍商贩提供越南特产，中国商户将商品放在微信等平台上进行网络交易，而后两者分成利润。下述越籍商贩阿柔和中国商贩小陈两人的合作经历，就是一个"越南街"的中越商贩间相互配合、共同盈利的典范。

小陈平时除了帮助父母打理自家店铺以外，自己也在微信和淘宝这两个网络平台上营销越南特产。小陈家是"越南街"越籍商贩的中国供货商之一。所以她家并没有销售越南特产，也不了解越南商品的进货渠道。因而其网销的越南商品就来源于周边的越籍商贩。阿柔家是小陈家多年的邻居，即使从"越南街"搬至"越南城"后，两家商铺也只隔了五六个铺面而已。在征求阿柔同意后，两人便开始合作：阿柔为小陈免费提供咖啡、糖果等越南商品，小陈在网络平台上进行销售。每笔收益，两人皆会均分。这样的合作使得小陈和阿柔达到共同盈利的目标，同时也深化了

---

[1] 资料来源：2016年8月笔者于"越南城"的田野调查所得。访谈对象：张某，约45岁，河口本地人。

彼此间的友谊。[1]

近年以来，有些越籍商贩开始纷纷效仿中国商户做起了电子商务。然而他们在与中国客户的语言沟通上和交易流程中还存在一定困难。于是，越籍商贩与中国商贩另一种合作方式出现了：中国商户帮助越籍商贩与中国客户在微信等平台进行议价、解答疑问并达成网络交易，同时为越籍商贩提供收款方式，当中国客户成功支付后，中国商户再为越籍商贩提现。下述越籍商贩阿芳和中国商贩小陈两人的合作经历，就是一个"越南街"的中越商贩间相互配合、共同盈利的典范。

    2015年，高中毕业后的阿芳从故乡越南永福省，来到河口"越南街"帮助家人经营商铺。虽然对销售越南特产的业务不甚熟悉，但年轻人接触新媒体速度很快。由于汉语掌握较好，刚来河口不久，阿芳就有了自己的微信号，并开始模仿中国商户做起了微商。然而在微信平台上交易没有她想象的那么简单。跟中国客户聊多了，还是会出现沟通障碍。而且阿芳并没有中国的银行卡，无法顺利完成网络交易。对此，阿芳经常感到苦恼。
    阿柔是阿芳的好友，当阿芳向阿柔讲述自己的困难之后，阿柔便将阿芳介绍给小陈，并请求后者帮助前者。小陈爽快地答应了。于是，每次当阿芳遇到问题时，就向小陈寻求帮助。小陈也有一定越南语基础，在理解阿芳的意思后，转译为汉语回答中国客户。每次交易，客户都先将钱款转入小陈的账户，随后小陈提

---

[1] 资料来源：2016年8月笔者于"越南城"的田野调查所得。访谈对象：小陈，约23岁，河口本地人。

现后，转交给阿芳。作为回报，阿芳每笔收益会抽取 10% 赠予小陈，以示感谢。小陈也欣然接受，两人的合作就此长期建立起来。[1]

越籍商贩与中国商贩的竞争

据笔者观察，越籍商贩与中国本地商贩的日常交往中较少产生矛盾与冲突。这是因为他们长期在同一个空间内经营生活，已然达成一定友好合作的关系。而中越商户之间的竞争与冲突时常发生在越籍商贩与"越南城"新入驻的中国外地商户之间。由于这些新入驻的外地商户与越籍商贩所经营品种基本类似，存在一定的市场竞争。同时，相较于长期在此经营的中国本地商贩，新入驻的中国外地商户与越籍商贩相互之间不熟悉，且从空间分布上看，这些新入驻的外地商户基本被其他越籍商贩所包围，相对孤立，归属感较弱，因而容易发生冲突与矛盾。来自云南马关县的外地商贩王某，就向笔者讲述了他在"越南城"经营的日常生活中，与周边越籍商贩们的那些"恩怨"。

> 我原本跟这些越南人关系不怎么样。因为我也在卖越南土特产，他们总跟我抢生意。而且我是"越南城"建立之后刚搬进来的新商户，跟这些在老"越南街"市场的越南人不太熟悉。还有我店铺周围都是越南人的店，这使我感觉不太好。有一次，有位外地顾客来店里买东西，我当时很高兴。因为那时候刚搬进来"越南城"，还没有正式开业，所以商场里也没什么人气。这位顾客当时有意想买两条越南香烟，我正跟他介绍着。在我斜对面那家

---

[1] 资料来源：2016 年 8 月笔者于"越南城"的田野调查所得。访谈对象：小陈，约 23 岁，河口本地人。

店铺的越南女人有点眼红。于是跑过来对着我店里这位顾客,硬说我卖的是假货,不是越南生产的,劝阻顾客不要购买。顾客顿时也没了购物的心情,随后匆匆离开。事后越南女人也没跟我道歉,久而久之,这事我也不计较了。不过后来,看她们跟中国顾客沟通有点障碍,我反正也是闲着,还是主动帮了她们。她们也很感激。接触久了,我们的关系也就逐渐融洽起来。平时缺货就会互相借用,也都会赊贷给对方。有时,我们还会探讨市场环境和顾客的消费取向,不同时节哪些东西比较好卖之类的问题。不过招揽顾客时,我们还是公平竞争,谁能争取到算谁的本事。[1]

从上述个案可看出,在日常的经营活动中,新入驻的中国外地商户与越籍商贩确实容易产生冲突与矛盾。但通过货品的互通和日常交流,矛盾也逐渐调和。尽管商品交易中的市场竞争不可避免,但总体而言,越籍商贩与中国商贩的合作还是多于冲突和矛盾。

(四)社群共同体和社会空间的型塑

黄应贵认为:"空间可以视为一种社会关系,这包括了人之间及集体之间的关系。"因而,(社会)空间实质上就是社会关系的总和。正如列斐伏尔所说:"空间里弥漫着社会关系;它不仅被社会关系维持,也生产社会关系和被社会关系所生产。"[2] 本节通过描述"越南街"各群

---

[1] 资料来源:2016年8月笔者于"越南城"的田野调查所得。访谈对象:王某,约40岁,云南马关县人。
[2] 亨利·列斐伏尔:《空间:社会产物与使用价值》,选自夏铸九、王志弘译:《空间的文化形式与社会理论读本》,台湾:明文书局,1993年,第19页。

体的基本特征、社会关系、经营生活以及各群体之间、个体之间的日常交往，呈现了"越南街"空间中所弥漫的各种社会关系和互动，由此就型塑了"越南街"的社会空间。

布迪厄认为，任何一个社会空间都具有一定的地理学基础，它不是一个纯粹意义上的主观建构，而是行动者基于其所处的地理空间而进行的一项集体建构。[1] 这一点在"越南街"的空间建构中得以深刻地体现。"越南街"的社会空间，是将越籍商贩、中国本地商贩、外地商贩等不同群体置于同一个地理空间内，并在此基础上进行集体的共同建构得以形成的。列斐伏尔认为："空间的生产在物理与象征的两个层次展开，物理层面的空间不断将四分五裂的个体（或族群）联系起来，而象征层面的空间不断交融旧有的阈限形成新的秩序与结构，而秩序与结构是人类追求内在稳定性与外在的平安所必需的。"[2] "越南街"这些原本来自不同群体的人聚居在一起，形成了一个异质化的社区。而结构的稳定与秩序的建立，本质上基于对从"越南街"的地理空间中获得的生存空间而形成的认同。在此基础上，他们相互往来，通过物（商品）的流通与交易，跨越群体的文化与心理的边界，不断弥合旧有的隔阂，建构新的社会关系，从而建立新的社会结构和秩序。由此，在"越南街"这个独特的社会空间内，新的、统一的社群共同体也得以建构。

---

[1] 布迪厄：《社会空间与象征权力》，王志弘译，选自包亚明：《后现代性与地理学的政治》，上海：上海教育出版社，2003年，第293—294页。
[2] 熊开万：《曼谷唐人街的空间生产与族群文化交流》，《昆明学院学报》2011年第5期。

三、商品消费与文化空间

"越南街"不仅是越籍商贩、中国商贩们的生活空间(社区)。它本身作为边贸市场这样一个消费场所,消费者同样参与其空间的建构。在现代社会中,人们往往通过物表达彼此之间的社会关系。同样从"越南街"的市场交易中,我们也能够通过商品看到各商贩之间、越籍商贩与中国消费者之间的社会关系和互动过程。本节将首先介绍"越南街"市场所售的不同商品及其变化,其次描述顾客眼中的越南商品,并通过归纳不同类型的消费认知,分析说明中国消费者在此进行的以越南文化象征为核心的符号消费。进而形成了"越南街"的商贩们所施展的商业技巧和营销策略——借助文化符号不断进行身份的"越南化"。由此,透过越南商品的符号消费及文化生产,建构起"越南街"的文化空间。

(一)"越南街"的商品及其变化

1. 越南的"舶来品"

"越南街"作为以越籍商贩为主体的边贸市场,产自越南的诸多

图 11 "越南街"市场门口的水果货棚摊位[1]

越南商品几乎占据了整个市场的商铺空间。越籍商贩经营的商品绝大多数都产自越南。或通过口岸海关入境或通过航运等其他渠道来到河口"越南街",再从这里销往不同地方。因而可以形象地称之为越南的"舶来品"。本文将首先简要地介绍越籍商贩的杂货铺以及越南商品专营店里所贩售的各类越南商品。其次通过呈现这些商品的主要特征、市场行情及消费体验,简要概括越南商品的主要特点。

走进"越南街"这几个市场,你会发现大多数越籍商贩们都经营着大致相同类型的越南特产。可形象地称其为杂货铺。这些商品主要有食品和日用品两大类别。食品包括挂满各个商铺的咖啡、糖果、饼干、饮料、干果等零食和摆满路口诸多货棚的水果、调味品、香料、生鲜等产品。除上述食品外,越籍商贩还同时贩售各种厨具(砧板、

---
[1] 笔者摄于 2015 年 8 月 20 日。

菜刀、筷子等）、拖鞋、按摩器材以及打火机、水壶等日用小商品。种类之繁多，让人眼花缭乱。

目前，"越南街"市场内很少有专营单一类型越南特产的店铺。数量较多、较有特色的是中国商贩经营的平仙鞋业专卖店和越籍商贩经营的红木家具店。"越南街"市场内现有四五家专营越南平仙鞋的商铺，位于阳光边贸市场和利宏市场门口两侧的门面，都由河口本地商户和中国外地商户（福建、浙江省）零售或批销，而非越南人所经营。因为经营"平仙鞋业"专卖店的前期投资成本较高，且平仙鞋业公司市场规模庞大、档次较高，其多与中国经销商合作，故零散的越籍商贩难以参与。平仙鞋业专卖店主要销售越南产拖鞋、凉鞋，这也是中国顾客在"越南街"购买最多的越南商品之一。其知名度不亚于越南咖啡，同为当下越南最有影响力的品牌之一。平仙鞋业的产品常年销往世界各地，市场遍布全球。[1]在田野调查期间，笔者结识了经营平仙鞋业的中国商贩易生，下述为其从业经历。

> 个案13 易生（化名），河口人，现年约32岁。大学毕业后曾在昆明务工多年，辗转于销售、服务等多个行业。2012年回到河口后，经亲戚介绍与朋友合伙投资平仙鞋业的批销生意，现已成为河口县越南平仙鞋业最大的中国经销商之一，每年在平仙厂家订购量达近10万双，主要的批销对象为云南、广西、四川等

---

[1] 越南平仙日用品制作有限公司是越南最大的一家拖鞋生产企业，年生产销售拖鞋2000多万双，销售额折合人民币达6亿多元。销售遍布世界40多个国家和地区，其中销售量最大的国家是中国。近年来，每年在中国销售拖鞋250多万双，销售收入7500万元人民币。而在中国的销售又以在云南的销售量最大，年销售拖鞋150万双，年销售额4500万元人民币。（陈保江：《云南成越南商品入中国"跳板"》，《西部时报 财经·视野版》，2013年8月2日刊）

地的二级批发商或零售商。易生除了经销商的工作外，还在"越南街"开有一家平仙鞋业专卖店，主营越南平仙拖鞋、凉鞋的零售，有时也做少量的批销生意。这里才是易生的"主场"，每天不辞辛苦地做着零卖生意。问及原因，易生表示他喜欢在店里卖鞋，可以给来自全国不同地方的消费者介绍、推广平仙鞋的品牌。易生最常对顾客说的一句话是："平仙就是越南的阿迪、耐克！"由于平仙价格实惠，每天来往于易生店铺的，有来自不同消费层次的顾客，大家都能够在这里找到心仪的款式。易生的生意常年兴隆，尽管"越南街"每年有数月的淡季，市场不景气，但通过经销、批发、零售多种方式经营，每年获利最多可达数十万元。[1]

"越南街"市场内除了中国商贩经营的平仙鞋业专卖店外，还有一类专营的商铺，这就是由越籍商贩们经营的红木家具店。河口作为中越边境云南段最大的口岸，在此流通、经转的越南红木家具商品数量巨大。"越南街"显然成为一个可供本地居民、外地游客消费越南红木家具的绝佳场所。

"越南街"四家边贸市场，目前共有20余家越南红木家具店，是"越南街"数量最多的越南商品专营店。主要由来自越南永福省的越籍商贩经营。因越南最大的红木生产和集散地为北宁、北江二省，皆邻近永福省，且永福省为越南全国拥有数量最多的加工厂的省份之一。因而永福籍越南商贩依靠地缘优势和各种社会资源，在此地从事越南红木家具的销售。在笔者田野调查期间，结识了年轻的越籍商贩范某，

---

[1] 资料来源：2016年3月笔者于"越南街"的田野调查所得。访谈对象：易生，约32岁，河口人，商贩。

他在阳光市场经营一家红木家具店，下述为其从业经历。

> 个案14 范某，男，现年约27岁，越南永福省人。2006年初中毕业后，范来到河口"越南街"跟随家人做生意。范某表示其家是"越南街"市场最早经营越南红木家具的越籍商贩之一。范某的父母于2000年初来到河口，在"越南街"开始经营越南特产。2008年前后，范家发现越南红木家具在中国市场热销，于是转而做起越南红木家具的生意。范家有亲戚在越南北宁省某红木家具厂工作，遂货源较为丰富。由于红木商品的价格空间很大、利润极高，在范某的努力经营下，几年间就将数十万元收入囊中。现范某已将资金投入在家乡开设的两家手机销售店和维修店，由其弟帮忙经营。但范表示近两年来市场不景气，收入不如以往。问其原因，范某向笔者解释：中国红木市场近两年很不稳定。2013年由于原材料成本上涨，红木家具的市场价格曾"一路狂飙"，而到了2014年5月，受越南国内形势的干扰，红木原材料与红木家具的价格又开始下跌。现在越南产红木家具又受到中国厂商的竞争，直至今日，价格走势仍不理想。[1]

越南红木家具店主要销售少量的大型红木家具（例如红木衣柜书柜、红木大床）、大量的中型红木家具（主要包括茶具茶几、花瓶花架、桌椅等）以及佛珠、手链、小型木雕等诸多木制饰品。材质以红木类为主，包括紫檀木、花梨木、黑檀木、乌木等，这些都是目前中国市

---

[1] 资料来源：2016年3月笔者于"越南街"的田野调查所得。访谈对象：范某，约27岁，越南永福人，越籍商贩。

场热销的种类。红木商品大都看似材质相同，造型样式相似，实则品质的高低差异很大，价格也差之千里。经笔者在"越南街"多日的观察，发现大多数顾客进店主要以观看为主，往往多询问价格和检验货品质量，真正完成交易者少之又少。

根据笔者田野调查期间的观察与访谈，对"越南街"市场内销售的越南商品特点进行如下总结。

第一，"越南街"市场所售的越南商品主要以实用的食品和日用品为主，同时还有少量的消费品，如红木家具、越南香烟等。大多数商品趋向于大众消费层次。

第二，越南商品的消费市场呈现出较高的品牌效应，中国消费者多依据由媒体宣传、大众口碑形成的产品印象购买相应的越南商品。

第三，越南商品相比于同类的中国商品，其价格普遍较低，同时质量也有所保证。原因在于越南的劳动力成本低廉，本国物价水平本就不高。再者，大多类型的越南商品享受优惠的进口免税政策，因而物美价廉。

第四，越南商品对于大多数中国消费者，尤其是外地游客而言，较为新奇。他们消费的不仅是产品本身，更多地则是对越南商品所承载的越南文化的体验，以及"越南街"市场氛围的感受。

2."中国制造"的越南商品

随着田野调查的深入，笔者发现很多由越籍商贩经营的越南特产商店所销售的商品并不全都来自越南。某次，在参观越籍商贩的店铺中，笔者在一堆垃圾中发现越籍商贩丢弃的几个凉鞋的包装盒，明显印有中国浙江某厂商的标签。这引起了笔者的注意。后又听闻"越南街"的越籍商贩有销售中国产的"山寨"版越南白虎活络膏的说法。由此,笔者不得不对越南特产商店中所贩售的越南商品产生质疑。经笔者细致地访谈与观察,发现当下"越南街"存在大量产自中国的"越南商品",从散装水果干到止痛药膏,从"越南拖鞋"到"越南皮带"。还有些越南商品(主要是包装食品类)虽产自越南,却都经由中国代理商经销方可在中国市场上市、销售,这些越南商品也可以理解为一定程度上的"中国制造"。

中国代理商经销的越南商品

进入越籍商贩经营的特产商店,随即拿起一个越南食品,例如椰子糖、罐装腰果、绿豆糕,仔细查看发现,这些包装食品都原产越南,由中国代理商(这些代理商主要是广西东兴、凭祥,云南昆明、河口等地的贸易公司)经销,所以都会有中越两种文字商标及说明。这个现象看似十分正常,但实则揭示了一个隐藏于"越南街"多年的秘密。越籍商贩原先贩售的越南商品(主要是包装食品类)很多都是通过航运或者其他非正常渠道进入。

田野调查期间,笔者曾长期驻于报道人小黄家店铺之中,经观察发现包括椰子糖、绿豆糕、蓝莓干、芒果干等在内的越南包装食品,大多数都刻有中越两种文字商标及食用说明,并在明显位置都有中国代理商经销的标识。而有些则全为越南文字,仅能从外观上进行识别,生产日期格式也为越南。问及区别,黄母未能直面回答,而是表示现在贩售的越南食品,都要求带有中文标识说明。工商局和质监局的工作人员时常不定期前来抽查。但凡发现未有中文标识说明的商品,便勒令商家停止售卖,严重者将一律没收。黄母又说,现在很多中国顾客无法识别越南文字,于是向市场反映,提出用中文翻译标注的要求。

笔者认为或许有更深层次的原因。在与其关系逐渐熟络之后，黄母终于向笔者道出真相。[1]

近年来，越南知名厂商为拓展中国市场，大多寻求处于边境口岸地区的中国代理商合作，有些中国代理商也主动寻找市场广阔的越南厂商合作。例如天新发食品公司（主要产品为绿豆糕、糖果等）、云河食品公司（主要产品为果蔬干）、大明光食品公司（主要产品为椰子制品）等。因而，这些厂商的部分商品有专门的出口对象——中国市场。商品或以中文标识或成品或预包装，出厂后直接运至中国代理商所处区域，经由中国代理商销售至中国市场。这种合作也是在中国政府大力支持下进行的，由此成为越南对中国出口包装食品的主流，并占据了大部分的中国市场。而目前未有中文标识的越南包装食品大都来源于走私入境。很多越籍商贩直接从老街、河内等地的越南国内市场批发或从厂商直接订货，这些包装食品不作为专销于中国市场的商品，所以往往不会有中文标识。于是，这些越籍商贩便通过私运途径带入河口，在"越南街"市场销售。其目的在于逃避关税以及越过中国代理商的经销辗转，从而谋求更多利润。20世纪80年代末，中越边境开放初期，边贸管理尚未如今严格，商品大都自由流通，其时不少货品都是通过航运走私进入河口。但近年来，由于边境地区走私愈发猖獗，为遏制此趋势蔓延，政府规定：进入河口镇的越南食品必须有中文标识或经由中国代理商经销。其实则为防止这些包装食品走私入境。因此，在质监部门对"越南街"的日常巡视中，名义为检查包装食品是否有中文标识说明，实则搜查越籍商贩是否在贩售走私的越南商品。

---

[1] 资料来源：2016年3月笔者于"越南街"的田野调查所得。

中国制造的小商品

除上述部分越南包装食品为中国代理经销，其他越籍商贩绝大部分销售的拖鞋、厨具、水壶等日用类商品，就是货真价实的中国制造了。这些商品基本都没有明确的商标，偶尔可见少量的英文字母或汉语拼音。因而单从外观上难以分辨产于何地。据笔者访谈后了解，这些小商品皆产自中国东南地区的不知名小工厂，品质一般，价格相当低廉。由浙江义乌、昆明新螺蛳湾等大型商贸城发货，经各地辗转、流通至河口。"越南街"的越籍商贩们不熟悉中国内地，并没有相关的订货及物流渠道。这些小商品经由在"越南街"或附近街区经营的中国商贩批销给越籍商贩后，再由越籍商贩当作"越南商品"销售给中国消费者。在河边街经营冷饮店的报道人阿萍，向笔者讲述了"越南街"越籍商贩们进货的日常活动。

> 我们这条河边街嘛，本地人都叫"商贸街"。在这里开店铺、做批发生意的大多是浙江、福建、湖南等地来的外地商人。他们批发给越南人的小商品都来自浙江义乌、福建莆田等地的小工厂。这些货物从内地发过来，在昆明的螺蛳湾商场集散，再转运到河口来。我每天都能看见好多越南人从"越南街"后门出来，钻进这些外地商人的店铺里，跟他们要货。每次都提溜几个大黑色塑料袋出来。仔细一瞧，满满地都是拖鞋、打火机、水果刀之类的。在河边街做买卖的外地批发商，可以说大都是靠越南人养活的。[1]

---

1 资料来源：2016年4月笔者于河口镇的田野调查所得。访谈对象：阿萍，现年约28岁，广西柳州人。

除位于"越南街"周边街道商铺的外地中国商贩之外，越籍商贩主要的供货商是"越南街"市场内现存少量的中国本地商贩。笔者在前面曾介绍过的小陈家就是其中之一。陈家店铺位于金明市场右侧通道里，被诸多越籍商贩们包围。这些年来，越籍商贩们每天都乐此不疲地往来于其店铺。主要订购皮带、打火机、水烟筒等日用品，因中国顾客对这些商品的需求量较大。很多越籍商贩担心订过量后，商品短期内无法销售而导致积压，所以时常会来拿零散的货品。经笔者田野中的观察，发现很多中国顾客都在不知情的情况下（多为第一次来"越南街"消费），购买了中国制造的越南商品。虽然"上当受骗"，但因其质量相对不差，价格也较为便宜，所以虽常有抱怨，却还是顺其自然地接受了事实。笔者在田野调查期间就遇见过这样一位"不明就里"的游客。

> 我第一次来"越南街"是好几年前了。那时候人比现在多，好热闹。我当时很开心，早就听说越南的橡胶鞋很不错。于是过来以后，心里想的第一件事就是买一双。我当时去了两三家越南人的店，看的同一个样式的拖鞋，都说是越南正宗的橡胶底，结实耐穿。她们都好热情，我不买就拉着我不放。好不容易挣脱到了第三家，想着差不多就买了吧。砍完价18块钱就成交了。等第二天去商贸街逛，看到中国人也卖同样的拖鞋。我就上前打听，结果他们说我买的不是越南的，是国产的。还说在他这里零卖最低只要15块。我开始不信，结果他们拿出厂家商标和批发用的包装袋，我又仔细比较一下，才知道上当了！我当时想买都买了，

不差这3块钱。以后再来"越南街"就再也不买越南人的拖鞋了。[1]

3. "越南街"商品的变化

近些年来，从边民互市点到边贸市场，随着市场专业化、层次化程度逐渐加深，"越南街"的商品主要出现了两个方面的变化：一方面越籍商贩专营某类型越南特产的情况日趋减少，使"越南街"的商铺呈现出高度同质化的特征。另一方面跟随市场需求，越籍商贩经营的店铺里出现了越来越多产自中国、却被冠以"越南"标签的小商品，这些商品甚至快要占领越南特产店的"半壁江山"。

从专营到"杂货铺"

> 以前"越南街"还在河滩边上的时候，那些越南人搭着简易货棚卖东西，每家的商品种类比较单一。有专门卖越南草药的、越南水果的，旁边可能就只卖糖果、饼干，有的就只卖越南的橡胶鞋。后来越南人发现不同时间，中国人要买的东西不一样，有的喜欢买这有的喜欢买那。为了多赚钱，他们就开始进其他的东西，不再只卖一样东西。什么好卖，他们就卖什么。到"越南街"搬进商场以后，也是这样。最后发现生意最好做的，主要还是越南的食品和中国的日用小商品。所以久而久之，最后大多数越南人主要就只卖这两类商品了。我还听说这些越南人都是一家人带着另一家人，在亲戚朋友帮助下，来到河口的。所以后来的都跟着前面来的学习，早来的越南人卖什么，新来的越南人也跟着卖

---

[1] 资料来源：2016年3月笔者于"越南街"的田野调查所得。访谈对象：王某，约40岁，贵州人，游客。

什么。[1]

结合上述访谈内容可知，如今"越南街"大多商铺所呈现的这种高度同质化的经营特征，是跟随市场需求及其变化，越籍商贩们的主动选择而逐渐形成的。因此很大程度上是市场选择的结果，同时也是越籍商贩作为个体的实践。在这样高度同质化的市场环境中，势必存在着激烈的竞争。但越籍商贩们大多来自越南同一地区（永福省），多为同乡，且绝大多数商贩之间都有亲属关系。由此形成的亲密联系，在一定程度上足以缓解紧张的市场竞争。

"中国制造"的增长

据笔者田野调查得知，在1997年几家边贸市场建立之前，"越南街"的越籍商贩们都只销售越南的"舶来品"——都为正宗的越南商品。但绝大多数都是包装食品和散装水果，当时还有贩售越南蔬菜、越南大米的流动商贩，很少有日用品，只有少量的越籍商贩专门经营越南香水、越南橡胶鞋等，种类和品种都较少。反观与越籍商贩同时开展互市的中国商贩，他们大多都经营着日用小商品供给本地居民的日常生活所需。很多越南人也通过口岸来到"越南街"，跟中国商贩批发大量的日用品，然后带回越南市场销售。笔者从多位河口本地的老居民那里了解到"越南街"几家边贸市场成立以后，市场销售的商品所产生的变化。

> 利宏、金明这几个市场盖起来以后，越南人和中国人都搬进

---

[1] 资料来源：2016年8月笔者于河口镇的田野调查所得。访谈对象：黄某，现年约60岁，河口本地人，河口农场退休职工。

去卖东西。越南人发现好多中国客人都来买拖鞋、菜刀、水烟筒这些,他们看着好卖也想来卖,但他们没有这些东西。于是就纷纷从中国人这边拿货。后来生意都被越南人抢走啦。因为他们叫卖得更热情,而且外地的游客来到"越南街"就图个稀罕。越南人和中国人卖同样的东西,不管卖的是啥,都想着去越南人那里买。老是跟自己人买东西,没意思。所以现在越南人的商店里,好多都是中国的东西。[1]

由上述访谈材料可知,当边贸市场相继建立以后,伴随着外地行商涌入和本地人口增长,日常生活用品的需求量也日益增加,他们的消费选择多表现为对诸如拖鞋、厨具等小商品的需求。因竞争不过越籍商贩,中国商贩逐渐退出商品的零售生意,转而投向中国产日用品的批发,为越籍商贩提供源源不断的中国商品。由此越籍商贩经营的店铺中,中国制造的小商品从无到有,逐渐增多。形成了今天"越南街"各商店所呈现的景象:表面为销售越南特产,实际存在大量的"中国制造"。

然而大量不知情的消费者却误将"中国制造"的商品作为越南商品而购买,这也从侧面反映越南商品的独特魅力。那么,越南商品的独特魅力究竟从何而来?消费者眼中的越南商品是什么样的?他们的消费动机是什么?

---

[1] 资料来源:2016年4月笔者于河口镇的田野调查所得。访谈对象:侯女士,约70岁,河口本地人,原河口县第一招待所经理。

（二）越南商品的符号消费

前述为"越南街"市场各类商品的基本概况和变化情况。因理念、感知、思维不同，每个个体都可能持有不同的消费认知。作为消费主体的中国顾客，他们对越南商品的消费需求呈现怎样的区别？这些区别又包含着怎样的社会文化意涵？本节将呈现不同消费者对于越南商品的消费认知，而后借用符号消费理论加以分析，从而阐释越南商品的文化表征。

1. 消费者眼中的越南商品

"越南街"每天都会有很多中国顾客停留、光顾此地。他们主要目的在于购买越南商品（除部分有性消费需求的男性顾客，他们主要是跟"越南街"楼上的越南性工作者进行性交易）。而不同的消费动机、消费需求以及对商品不同层次、角度的认知，使得不同的消费者呈现出不同的商品选择和消费行为。

第一种类型的中国消费者，主要以外地游客（往往是第一次来到河口及"越南街"）、首次光顾"越南街"的本地及周边地区的顾客为主。由于这些消费者基本都是第一次来"越南街"，所以他们对越南商品的情况并不十分了解，有些时常买到国产货却浑然不知。他们大都认为："'越南街'都是越南人，都在卖越南商品。"[1]他们仅通过商家是否为越南人，便对越南商品进行判断。当遇到没有标签和未包装商品时（例如没有包装的水果干、香料、生鲜等散货商品，实际大都产自广西、海南等地），有些顾客会进行简短的询问确定是否为越南生

---
[1] 此说法由笔者在田野调查期间的长期观察与多次访谈总结而得。

产，然而却仍旧为越籍商贩所骗。不过或许他们并不在乎越南商品的真假，一方面因为他们不熟悉这些商品的情况；另一方面，更重要的原因在于，他们的消费目的并不在于真正购买实际所需的商品，而是在闲逛与随意购买中，更多地去感受"越南街"独特的文化氛围和越南人独有的人文风情。皆出自于一种独特环境中对人、物、景的异文化体验。笔者在"越南街"的田野期间，每天都能陆续地接触到来自天南海北的外地游客，如下文这位来自四川的游客李某。与此同时，笔者还曾遇到不少为越籍商贩所骗的顾客。例如下述这位来自云南马关县的货车司机熊某，买到了国产拖鞋而不为所知。

  个案 15　李某，男，现年 35 岁，四川人，外地游客。李某以前来过云南很多地方，早年就曾听闻河口及"越南街"的名声。李某说："我有数位朋友都曾来过此地，回去跟我说这边越南美女怎么漂亮，水果多甜多香的，当时就被'越南街'的描述吸引了。我这是第一次来河口，主要是想来'越南街'转转，感受一下这边越南人的氛围。以前没见过这么多越南人在一起卖越南的东西。转了一圈，好多东西都想买来试一试。不过还是忍住了，毕竟我一个人不方便带啊。我朋友以前来'越南街'的时候，也是一时冲动，买了一大堆越南的热带水果，好不容易带回家的时候，好多被挤坏了，真是可惜。"[1]

  个案 16　我是从马关县过来这边拉货的。活干完之后，还有点时间在这边耍一阵。听好多人说"越南街"很热闹，所以就过

---

[1] 资料来源：2016 年 3 月笔者于"越南街"的田野调查所得。访谈对象：李某，约 35 岁，四川人，游客。

来瞧一瞧。越南的东西好多哟，转得人眼花掉了。我也没什么想买的。最近天太热了，看见越南人卖的拖鞋挺便宜，跟这边卖的拖鞋也差不多嘛！但他们都说是越南生产的，就买了一双。我也算是买过越南货的咯！[1]

第二种类型的中国消费者，主要以经验较为丰富、多次来往"越南街"的本地及周边地区顾客为主。这些顾客的消费目的明确，大都只购买他们需要的商品。因为对越南商品的情况比较了解，所以他们大都具有一定辨别真假的能力。因而在购物过程中，他们多表现出对越南商品进行检验的行为。不仅通过越南商标进行识别，还多次向商家问询并在多家商铺进行比较与验证。他们已经了解到拖鞋、厨具等小商品多为中国制造，因此对其不太偏好。他们不在乎商家是否为越南人，而是追求越南商品本身的质量。因而购买对象主要是知名品牌的越南特产，如越南咖啡、平仙拖鞋、越南牛角梳、白虎活络膏（后两者与越南香水并称"越南三宝"）等。以下通过笔者于田野中的一次观察记录，呈现上述这种类型消费者的消费行为和消费认知。

笔者于 2016 年 8 月 30 日的田野调查期间，在报道人小黄（越南华侨商贩）一家，遇到两位来自昆明理工大学的女老师，利用假期时间来河口购物。在进入黄家店铺之前，笔者观察到她们已在附近逛街多时，去过三四家越籍商贩开的店。已经购买了知名品牌的越南咖啡、绿豆糕、部分糖果和平仙凉鞋。一进店铺，两

---

[1] 资料来源：2016 年 3 月笔者于"越南街"的田野调查所得。访谈对象：熊某，约 43 岁，云南马关县人，货运卡车司机。

位老师直奔主题——欲购越南产白虎活络膏,并表示一定要正品。黄母遂从货架底层拿出几瓶。两人观察一阵,再次表示希望黄母可以拿出正品销售,并说明自己不在乎价格,只在乎质量与真假。黄母表示很无奈,遂又拿出白虎活络膏假货,向两位进行产品的对比,并详细告之如何进行区别。两位考虑再三后离开了店铺。大约20分钟后,两位老师又回到黄家店铺,表示不在乎黄母是否为越南人,主要是确定商品的质量。她们相信黄母,于是便一次性购买了10余瓶白虎活络膏。随后便愉快地满载而归。[1]

第三种类型的中国消费者,主要以购买非日常消耗、较为时尚、品牌知名度较高的越南商品为主。有些目的则为追求不同于大众的独特品位。这类消费者的经济基础普遍高于前两类消费者,他们购买的越南商品,价格相对较高,而且都是越南的知名品牌。例如,越南产"555"香烟和万宝路香烟、越南西贡小姐香水等,甚至有些顾客并不在"越南街"特产商店闲逛,直接前往购买价格最为昂贵的越南红木家具后随即扬长而去。这些越南商品并非日常生活所需品、消耗品。他们的消费行为不在于购买实际所需、价格适宜的越南商品,而在于寻求有别于大众的选择,以此彰显其不同的社会身份。例如,经营红木家具的越籍商贩范某,与笔者较为熟络,访谈期间讲述了其所接触过的"土豪"们的消费行为。

平时来我这里的人挺多,但是真正要买的人很少。很多都只是进来转转,看看我家的货好不好,价格对不对。真的要买了,

---

[1] 资料来源:笔者于2016年8月在"越南城"田野调查期间的观察所得。

也都是佛珠、手链这些小东西，不值几个钱。有时会有几个中国人进来专门买红木花瓶，红木茶具。说是送朋友、送家人。一般带走两三个，我就能赚个几百到一两千块的。有些中国客人自己开车来的，方便带走。很长时间里，估计差不多好几个月，我才能碰见个有钱人。他们直接开车到我门口，看中的都是大型的木雕家具、桌子、椅子，还有衣柜、书柜。这些人不缺钱，随便花个几千块、几万块就把东西运走了。[1]

第三种类型的消费者，不只是购买价格较高的越南商品，有些则不在乎品牌的知名与否，其目的主要为追求与众不同的品位和兴趣。他们购买的越南商品往往"不入主流"，少有人问津。例如下述笔者在田野调查期间遇到的这位来自昆明的年轻人，其所购买的商品就显得尤为独特。

个案17 刘某，现年约32岁，昆明人，自由职业、投资商。时常骑行至各地游玩。已与"越南街"越南华侨商贩小黄一家形成长期的客户关系。每至"越南街"，刘某都提前与小黄或黄母联系要货，每次只购买越南香烟。但他购买的并非为价格较高、较为出名的"555""万宝路"等品牌，而是知名度低、比较独特的"黑猫头鹰""黑咖啡""双马AROMA"等。对此，刘某表示：这几种越南香烟的口感比较特别，味道浓郁，类似雪茄，属于混合型香烟。这种烟国产很少，国内主要是烤烟型。所以买这些烟

---

[1] 资料来源：2016年4月笔者于"越南城"的田野调查所得。访谈对象：范某，现年约27岁，越南永福人，越籍商贩、红木家具店老板。

会显得有点与众不同。刘某还说每次都要买二三十条带回家，可以作为小礼物送给朋友、生意伙伴，让他们图个新鲜。顺便展示一下自己独特的品位。[1]

上述是笔者田野调查期间所观察到的不同类型的中国消费者。随后，笔者将通过回溯鲍德里亚、布迪厄等学者关于现代社会消费的理论建构，试图将上述不同类型的中国消费者对越南商品的消费现象，置于符号消费的理论框架中进行简要分析，并解释不同的消费认知、选择所包含的社会文化意涵。

2. 越南商品的符号消费

鲍德里亚认为现代社会中的消费，其实质不再是物的消费，而是对符号的消费。"物必须成为符号，才能作为被消费的物。"[2] 符号消费其实质在于对人们社会身份的建构，因而符号消费的目的在于对差异的追求。[3] 符号消费是一种对理念的实践行动，消费的实质往往不再是物体本身，而是消费所涉及的文化符号。"符号消费最大的特征就是表征性和象征性，即通过对商品的消费来表现个性、品位、生活风格、社会地位和社会认同。在'符号消费'的过程中，消费者除消费产品本身以外，还消费这些产品所象征和代表的意义、心情、美感、档次、情调和气氛，即对这些符号所代表的意义或内涵的消费。如果说消费的符号指的是通过消费来表达某种意义或信息的话，那么，符号消费

---

[1] 资料来源：2016 年 8 月笔者于"越南城"的田野调查所得。
[2] 让·鲍德里亚著：《物体系》，林志明译，上海：上海人民出版社，2001 年，第 13 页。
[3] 让·鲍德里亚著：《消费社会》，刘成富、全志钢译，南京：南京大学出版社，2001 年。

是将消费品作为符号表达的内涵和意义本身作为消费的对象。"[1]

因此在当下的消费社会中，消费者往往不再将可供购买的商品视为纯粹的物品，而是将其视为具有象征意义的物品。消费也不再是纯粹的经济行为，它蕴含了更多的文化意义。因此，中国顾客在"越南街"购买越南商品时，不仅仅将越南特产视为可供消费的商品，追求其本身所具有的使用价值。更多则在于作为符号的越南商品，其所象征的越南文化及其所能建构的、中国游客对越南的想象。

上述第一类中国消费者，对"越南街"越南商品情况并不十分了解，他们仅通过商家是否为越南人便对越南商品进行判断。他们的消费目的并不在于真正购买实际所需的商品，而是消费"越南街"越南人和所谓的"越南特产"所象征的越南的异文化符号。所以，他们的消费行为在于追求不同于日常的、差异性消费体验。而第二类消费者，他们的消费目的在于购买实际需要的越南商品，他们不仅自己通过越南商标进行识别，还要多次向商家问询并在不同商铺进行比较与验证。他们迫切希望买到真正的越南商品。然而，他们也并非只是在追求越南商品本身的使用价值，也在通过购买越南咖啡、越南砧板这些典型的越南特产而消费越南的符号与文化。第三类消费者，他们的经济实力普遍高于前两类消费者，他们消费的越南商品价格相对较高，大都为知名品牌。甚至购买价格昂贵、实际成本较低的越南红木雕件。他们的消费行为不在于购买实际所需、价格适宜的越南商品，更多则在于彰显其社会地位和较高的品位，由此建构其不同于其他消费群体的社会身份。由此也印证了鲍德里亚的观点："符号消费的目的不是寻

---

[1] 李昕：《符号消费——文化资本与非物质文化遗产》，《西南大学学报（人文社科版）》2008年第8期。

求同质化，而是寻求差异化。"因此，对物的消费可以作为区分社会结构的基础，通过消费商品的差异，将不同社会身份、社会地位的人群加以区分，从而体现社会结构的区分层次。

符号消费，除了对物品外观所传达的符号和消费品表达的地位象征的符号进行消费以外，还有一层消费：对消费品所处环境的消费，即空间也可视为一种符号进行消费。由前述中国顾客的消费行为可看出，除了消费富有象征意义的越南特产之外，他们在"越南街"的观光游览，享受和体验这个越南文化空间的氛围也可视为一种符号消费。并且在这种特定的文化场域内，对其空间内所销售的商品产生很大的影响。

布迪厄在他的《语言与符号权力》《区隔》等书中也进行了关于符号消费的论述。他将符号消费的概念从物质消费拓展到了精神领域的文化消费。"布迪厄并不否认文化产品的独立价值，但他坚持认为，只有把文化产品置于特定的社会空间特别是文化生产场中，其独创性才能得到更为充分的解释。"[1]越籍商贩所销售的越南特产，都从越南或通过海关或走私，流经一定的货物渠道而进入中国。但越南商品不仅在"越南街"销售，它还可以销往河口其他市场乃至中国各个地方。但相比于其他地方，唯有在"越南街"这个独特的空间内，越南商品的特性才更为突出。因为在这样一个有越籍商贩生活的空间里，到处都充斥着越南的商业氛围和越南人的生活气息，越南特产不仅仅作为经济商品，更多则是一种文化产品。并且将其置于"越南街"这样一个相应的社会空间内，在越籍商贩的经营与中国消费者的交易中，不断进行文化生产。再者，越南商贩的越南身份为越南特产又叠加一层

---

[1] 李昕：《符号消费——文化资本与非物质文化遗产》，《西南大学学报（人文社科版）》，2008年第8期。

象征符号与文化意义，因而越南商品的独特性才更为充分、显著。这也是绝大多数中国顾客来"越南街"的消费动机。由此，"越南街"空间的文化特性得以建构。

（三）"越南街"商贩的营销策略

"越南街"越籍商贩良好的销售业绩得益于中国顾客对越南商品的青睐。越籍商贩又如何利用市场需求、消费者的认知和自身特点，形成独特的商业技巧？

在河口政府打造"越南街"的影响力和树其口碑的同时，中越商贩们也受益良多。"越南街"的越籍商贩们，一方面利用中国政府给予的优惠政策、特殊待遇以及河口社会所提供的良好的市场环境，从而获得经济利益的提升。另一方面，他们也有自己一些较为独特的营销策略。在越籍商贩积极地施展自己的商业技巧时，部分中国籍商贩也纷纷效仿。因而，"越南街"市场经营的"越南化"程度不断加深。

1. 商贩的"越南化"

由前述可知，在"越南街"，中国顾客的消费选择往往在于"商家是否为越南人，是否销售来自越南的商品"。以越南人的身份和其所蕴含的越南文化为消费取向。换言之，他们除了消费越南商品本身以外，"还消费这些商品所象征和代表的意义、心情、美感、档次、情调和气氛，即对这些符号所代表的'意义'或'内涵'的消费。"[1]因

---

[1] 黄波：《鲍德里亚符号消费理论述评》，《青海师范大学学报（哲学社会科学版）》2007年第3期。

而中国顾客的消费行为则是以寻找越南的符号象征为核心而展开的符号消费。在"越南街"经营的各商贩深谙于此，越籍商贩通过包装展示其自身就带有的"越南形象"，而某些中国商贩则通过原本的资源优势以建构"越南身份"。因而，"越南街"各商贩在其日常经营中，总是呈现一派"越南化"的景象。

展示"越南形象"

依据顾客的消费认知，"越南街"市场的越籍商贩们，利用其本身作为越南人的身份，同时借助富有越南符号象征的服饰、语言、文化表演等，能动地展示"越南形象"，以谋求消费者更多的青睐。

2016年9月2日，这一天是越南的国庆节，虽然"越南城"的越籍商贩们忙碌于日常经营之中，无暇顾及对于越南人而言如此盛大的节庆，但他们还是利用节庆作为符号象征进行文化输出。很多越籍女性商贩，无论老少，都穿上了越南国服——Ao Dai（中文译为奥黛，是越南的传统服饰，类似于中国旗袍），商贸城管理方也配合越籍商贩，对商场内的主要通道进行了简单的装饰，在天花板挂起了一串串越南人经常穿戴的斗笠、沙金首饰，刻有越南文字的灯笼。由此引来许多中国顾客的观光游览，"越南城"顿时客流大增，当日越南商品的成交额为自8月以来交易量之最。[1] 这可从下面这位贵州游客的自述中，感受到"越南城"当日的热闹景象。

> 个案18 我是第一次来河口旅游，之前久仰"越南街"的大名。可惜这次来了之后才知道，"越南街"已经关门了。于是我抱着随便看一看的心态来"越南城"逛一圈。没想到，"越南城"

---

[1] 该说法由"越南城"市场部提供，具体数额市场方面不便告知。

的越南风情也如此迷人。来之前不知道今天是越南的国庆节，到了这里看见门口的宣传才晓得。进入商场后，立马感觉换了个天地似的，虽然是现代化的商贸城，但看见身穿旗袍的越南美女，还有那琳琅满目的越南水果、红木家具，感觉棒极了！就像是真的来到越南一样。我也是头一次跟越南人打交道，他们都很热情。我就觉得来得值了！[1]

建构"越南身份"

然而，"越南街"市场里，不只是越籍商贩在积极地通过由外及内地包装树立自己的越南形象，有些中国籍商贩也利用自身语言特征和社会资源，建构起"越南身份"，创造"卖点"，以吸引顾客光顾，不断提高经济收入。尤其是越南华侨商贩，他们的表现甚为突出。从下述个案中可看出其独特的建构"越南身份"的方式。

个案19 小黄（化名）虽为土生土长的河口本地人，但他的家人还有另一个鲜为人知的身份——越南华侨。小黄自小跟随母亲学习越南语，自然也熟练掌握了这门外国语。在小黄一家日常生活中，与周围的越南人关系甚密，常有来往。尤其是小黄的母亲，有在越南9年的成长经历，因而与越籍商贩显得较为亲切。在笔者近半月的定点观察中发现，黄母除了与家人用汉语方言夹杂些越语沟通外，剩下的空闲时间几乎全都与周边的越籍商贩用越语交流。越籍商贩遇到困难都会找黄母寻求帮助，他们还经常

---

[1] 资料来源：2016年9月笔者于"越南城"的田野调查所得。访谈对象：王某，现年42岁，贵州人，游客。

一起共享晚餐，其间交流甚欢。不了解其家庭背景的顾客，全都将黄母视为越南人。据笔者在黄家店铺与消费者进行交易时的观察发现，黄母每次与顾客交流都操有一种奇怪发音的汉语方言。而每当顾客问及身份时，黄母都表示其为越南人。黄母不在时，小黄帮助母亲贩售越南特产，他也对外宣称自己是越南人，又因其本身就读于越南的河内师范大学，有在越南长期的生活经历可谈，顾客便深信不疑。[1]

后据笔者观察发现，黄母所操持的这般奇怪发音的汉语方言是以越籍商贩为范本进行模仿学习的结果。"越南街"的绝大多数越籍商贩并未参加过正式的汉语言培训，而是在与中国顾客（尤其是河口本地人）的日常交往中习得汉语。因而，他们的口音较为特殊，有点类似河口当地方言，但又有所区别。听起来显得"不伦不类"，令人感觉奇怪。黄母正是借助此方式，向越南人的身份靠拢，不断加深其"越南化"。

由此，从上述个案可看出，黄家利用自身掌握越南语的语言优势，加强与越籍商贩的交流和来往，并在此互动过程中建立了与越南人的亲密关系，融入越籍商贩的社会关系网络之中。同时借用越籍商贩的独特语言表达方式，以彰显越南人的身份。综合以上能动性的社会行动，身为中国人的越南华侨商贩得以建构"越南形象"，从而获取更多的利益。

2. 逾越"海关险境"

除上述经营中的"越南化"之外，为提高经济效益，商贩们还有

---

[1] 该材料由笔者于2016年4月在"越南城"田野调查期间的观察所得。

更为"危险"的涉足。"在'越南街'不做一点游走于法律边缘的事情，不是赚不到钱，而是比较困难。越南人辛辛苦苦地，不想只赚这么点。"经营十余年之久的中国本地商贩陈某时常如此唏嘘。诚然，在"越南街"市场经营多年的越籍商贩可以依靠中国政府给予的优惠政策得到优待与照顾，从而获取了不少经济利润。但有些越籍商贩仍期冀于更为丰厚的利润，甚至为此铤而走险。这些越籍商贩往往掌握着特殊的货运渠道（走私通道）、物流中大量的人脉资源，通过大大降低越南商品的运输及关税等成本，从而实现利益的最大化，获取丰厚利润。再利用赚取的资金进行再生产，转型为投资商，实现社会阶层的向上流动和社会身份的提升。譬如在田野调查期间，主要报道人小陈向笔者讲述了这样一位依靠走私越南红牛而发家的越南人，也可谓是"越南街"里的一个传奇故事。

个案 20 以前在"越南街"，我家店铺斜对面有一个来自越南老街的越籍商贩，开了一家专门卖红牛饮料的越南特产店。他的名字记不清了，三十多岁，汉语说得不太好。听说他来"越南街"经商之前是个船工，自己有条运输船，在红河上帮人运货，而这些货大多都是走私的红牛。久而久之，他也摸清了走私红牛的货源和运输路线。于是，他便在"越南街"租了门面，自己做起了销售越南红牛的生意。因为红牛是走私入境的，运货又是自家，因而大大降低了运输和入关的成本，由此赚取不少利润。后来中国政府严禁市场流通泰国、越南进口的红牛，之前掌握的货运渠道好像被官方查封了。那时的他大概赚够了钱，就不再做销售红牛的生意了。将积攒的本钱投向利润丰厚的红木产品。于是，他又租了一间更大的铺面，开了一家红木家具店。去年退租了门面，离开"越南街"回到老街，投资盖了一栋大楼，经营KTV和网吧。现在据说都成大老板了。[1]

"越南街"是越南烟草的流通场所。越南烟草的价格总体偏低。价格大都在20元/条至80元/条。在"越南街"市场，通过与越籍商贩的议价，甚至能够以每条十几元的价格购买到品质不错的越南香烟。这是因为越南对烟草的市场管控不如中国政府严格，越南香烟本身成本较低。同时，大多越南香烟通过走私入境，越籍商贩也因此获得了很高的利润。

然而在笔者深入的田野调查之后发现，尽管部分货物是通过红河航运走私入境，但很多越籍商贩销售的越南香烟其实并非来自违法的私运，而是通过正规渠道进入中国。那么他们是如何瞒天过海、越过海关检查将越南香烟带入中国的？通过与中国商贩张某的简短访谈，笔者方才了解这些越籍商贩巧妙的运货方式。

> 现在政府管得很严，没多少地方可以偷运。越南人卖的越南香烟，大多是从海关过来的。但是为了赚钱，这些越南人想了一个好办法。河口每天有很多拉些蔬菜、水果过来卖的越南妇女入关。大清早的时候等国门一开，她们就蜂拥而至。因为数量很多，海关工作人员的检查并不如想象中那么细致。很多越南妇女，只是检查边民证和扫一眼口袋（越南女性都以麻袋装载货物）后就

---

[1] 资料来源：2016年8月笔者于"越南城"的田野调查所得。访谈对象：小陈，约23岁，河口本地人。

可以通过了。越南妇女每次背的东西很多，口袋又都很大，工作人员没时间仔细一一翻看。于是，越南人就将几条香烟藏在口袋最底下，很顺利地通过海关。[1]

笔者经过以上访谈，得知越籍商贩与驮运货物的越南妇女合作，通过这样散装藏匿的方式，将越南香烟少量、分批次缓慢地带入中国境内，随后在"越南街"市场进行贩卖（图12）。由此，越南烟草既通过海关正规入境，又成功地"躲过"海关的检查，越籍商贩巧妙地运用此技巧，实现他们降低成本、获得暴利的目标。

图 12　正在入境的越南人，其驮运的诸多货物中可能隐藏着少量烟草[2]

越籍商贩或铤而走险或瞒天过海，以隐匿的方式携货入境，从而降低商品成本，获得经济利润。笔者认为这是他们较为"另类"的营销策略。

---

[1] 资料来源：2016年8月笔者于"越南城"的田野调查所得。访谈对象：张某，约45岁，河口本地人。
[2] 笔者摄于2015年8月15日。

（四）消费场所与空间的文化建构

本节首先介绍"越南街"市场所售的不同商品及其变化，其次描述顾客眼中的越南商品，并通过归纳不同类型的消费认知，分析说明了中国消费者在此进行了以越南文化象征为核心的符号消费，进而形成了"越南街"的商贩们所施展的商业技巧和营销策略——借助文化符号不断进行身份的"越南化"。由此，透过越南商品的符号消费及文化生产，建构起"越南街"的文化空间。

越南商品在"越南街"市场这个消费场所被中国游客所消费。在后者眼中，其不仅作为可供实际使用的消费物品，更多地被赋予了文化象征的含义。由此，越南商品更作为文化商品在此被中国游客消费。"越南街"也由此成为越南商品文化生产的特殊场域。相比于其他地方，唯有在"越南街"这个独特的空间内，越南商品的特性才更为突出。因为在这样一个有越籍商贩生活的空间里，到处都充斥着越南的文化氛围和越南人的生活气息，越南特产就不仅作为经济商品，更多则是作为一种文化产品。在越籍商贩的经营与中国消费者交易中，不断进行文化生产。由此，"越南街"空间的文化特性得以建构。而在此经营的各类商贩也借由作为文化产品的越南食品的符号消费，能动地施展他们的商业技巧和营销策略。越籍商贩积极地展示自身原本的越南形象，而部分中国籍商贩也在不断建构越南身份，向越南人靠拢。"越南街"市场经营的"越南化"程度由此不断加深，"越南街"的文化空间也因此得以填充。

四、"越南街"空间：地方社会的共谋

前述部分分别从地理空间、社会空间及文化空间不同的空间层面，描述和阐释了"越南街"的空间建构。但"越南街"从来都不只是边民互市的边贸市场、各类商贩的商业聚居区抑或销售越南商品的消费场所。正如列斐伏尔所言："（社会）空间是一个（社会）产物。"[1]"越南街"是河口地方社会的产物，是河口地方权力、资本、文化建构下的独特空间。"越南街"因其具有的空间特性而尤为独特。政府、商贩、游客等不同主体都参与了"越南街"空间的建构。因而，"越南街"这个独特的空间实则为河口地方社会共谋的结果。

（一）"越南街"的空间特性

尽管"越南街"闻名遐迩，总有一种被宣扬的异域风情以勾起外界对其无尽的幻想，令广大游客神而往之。然而，"越南街"并不如表面看到的那么和谐、平稳，它从来没有"安分"过。自几家边贸市场成立、发展至今，尽管"越南街"存在诸多问题和不合理之处，但

---

1 Henri Lefebvre:The Production of Space,Oxford:Blackwell Publishing,1991,p.26.

其依然"合理"地存在着。"越南街"所表征的这种空间特性，不仅因地方政权"暧昧的特赦"得以保障，更由空间本身所产生的"力"所维持。

1. 作为问题的"越南街"消防安全隐患

"越南街"的消防安全隐患由来已久，诟病常存。"越南街"几家边贸市场自1997年后陆续建成以来，商场内外的人行通道和消防通道、商场门口的货棚摆摊以及商场间的消防间距长期以来就存在诸多问题，却一直未能得到规范和治理。

"越南街"几家商场门口原设计6米宽的消防通道全部被越籍商贩经营的货棚摊位长期非法占用。这条通道原属于承租市场门面的商户们"门前三包"的责任区域。但却纷纷租赁给其他越籍商贩做经营摊位，致使消防车无法通行。越籍商贩们在消防车通道上搭建雨篷，中间几无间隔，致使原本3个独立的市场（阳光、利宏和金明商场）连接在一起。同时，在利宏市场与金明商场之间消防间距过窄，也易产生消防隐患（图13）。"越南街"市场一旦发生火灾，消防车根本无法实施救援。市场内数百家商铺、摊位，千余人的生命、财产将遭受严重损失。

面对"越南街"长期存在的消防安全隐患，边贸市场产权方一直试图改变此局面，面向商户发出各种整改的通知，并向政府做出安全隐患整治活动的承诺，制定相应的整改措施办法（图14）。尽管消防安全隐患一直未断，却丝毫没有影响到"越南街"市场的正常经营。占用门口消防通道而经营水果摊位的越籍商贩们，在市场内经营的商贩们，还有前来购物、闲逛的游客似乎从未发现该问题。"越南街"、

图 13 利宏与金明两家商场之间的通道，可见其间距之狭窄程度，存在重大消防隐患[1]

图 14 商场门口的消防栓，原本长期被货棚和摊位所遮挡，商户搬离后得以显现[2]

一直沉浸在一片熙攘之中。

"无照经营"的特权

笔者初次至"越南街"时就发现，市场内各商铺虽正常经营，但仔细观察，却从未见有商贩持有营业执照。为此，笔者特别问询了河口县工商局的工作人员。他们表示：以"越南街"的商户长期明火做饭、占用消防通道等问题存在重大安全隐患，同时存在贩卖非法商品（走私烟草）等经营问题为缘由，数年前就已吊销了"越南街"内所有商户的工商营业许可证和税务登记证。所以，目前"越南街"所有的商户实质都是"非法经营"。结合笔者的实际观察，上述情况确实。

随着田野调查的深入，笔者又与"越南街"的中国商贩、越籍商

---

[1] 笔者摄于 2016 年 4 月 23 日。
[2] 笔者摄于 2016 年 4 月 23 日。

贩和阳光商场负责人进行多次访谈。然而，他们皆表示："越南街"这几家边贸市场自营业以来，越籍商贩们就从未领取到河口行政执法部门所颁发的营业许可证和税务登记证。因为现"越南街"市场原先就是边民互市点，越籍商贩原先就是以边民互市的身份与方式进入"越南街"，当时他们的经营只需边民互市证等相关证件即可。而后搬入边贸市场，产权不再属河口工商局，不经由河口政府负责，而越籍商贩仍旧以边民互市的名义在此经营，即便市场方与他们签订租赁合同，但市场监管部门从未发与越籍商贩正式的营业执照。同时，越籍商贩们也没有税务登记证，因而他们的进销货物的账目也存在漏洞，几乎从未缴纳过营业税。

笔者对此问题难以理解，后又通过较为熟悉的中国商贩深入了解，方才知晓。原来，河口政府对待"越南街"内的经营商户本就有所区别。"越南街"市场内为数不多的中国商贩都是合法正规经营，他们都按照正规程序办理了相关手续后入驻"越南街"。市场监管部门要求他们必须执照经营，并需按时缴纳相应的税。而与之相比，越籍商贩们就享有完全不同的"特权"。在"越南街"市场经营的越籍商贩，无须执照经营，没有税务登记证，因而无须缴纳营业税，他们只需向市场产权方缴纳租金和管理费即可。

2."越南街"空间建构中的"力"

空间是由人群的活动而产生的。"不同的空间建构是由人的活动（及其文化意义）与物质基础的相互结合运作的结果。"[1]但空间不只是人活动的结果，空间本身也对人具有力的作用："空间既是属于社会

---
1 黄应贵主编：《空间、力与社会》，台北：南港出版社，1995年，导论第4页。

文化现象中不可或缺的基本要素而又有其独立自主性或内在逻辑的双重性质。"[1] 黄应贵先生认为空间的力有三种："一为空间的物质基础塑造人类社会生活的能力，这也正是传统地理学家及建筑学者所强调的；二为人的活动与物质性空间的相互结合运作而产生的新的空间建构所具有的力量；三为空间具有权力的性质，其来源于其自身、可用性及不同人的空间体验，致使空间成为争夺利益的对象。"[2]

"越南街"给在此经营的商户们提供了一定的生存空间，提供了进行物质生产的基本条件，他们在此基础上经营商品，获取经济利润，形成其社会生活。也就是"空间的物质基础塑造人类社会生活的能力"。而当各群体在"越南街"空间内活动时，空间无形中就产生了某种"力"，而这种"力"又促进了其内社会关系网络的建构和人群间的社会互动。也就是所谓的"人的活动与物质性空间的相互结合运作而产生的新的空间建构所具有的力量"。并在此基础上形成了"越南街"特定的秩序与规则。然而，"空间具有权力的性质，致使空间成为争夺利益的对象"。因此各群体会去争夺更多（空间）利益而产生竞争、矛盾甚至冲突，但社会秩序总持以相对平衡的状态，也是借由空间的"力"所维持。而河口地方的政治权力，作为外力无法直接支配与制约空间的"力"，因其产生于客观的物质生产，不以人的意志为转移。政府顺势借此"力"实施对空间的日常管控。如若强行施压，则可能会导致空间"力"的失衡，甚至（社会）空间的瓦解。再者，因其媒体影响力不断提升，"越南街"为河口引来丰厚的旅游资源，由此河口地方社会的经济效益收获颇多。因而"越南街"目前所维持

---

[1] 黄应贵主编：《空间、力与社会》，台北：南港出版社，1995年，导论第4页。
[2] 黄应贵主编：《空间、力与社会》，台北：南港出版社，1995年，导论第10—19页。

的状态,实则也是河口政府所希望的愿景。"越南街"空间生产的实质,正是由于空间"力"的彰显和吸引,将源源不断的人力、资本、资源拉入其内,从而使得"越南街"空间生产更多的经济价值和文化意义。

(二)政府规划与建构的"越南街"

空间是国家的政治工具,是诉诸权力的方式。正如列斐伏尔所言:"被生产的空间可以作为思想和行为的一种工具;另外,作为一种生产方式,同时也是一种控制、支配的和权力的手段。"[1]因此,前述"越南街"所呈现的社会关系和社会结构,抑或社群共同体的建构和社会空间的维系,实质为河口地方政治实施权力统治的表征方式和支配结果。同时,在地方社会权力、资本、文化多种力量的作用下,"越南街"的独特性得以彰显,表达为一个"享有特权"的消费场所。如此,"越南街"便也成为河口城镇规划的着力点、城市拓展的工具。其变迁的外相透视着河口城市空间格局变化的内核,是河口城市空间变迁、地方社会发展的缩影。

1."越南街"的区位分析

从当下河口的城市空间布局来看,以"越南街"为核心辐射周边的街区(包括滨河路东段、河边街、广龄街东段、人民路东段)为河口镇城区的核心商圈。

这里有河口镇目前商铺最多、最为繁华的人民路东段商业街,20世纪90年代以来河口镇最具潜力、发展最快的滨河路东段商业区以

---

[1] Henri Lefebvre,The Production of Space,Oxford:Blackwell Publishing,1991,p.26.

及河口民间边贸体量最大的河边街和广龄街东段商业区。河口镇城区的三大商场（商务区）："越南街"、百大信合商场和滨江·国际都集中在此。河口镇八成以上的商业和边境贸易都集中在此区域。

位于人民路中段的百大信合商场是目前河口镇老城区规模最大的百货商场。其前身为河口百货公司（实为河口商城有限责任公司的产权）。河口镇老城区居民日常的百货购物主要集中在百大信合商场。以商场为中心，辐射周边几个街区（河边街、广龄街东段），又以人民路为主干道，构成河口镇老城区的中心。"越南街"位于滨河路东段，市场主要面向外来游客的观光与消费，为河口引来源源不断的客流。在百大信合商场满足本地居民日常需求的同时，"越南街"市场因其贩售越南特产等商品，作为一定的补充，同样丰富了河口镇居民的消费生活。从空间上看，"越南街"与百大信合商场相隔两个街区（河边街、广龄街东段）"遥相呼应"，在一定程度上促进了河边街和广龄街东段片区的市场兴隆。很多外来游客不断地穿梭于滨河路与人民路之间，河边街和广龄街东段的商铺也因而得以光顾。

这里还集中了河口镇近七成的酒店、宾馆，其中包括河口镇规模最大、历史最久、入住率最高的4家酒店：东方大酒店（位于人民路东段）、云河大酒店（位于人民路东段与文明街的交叉口）、吉庆大酒店和天宝大酒店。上述4家酒店的入住率常年达到90%以上。招揽和接待了绝大多数往来河口旅游的游客。

由此可见，"越南街"扼守了河口镇老城区的关键位置和核心商圈。而其之所以能够享受如此"地位"，是由河口政府的城镇规划、国家权力诉诸下方才实现。另外，政府也利用了"越南街"特有的文化魅力与符号资本，进行文化建构和形象生产，推动了河口的旅游发展与经济创收。

2. 城市拓展与"越南街"的搬迁

当下河口镇的老城区虽然坐拥河口经济的核心商圈，占据着城市空间的核心。但随着近年来河口镇北山新区的不断开发，河口镇的城市空间格局或将有所改变。

河口镇的老城区，以"越南街"为中心的核心商圈目前虽然仍是河口镇的商业中心。然而随着时间的推移，老城区的常年发展也日渐趋于饱和状态，商业潜力也日趋下降。目前，河口镇北山已建成2.85平方千米新区，包括20万平方米的进出口货物查验货场、商贸交易中心、物流配送中心等功能区域。红河新口岸公路大桥已取代了南溪河口岸公路大桥，成为河口中越跨境公路运输最大的国际通道。位于红河新口岸大桥之上的联检验收大厅（国门）已然成为河口镇的新象征。因而，伴随着北山新区的不断建设发展，河口镇城区核心的转移日趋明显。

在这样的时代背景下，"越南街"的搬迁看似并不是政府一时兴起的举措。笔者查阅了相关资料并根据目前田野调查所掌握的情况，试对"越南街"搬迁一事做出下述解释。

河口利用"越南街"市场本身因历史而形成的特点，长期致力于打造"越南街"的旅游品牌与文化形象，吸引外地游客的观光与消费。同时，以越南街为基点辐射周边商业街区，从而带动了河边街（商贸街）和广龄街东段民间交易和边贸生意的发展。与人民路东段商圈交相呼应，逐渐形成了以"越南街"为核心的河口镇老城区的核心商圈。2013年、2014年以来，国家对货物走私、非法经营、卖淫嫖娼等违法违规行为的彻查力度逐渐加大,"越南街"的问题愈发凸显,因而不得不考虑关闭市场、停止交易。2015年初,天元国际商贸城("中国·越南城")项目的引进,为河口的商贸发展注入了新鲜血液,描绘了更为广阔的市场前景。同时,为配合北山新区的开发建设,政府终于决定对旧市场进行彻底的整改——搬迁"越南街"。

"新城"代"老街",摒弃原有的地理空间,将其内部的社会关系和社会结构置于新的地理空间,并利用原本的社会空间以建构新的地理空间。笔者认为这就是从"越南街"到"中国·越南城"空间变迁的实质。在这一过程中,越籍商贩作为原本"越南街"主体的身份或许已经被解构,其所蕴含的商业潜力和文化符号成为新商城形象建构的工具和吸引旅游消费的资本。同时,河口镇力图将老城区的核心商圈进行迁移,因而也完成了城镇核心的进一步移位,从而缔造新的城市空间格局。因此,从"越南街"到"越南城","越南街"(或"越南城")始终作为河口镇城市发展的资本和工具,不断推动地方社会的社会生产和城镇建设。此为河口政府规划与建构下真实的"越南街"。

(三)其他群体建构的"越南街"

"越南街"不仅仅是河口政府规划与建构的独特空间,生活于其中的各商贩和来此观光消费的游客也参与了社会生产与文化建构。"越南街"的越籍商贩们远赴异国他乡生存、打拼,长期和亲朋好友一起在此经营生活,这里已然成为他们"短暂的家"。而对于"越南街"的消费者或游客而言,他们的脑海中本有一个虚幻的越南(乌托邦),通过观察生活在"越南街"这个真实空间里的越籍商贩和消费其所贩售的越南商品,产生对"越南街"的感性认识,从而修正并重构了对越南的想象。

1. 越籍商贩:"短暂的家"

回溯人类历史和迁徙历程,会发现任何族群(群体)在迁移至异域并想要在此生活,最基本的生存条件就是要获得能够寓居的空间基础。换言之,对于"家"(或"家屋")的想象,是人类来到新地方后,首先在脑海中涌现的空间意念。由此动机,随后他们往往会寻找合适的位置、地点,占据一定的地理空间,而后谋求生计与发展生存空间,终而实现对家的构想。"越南街"就是提供给这些越籍商贩们经营生活的最佳场所,也由此形成了如今"越南街"市场内商住一体化格局。另外,越南人如同中国人一样,非常重视家庭观念与亲属关系。"越南街"的越籍商贩们相互之间大多都有亲属关系,甚至是十分亲密的直系血缘关系。有家人相伴,一起生活,"越南街"就是他们在异国他乡的"家"。

"越南街"的越籍商贩们的起居生活和日常经营活动都在他们所承租的商业用房里。阳光、利宏、金明几家边贸市场从装修设计时,就已然设置了这样的空间格局:二层楼式商业用房,两层之间由垂直扶梯连接,并设有厨房、卫生间。越籍商贩们白天在一楼经营和午休,夜晚关门停业后,则在二楼就寝。因此,"越南街"总是呈现出浓郁的生活气息。

> 我们每天都要看着店铺,因为不知道什么时候就会有生意上门。如果要出去办事,就找附近商铺的朋友帮忙看店。我们一般

都没什么重要的事情，出去之后很快就回来了。尽管有事时也能找到朋友帮一下忙，可还是自己在店里比较安心。因为，这就是我们的家。我们每天做饭、吃饭、洗衣服、洗澡、睡觉、休息都在这里。[1]

越南与中国一样，传统上是讲求宗法礼教的国家。自古以来，两国人民都长期生活在宗族社会中，以家族为核心，家族观念根深蒂固，人们多以大家庭或扩大家庭相居。而进入现代社会以后，往往以核心家庭为单位，再通过血缘关系建立起社会关系网络。例如在笔者田野调查中，就曾简单访谈过三位越南姐妹。三人先后来到"越南街"从业，已有六七年之久。2015年由于意外，他们的父母不幸去世。如今，三姐妹虽都已嫁为人妻，但她们仍然生活在一起，互相依靠。如此相亲相爱的三姐妹不禁令人感动。在笔者的访谈中，诸多越籍商贩表示：虽然离开家乡远赴中国，但是只要跟家人在一起生活，无论走到哪里，都是他们的家。

2. 中国游客："想象的越南"

"越南街"作为边贸市场，其另一主体为中国的消费者或游客。作为未曾往至的中国人，总会对越南这样一个异国异域产生好奇和想象。他们的脑海中本身存在一个虚幻的、乌托邦式的越南，"越南街"的真实存在，是被河口地方政府所规划与设计、越籍商贩们真实生活、生产出来的真实空间。来到此地的中国消费者和游客们，通过观察生

---

[1] 资料来源：2016年3月笔者于"越南街"的田野调查所得。访谈对象：阿柔，现年约19岁，越南永福人，越籍商贩。

活在"越南街"的越籍商贩和消费其所贩售的越南商品,由此感受到"越南街"的社会文化,从而修正并重构了对越南的想象。

"越南街"建构的越南印象

据笔者在"越南街"长期的田野调查所知,往来"越南街"的中国游客大都未曾去过越南。他们来"越南街"往往通过观察生活在"越南街"的越籍商贩和消费其所贩售的越南商品,从而体验越南的风土人情与文化氛围,进而产生对越南的想象。其中部分游客由于所处生活环境较为闭塞,信息通达度较低,通过媒体等途径对越南的了解甚少,因而在来到"越南街"之前,尚未对越南国家及其人民形成初步的感性认知,从而未能形成对越南较为清晰的、特征性、符号性的想象。因此,通过"越南街"的经历,他们对越南的初步想象方才得以型塑。例如,从下述这位来自与河口县接壤的屏边县一位游客的叙述中,可见"越南街"的经历对其建构越南印象的重要性。

> 个案21 我没克(去)过越南,我很好奇越南是个什么样的地方,跟中国有哪里不一样。但我没得那么多钱,也没得护照。以后也没机会去越南。我来河口"越南街"就是想看看越南人长哪样,看看越南都有哪样的好东西。过来一看,没想到越南人都长得比较矮,说的话完全听不懂。还都穿着拖鞋,看来越南那边也是跟我们这点一样呢,天气老是热呢。越南的水果好多啊,榴莲、西番莲、波罗蜜这些,我们那点都没得。还有越南人咋还会喝咖啡?咋个跟啊些白人一样呢。听说越南拖鞋的质量还是好呢,我买了一双。也觉得还可以,挺舒服的。越南那边的人个是天天踩着拖鞋上班上学?我最大的感受就是,"越南街"好吃的东西

多呢，好多水果。越南那边肯定是经常吃水果，水果吃不完。才在我们这点卖，又便宜。他们还不吃辣，没得看见有卖辣椒的。可能越南人不会吃辣。他们呢饭菜应该老是淡呢。越南女人呢，皮肤老是好啊，又白又嫩，长得好看。男的也不黑，不像我们云南这点，老是黑黢黢的，不好看。越南应该是个不错的地方。[1]

由上述个案可知，此类游客经过对"越南街"观光之后留下了深刻的印象，经由"越南街"所呈现的人文景致和社会生活，从而形成对越南的遐想。但他们的感受往往比较单一、片面，总体上对越南是较为感性的模糊化认知。

"越南街"重构的越南印象

除上述对越南持有较为陌生印象的游客以外，还有些游客他们在游览"越南街"之后，往往都会在一定程度上修正其原先对越南的想象，甚至颠覆。下述为笔者田野调查期间曾访谈过的两位游客的经历。固然由于游客的个体经验和主观认同造成其评价差别很大，但也从侧面说明了"越南街"如何成为越南在河口本地的载体，满足了不同人群对于越南的想象。

个案22 张某现年约40岁，是一位来自四川的游客。听闻"越南街"的名气而至此游览一番。却因其在此并不愉快的见闻和经历，对越南人产生了些许较为负面的评价。他向笔者说道："以前就听别人说，越南女人都很能干，一般都是女人出来在外闯荡，

---

[1] 资料来源：2016年3月笔者于"越南街"的田野调查所得。访谈对象：杨某，约50岁，苗族，云南屏边县人，农民。

养家糊口。男人一般都在家，不怎么工作。家事也不怎么管，孩子主要还是女人回家后来带。越南女人真伟大，既能干又漂亮，还很听话，娶个越南媳妇应该很幸福。来到'越南街'后，还是跟之前听到的差不多。看见'越南街'大部分都是越南女人在开店。不过也有些越南男人开店，夫妻一起开店的也挺多。但我在转了一大圈后发现，他们卖的好多东西竟然是中国制造的，有些还挺明显。尤其是拖鞋、香水这些，有的都还挂着小商标呢。他们却口口声声咬定是越南过来的。看这个样子，估计经常欺骗中国顾客，估计赚了也不少。还有我好像看见楼上有好多年轻漂亮的越南女人做小姐的。做小姐哪里都有，只是没想到原来很多越南女人都是靠这个跑来中国赚钱，养家糊口的。啧啧，真是失望。"[1]

上述游客都未曾去过越南，他们通过河口的"越南街"这样一个地方性边贸市场，一个真实存在的、富含越南风土人情的生活空间，侧面地建构或重构了其对越南的想象与认知。因而，"越南街"不仅仅是被规划的、远在异国他乡的越籍商贩们的聚居区，它更是一扇通向越南本土国家"乌托邦"式想象的窗口，以"越南街"空间的实体感受从而形成对越南的想象与认知。

（四）究竟何为"越南街"

回溯前述章节，从边民互市到边贸市场再到商贸城，"越南街"

---
[1] 资料来源：2016年3月笔者于"越南街"的田野调查所得。访谈对象：张某，男，约40岁，四川人，游客。

的发展及变迁,其实质就是河口地方政府、各类商贩、本地居民、外地游客等不同力量作用下的建构过程。"越南街"实际是处于河口口岸、国境线附近这样一个具有独特的区位优势和特有的社会文化资源而被地方社会所建构的特殊产物。其在河口地方社会中彰显的独特之处,本节已通过前述"越南街"的空间特性将其阐释清楚。总体而言,从不同主体参与建构的角度来看,政府利用"越南街"独特的资源优势打造文化景观和旅游名片,使其成为城镇发展的有力工具;居住其内的越籍商贩利用地方政策和优惠待遇,树立越南形象以销售越南商品从而获取丰厚的经济利润。同时他们还将"越南街"表征为对家的构想和实践,充实"越南街"文化空间的建构。来此观光消费的中国游客,则通过"越南街"的体验,构建对越南的想象,同时不断为"越南街"形象造势,提升其对外影响力及文化魅力。所以,"越南街"实则为地方社会各力量参与共谋的产物。同时,"越南街"的产生及发展,也验证了列斐伏尔所说的:"(社会)空间是一个(社会)产物。"[1]空间既是社会发展的原因,也是社会发展的结果。空间的发展也就是社会的建构过程。

结 论

当我们谈及"越南街"的空间,首先基于其物质性的物理空间。作为边贸市场的"越南街",虽然其地理位置历经变动、地理空间不断演变,但因其有一定边界的维持而始终保持了空间的独特性。其次,当"越南街"作为各类商贩聚居的社区时,空间特性也因其被不同社

---

[1] Henri Lefebvre,*The Production of Space*,Oxford:Blackwell Publishing,1991,p.26.

群而共同建构的社会空间而显现。再次,"越南街"还是一个消费场所,其所贩售的越南商品在此场域中不断进行文化生产。透过商品的符号消费,"越南街"的文化空间得以建构。最后,"越南街"的空间特性还体现在其历来所凸显的诸多问题却一直存在着。因政府、商贩、游客等不同主体都参与了"越南街"空间的建构,终而发现"越南街"这个独特的空间实则为河口地方社会共谋的结果。由此印证了社会理论家列斐伏尔、黄应贵等人关于空间的观点,即将空间视为社会的产物。"越南街"空间的发展历程,就是河口地方社会的建构过程的缩影。

回归社会科学对空间的理论探析中,我们可从"越南街"空间的建构清晰地看到,当下社会理论中的空间研究是复杂多样的。空间具有多义性和复杂性,其不仅是物质性的,同样也是社会性的、文化性的,还是政治性的。空间的生产实际上存在着多方力量的参与建构。从"越南街"的产生和发展来看,是地方政府根据国家政策和地域区位优势而制造的政治经济产物。从越南街的发展变迁和经营情形来看,开发商涉入了"越南街"空间的生产实践之中。他们将铺位租赁给越籍商贩经营越南特产,其实质是利用"越南街"的空间进行资本再生产。从"越南街"的市场消费和旅游观光来看,作为河口镇的边贸市场和文化景观,本地居民和外地游客也同样参与到越南街的社会交往和形象生产之中。由此可见,越南街是蕴含着多个主体参与建构的(社会)空间。"越南街"作为独特的地域空间,嵌入河口地方社会之中,不断被建构与重构。

本文对"越南街"空间现象的民族志研究,亦可置于人类学其他领域的理论和更为广阔的研究视野中进行探讨。

首先,关于越南商品的研究可回应现代消费社会研究领域的相关理论。鲍德里亚认为现代社会中的消费，其实质不再是物的消费，而是对符号的消费。而符号消费其实质在于对人们社会身份的建构，因而符号消费的目的在于对差异的追求。从越南商品的消费现象中可看出，对蕴含异文化的商品消费亦可作为一种符号消费。

其次，"越南街"空间的问题研究亦可从以往跨国流动的空间研究中得到回应。"越南街"的越籍商贩通过贩售越南商品，获得在此经营生活的生存空间，并逐渐形成外籍商人的聚居区。这类似于海外华人研究中的唐人街，但也有所区别。以往的研究重点在于强调其内生的社会经济结构，在聚集区内部的社会网络建构中，重点探讨金融资本、人力资本和社会资本等所发挥的重要作用。而"越南街"的商贩并不是一个同质社群，而是由不同群体所重构的共同体。因而不再仅是单一群体社会网络的建构，而是不同社群如何通过互动连接彼此而实践重构的过程。同时，在"越南街"——这个越籍商贩跨国流动所形构的社会空间中，我们看见了行政规划中所展现的地方政治权威，因此地方政府在该空间的建构中扮演了重要的角色。这也有别于以往跨国流动的空间研究的基本视角，从而更强调跨国空间在地方社会视域中的建构。

再次，从全球化城市推进与地方商业街型塑的研究视角来看，亦可将"越南街"市场视为河口镇一个地方性商业街。而地方商业街的特色与魅力，正是由文化、市场、国家监管等多重力量塑造而成。如果街道被太过精细地设计或者被国家过度监管，那么对商人来讲就失去了经济价值，也失去了吸引顾客的文化价值。同理，这也就能够解释"越南街"所呈现的这种其型规不整、较为杂乱的空间结构。而市场所散发出的独特魅力正源自地方政府"模棱两可"的监管态度，在一定程度上任由不同力量的入驻与建构。同时，从民间交易的边民互市到地方政府规划的边贸市场再到跨区域流动的国际商贸城，通过回顾"越南街"市场形态的发展历程，我们也能够看到地方商业街一方面以全球皆相似的方式被塑造，另一方面则被本地生活经验的传统塑造。

最后，将"越南街"置于全球化视野之中。当我们谈及全球化与地方化的关系问题时，一方面指出全球化对地方性的冲击与消解，另一方面也强调地方社会面对被外来力量改造而能动地进行调适。"越南街"地处中越边境口岸、临近民族国家的边界，易于全球化下人员、物资的快速流动。而国家政策与地方政府的介入，使入境的越南文化资源维持在可利用的范围之内。由此，全球化与地方化共同型塑了"越南街"的独特空间，而河口地方社会各力量的共谋就是实践这一过程的具体途径。

从吉美到堂屋
——丽江白沙家屋空间结构及变迁研究

作　　者：陈雅劼（云南大学民族学与社会学学院人类学专业硕士研究生）

指导教师：白志红

写作时间：2014年6月

导 论

（一）研究缘起与研究目的

1. 研究缘起

在白沙田野调查的某个午后，笔者来到某位"有文化"的六十几岁老人的家中，请他帮忙做纳西语语音词汇调查。当笔者问到"堂屋"可以翻译成纳西语的哪个词，他说，这个词没有对应的纳西词汇，随后，他很热心地打电话问了他 80 多岁喜爱研究纳西文化的岳父，得到的回答依然是没有。当问到作为西屋的正房的纳西语时，他回答，只有 $ə^{53}pʰə^{33}lɯ^{33}$（北坊）和 $ma^{31}pʰə^{33}lɯ^{33}$（南坊），西房是没有纳西语的。这是极其奇怪的，因为西房和堂屋是纳西家屋建筑中极为核心的部分。之后，笔者与另一位白沙七十几岁老人谈及纳西"风水"以及看房选址的问题时，同样被方位的问题所困扰。老人断言："以西屋为正屋，则前（东）要有 $nɯ^{313}ndv^{55}$，即宽敞的平地，后要有靠山，进入西屋，即面朝西时，左（南）要有水，右要有山。"笔者在详查地图后发现，如果以北屋为正屋，是更为符合这种"风水"学说的，即北靠玉龙雪山，西面为玉龙雪山的余脉，东临穿过乡镇南北向的小河，南面隔丽江坝子与狮子山相望。据此,笔者猜想白沙地区的空间结构是否曾经以南北向为主轴,后变为东西轴?

而随着整个白沙地景空间秩序的改变,家屋内部的秩序是否也发生了改变?查阅相关民族志文献,笔者发现"堂屋"曾经对应纳西语"吉美"一词,然而由孟彻理等人对丽江北部地区家屋内"吉美"空间的调查可知,虽然"堂屋"与"吉美"在家屋中的位置一致,却具有完全不同的空间布置与秩序法则。以夫权和父权为重的堂屋空间中,不再具有"吉美"中"美(纳西语,雌的,大的)"的文化意涵。

从"吉美"到"堂屋",展现出明代以来,丽江白沙地区中汉文化与纳西文化的融合。许多学者[1]将"汉化"视为清代"改土归流"政策在丽江地区实施的被动结果,笔者在田野中则发现,明代包括福国寺在内的藏传佛教建筑(西东向)的修建,打破了白沙地景空间原南北轴向的秩序。随着修建庙宇而定居于白沙的大量汉族工匠带来了新的家屋建筑工艺,纳西人主动接受了家屋空间结构的改变,并逐渐接受汉式家屋中的伦理道德和宗法思想。随着家屋建筑成为纳西族男性祖先崇拜的核心,女性在社会中地位降低,而男性,尤其是父辈男性建立至高的权力地位。"崇窝"(意为拥有同一根骨头的人)所指代的由祭天群变为祭祖群,向汉族以宗族为本位的宗法制度演变。

白沙田野调查中,笔者借由口述史与东巴经文、东巴仪式探讨明清以来地景空间的改变,研究井干式木楞房到穿斗式木构架房建造仪式中权力结构的变迁,并通过参与某些特殊事件或生命仪礼,描述家屋空间的布置以及权力分配,尝试理解明清以来家屋中性别关系和亲

---

[1] [美]约瑟夫·洛克著:《论纳西人的"那迦"仪式——兼谈纳西宗教的历史背景和文字》《国际东巴文化研究集萃》,昆明:云南人民出版社,1993年。

属关系的实践是如何开展的,家屋以及家屋延伸空间中祭祖活动如何体现了近代白沙地区宗法社会的伦理精神。

2. 研究目的

因此,本文将纳西社会置于"家屋"的概念框架中看待,将家屋视为一个连接日常与宗教生活,连接过去与现在的概念,由此展开纳西社会的亲属关系研究。通过叙述明清以来家屋空间安排,展现出的与过去不同的性别秩序和伦理道德。更进一步,本文试图呈现在此过程中"祟窝"内涵的演变,家屋内外的祖先崇拜如何确立父辈男性的至高地位,而形成符合汉族礼法的亲属团体——宗族。

(二)研究对象概况

1. 纳西族及纳西民居

"纳西族源于远古时期居住在我国西北河湟地带的羌人,羌人向南迁徙至岷江上游,又西南至雅砻流域,又西迁至金沙江上游东西地带。"[1] 这种关于纳西族源于羌的说法被纳西学界普遍接受。到了近现代,纳西族仍主要分布在滇、川、藏交界的横断山脉地区,其中绝大部分在云南省,共30.88万人[2]。云南丽江纳西族自治县、中甸县、宁蒗彝族自治县、维西傈僳族自治县、永胜县、四川凉山彝族自治州是纳西族的主要聚居点,此外,云南大理白族自治州、昆明和四川甘孜藏族自治州、西藏芒康县盐井纳西族乡等地区也有少量分布。

---

[1] 方国瑜:《纳西族的渊源、迁徙和分布》,《民族研究》1979年第1期。
[2] 2010年全国第六次人口普查公报。

纳西族历史悠久，汉文史志《华阳国志·蜀志·定筰县》载："渡泸水（今雅砻江）宾刚徼，曰摩沙夷，有盐池。"首次明确记载了纳西族先民的活动。元以前，该地区出现过许多互补统属的"酋寨"。蒙古灭大理、南宋以后，1274年，元朝建云南行省，下辖"丽江路军民总管府"，纳西出现了中央王朝任命的土司。明清时期，在维西、中甸、宁蒗和四川盐源、冕宁出现了许多土司土官政权。其中最有名的是丽江木氏土司，蒗蕖、永宁阿氏土司，以及盐源"五所四司三马头"。各大土司顺应时代要求，实行了一系列积极的政策，使丽江地区的经济、文化艺术都呈现出繁荣的趋势。

在此背景下，福国寺（解脱林）、金刚殿、大定阁、大宝积宫等庙宇建筑标志着明代瓦房的出现。清初，民居院落逐渐成为丽江地区的建筑形式，"三坊一照壁、四合五天井"等建筑样式即是代表，而少量"走马转角楼"则仿照藏式建筑风格。当然纳西族在学习和效仿白族、藏族文化的同时，并未丧失其主体文化特征，丽江纳西族民居样式在外观上并未像白族一样精雕细刻，或是藏族那样大胆地运用艳丽色彩，而是保持了崇尚自然、注重宏观感受，朴实、简单、生动的风格。

丽江纳西族民居的平面布局主要有三坊一照壁、四合五天井、前后院、一进两院几种样式，在实践中每种型式又有多种不同的处理。此外，随着经济条件、地形状况、环境因素等的不同，几种平面型式又分别发展为少量的两坊拐角、四合头、多进套院、多院组合等类型。综观丽江纳西族民居，在平面上有如下特点：①以天井为中心来组织平面；②正房多为二层楼房，厢房或下房也多为二层或部分一层；③家家都有宽大的厦子（外廊）；④辅助用房放在转角处做成"漏角屋"；

⑤多为长方形平面布局,有明确的中轴线,讲究对称。[1]

独特的社会历史和地理环境,塑造了独特的纳西族居住文化。丽江古城于1986年被确定为国家历史文化名城,1997年以"保存浓郁的地方民族特色与自然美妙结合的"(World Heritage Centre, 1997[2])住宅建筑及居住群体入选世界遗产。

2. 白沙简介

白沙,纳西语古称 bə^{33}ʂʅ^{31} 或 bə^{33}kv^{33}bə^{33}ʂʅ^{33}lɯ^{33},关于地名形成有两种说法,一说白沙音同"百尸",意为巴人死亡之地,现存的《白沙细乐》(纳西语 bə^{33}ʂʅ^{33}ɕʅ^{33}li^{313})中记述了一场纳西先民与其他氏族之间的战争,白沙可能是当时尸首堆积之处。另一普遍的说法是,当地土壤贫瘠,在地面一尺多厚的土壤下全是白色的沙子和石块,故而得名白沙。

历史上,纳西族先民虽然长期处于"依山负险,酋寨星列,不相统摄"[3]的松散状态,但在丽江地区逐渐形成了一定数量的早期自然聚落。唐代北岳庙(纳西语称"三朵阁")的建立[4],标志纳西族在丽江定居,本土的宗教信仰得到发展。

白沙古镇始建于宋末元初。据《光绪丽江府志稿》记载:南宋理宗淳祐"十二年(1252年)元宪宗遣太弟忽必烈攻大理,有临洮跚吐蕃至丽江,所至望风蚁附,立丽江茶罕章管民官。"当时元军驻扎,已有村落。此后不断发展。"元世祖至元八年(1271年)改茶罕章为

---
1 朱良文:《丽江古城与纳西族民居》,昆明:云南科技出版社,2005年,第34—36页。
2 1997年联合国教科文组织世界遗产委员会第21次会议报告。
3 于洪:《丽江古城形成发展与纳西族文化变迁》,北京:中央民族大学,2007年。
4 《丽江文史资料(第二辑)》1986年。

丽江宣慰司"。"十年改置丽江路立军民总管府"。

明初，丽江的行政中心随木氏宗族由白沙古镇迁至大研古镇。大研古镇成为明通安州的州府衙署所在地，已有居民千余户[1]。《光绪丽江府志稿》记载，城内的"光碧楼""忠义坊""皈依堂"等建筑群皆系明代建造。此时，木氏土司宫廷式官邸建筑群确定了丽江建筑的基本格局，其建筑文化以木氏土司府为代表；而宗教文化艺术以白沙的宗教建筑为代表。木氏在大型宗教建筑的修建中积极引进了来自周围地区的铁匠、铜匠、泥瓦匠等手工艺人，其中一部分与当地纳西族联为婚姻，落籍云南白沙。这些新形成的宗族在木氏强迫所有原居民改姓"和"时，也多改姓"和"。

清雍正二年（1724年）"改土归流"后，杨馝、官学宣等人重新建丽江府学，还盖了雪山书院，并在丽江各地分别建了义学馆，"穷乡僻壤，广设义学，俾有志向学者，得渐次教育之"[2]。清至民国，在白沙老人听父母辈讲的经历中，除少数较为有钱的人家以赶马帮进藏为职业，以及大部分以农耕为职业的居民外，"打铜业"成为白沙一个主要产业，白沙街子因打铜业兴盛而得名"打铜街"，打铜的手工艺人中，很多都是来自湖南、四川或南京的移民。不同于明代的移民，他们在保留了本族的姓氏的基础上融入了当地社会中。

由于气候严寒，土壤贫瘠加之行政中心的转移，白沙发展逐渐落后于大研古镇，纳西地区对白沙人曾有歧视，纳西语有这样一段形容 bə³³ʂʅ³¹tɕy³¹³ 的谚语，i³¹³tsə⁵⁵ko³³li³¹da³³, tsʅ³¹tsʅ³¹ba⁵⁵do⁵⁵kʰə³¹³xai⁵⁵,

---

1 林莎莎、柳肃：《浅谈丽江古城纳西民居的建筑形制》，《第十六届中国民居学术会议论文集》，2008年。
2 郭大烈、和志武：《纳西族史》，成都：四川民族出版社，1994年，第372页。

tɕʰiə³³tʂɿ³¹wa³³wa³³kə³¹，大意为：拉木头的木轮车滚滚响，豌豆粑粑挂在腰间，边拉边走臭屁放。直至笔者调查时，村里仅有一座走马转角楼也是有力的佐证。[1] 因此，白沙社会中多为经济条件一般的纳西人家，贵族和士绅极少，探索他们的家屋空间具有代表性的意义。

基于田野资料，本文只讨论白沙乡所下辖的白沙、新善、木都三个行政村[2]。其中，白沙村总户数411户，乡村人口1752人。西面的岩脚是木氏宗族旧居地，三元则是过去打铜街所在地，为商贸中心，紧邻三元的忠义村曾多为富裕的木姓宗族，解放后被划分给贫下中农居住，过去几十年间曾有不同姓氏多家人共同居于一院之内的情况，目前全部各自建院分家。木都村总户数410户，乡村人口1651人，太平村是整个白沙古镇唯一缺饮用水的村落，至今可以看到家屋前废弃的水窖，在近年通自来水后有所改善。新善村总户数491户，乡村人口2063人，新善、丰乐两个自然村均有一个超过总人口半数的宗族，部分家庭成员散于向阳和玉龙村。三个行政村家屋建筑与生活习俗大致相同。

过去，郭大烈、和志武曾将纳西族的家屋继承概括为"幼子占祖房"[3]，但这一概念并不能准确描述其真正内涵。的确，在年长的儿子成

---

1 走马转角楼为仿藏式建筑，其四坊建筑必须同时动工，因此没有经济实力的家庭很难建起。
2 一般认为白沙古镇包括白沙乡的白沙、新善、木都、玉湖四个行政村，近年划归白沙乡的文海村则不在讨论范围之内。其中，玉湖村由于地处玉龙雪山山麓，文体、生产活动都与山下的几个村落联系较少，风俗习惯上与白沙、新善、木都三村有一定差异，故本文在讨论白沙家屋时暂不把该村纳入到研究范围内。旧称，白沙曾有七个自然村，分别是玉龙，新善，丰乐，三元，岩（音 ai）脚，向阳，木都。另有说法为十二个自然村，除以上五个村外，还有太平、玉湖、东中、东文、忠义村。但两种说法都未能找到相应的历史资料，故此处用行政村制划定研究范围，但100户左右的自然村才是深刻影响村民生活的单位，故而进行分析。
3 郭大烈、和志武：《纳西族史》，成都：四川民族出版社，1994年，第595页。

年或者结婚以后，就会从父母的旧居中分出去，而最小的儿子留守在老屋中履行赡养父母的义务。但必须明确的是，分家时通常会在旧居中拆除一坊的木材与石材用作建新家的正房，几个儿子所继承的家屋和财产通常必须达到尽可能的平均[1]。这就是说，旧家屋的材料与旧家屋一起联结至新的家屋，分家出去的人同样继承了旧家屋的部分内容。这种继承与分家的实践方式也延续到今天。与过去不同的是，男人上门到别家入赘成为一种可以接受的继承方式。而在过去，如果一个家庭没有儿子，则家屋由宗族的男性长辈继承。只有这样一种情况例外：女儿招赘并诞生下后代男性孙辈。综上，虽然不实行长子继承制，但"父系继嗣"是纳西社会的重要规则。

白沙古镇的空间除了家屋建筑之外，还有一些公共的地景如东巴文化圣地、藏传佛教寺庙、汶地以及市集中心（四方街）等。始建于唐代的北岳庙（三朵阁）位于白沙玉龙村村北，在纳西人心中，三朵是玉龙山的神灵，是玉龙雪山的化身，也是纳西民族的保护神，每年农历二月初八，纳西人民会云集于三朵庙，隆重祭祀三朵神。明代万历年间兴建的福国寺（解脱林）位于白沙乡岩脚村西的芝山上，福国寺原为汉传佛教寺庙，清朝康熙年间，丽江木氏土司木懿从青藏请来都知等喇嘛，将福国寺改建为藏传佛教噶玛噶举派寺院。白沙老街东北尽头有分布在西东向主轴线上的三进院落古建筑，即大宝积宫与琉璃殿、大定阁、金刚殿、文昌宫，始建于明代永乐年间。紧邻此建筑西侧，原有白沙胆美罗古建筑，在"文革"时期被毁，笔者将在第一节简单讨论该建筑。

白沙的墓地多选择在各个宗族专属的土地上，有些宗族坟墓群在

---

[1] 在实际中很难达到完全的平均，许多家庭因此爆发矛盾。

东侧平原上，更多宗族则在依山靠水的自西至北的玉龙山麓修建坟墓。较集中的墓地位于福国寺所在的芝山的山坡地段，当地人认为此处风水尤其好，过去汉传和藏传佛教僧人坟墓也多在于此地。多数坟墓都背靠芝山，大致来说即是坐西朝东，这与当地的家屋朝向一致，也有部分坟墓是面向北方。坟地距离村寨聚居地有一定的距离。笔者将在第五节重点论述白沙的宗族墓地。

古镇中心的四方街是日常村民购物、交流的场所，旁边有老年协会活动中心，主要是由附近村年过六十的村民参加，内设有地掷球、门球的运动场地以及白沙细乐、纳西打跳等歌舞活动的舞台。除此之外，各村另设有老年协会，主要通过筹款定期举办聚餐、聚会等活动。过去，每个自然村还有 xə^{33}ntɕi^{313}，也就是公房，通常是用于储备粮食，待到饥荒年份再从中取出分给断粮的人家。在20世纪六七十年代这些公房曾用作小学一至三年级的学堂，而现在是各村村支部办公场所。由于时间所限，笔者仅对具有典型性的家屋建筑、相关的公共地景与部分具有代表性的宗族做细致的考察。

（三）明清以来白沙家屋物质层面变迁

自1253年忽必烈灭大理国，木氏先祖阿琮阿良率纳西族归顺元朝，直至清朝雍正元年（1723年）实施"改土归流"，元、明、清三朝近500年间均在丽江地区实施中央王朝管辖下的世袭土司制度。明代是纳西族历史上一个重要的发展时期，深得中央王朝信任和倚重的丽江木氏土司一方面积极地引进中原汉族地区的人才技术、文化教育，逐渐建立起父系家长制体系；另一方面在整个纳西族和康巴藏区弘扬噶举派佛教，在白沙兴修了以东西为主轴包括芝山福国寺在内的庙宇建筑群。庙宇的修建将新的建筑技艺引入白沙地区，改变了纳西族家屋建筑的建筑方式和修筑形态。本节通过叙述1949年以前白沙地区家屋物质层面的变迁及建房历程，探讨相关的地理空间秩序，呈现家屋空间结构变迁的脉络。[1]

1. 从井干式到穿斗式

白沙地区传统家屋建筑经历从井干式到穿斗式木构架的变迁过程，这个过程展现了历史上纳西族与周边文化的交融。对家屋建构层面的研究，不仅在于理解家屋不同的架构方式以及建造过程，更在于理解家屋在不同构造中所展现的主体以及价值取向。

井干式结构

纳西族住居建筑早期为木结构井栏式的"木楞子"，正德《云南志》卷十一载，"麽些蛮所居，用圆木纵横相架，层而高之，至十尺许，即加椽桁，覆之以板，石压其上，房内四面皆施床榻，中轩火炉，高与床齐，用铁锅。刳木瓢，炊灶其上"。即"用五六寸厚的原木在近两端处凿口，纵横镶嵌架垒而成。上架椽，人字形顶，盖以木板，压石其上，中间开一天窗，进尺深，光线暗淡、楣低槛高，内置火塘，旁设床楣，为平时做饭、吃饭或议事、待客之地。房外抹灰泥，冬暖

---

[1] 1949年以后，中国共产党建立并巩固了白沙地区的政权，宗族、化赍会等民间组织被禁止，地方社会基本解体。在20世纪50年代到20世纪80年代间，生产大队对于地方各项事务具有管理、决定权，宗族组织仅在婚娶、丧葬等红白喜事上有维系宗族网络的作用，建房成为组织（大队）安排下共同的社会公共活动。80年代以后，随着改革开放政策的实施，地方宗族再度兴起，与民族地区的自治权结合在一起。这一时期，土地、家屋所有权和继承权的法律确认，使建房成为单个家屋中成员的事情。本文重点对于1949年前家屋的建筑形态和空间结构进行考察，仅在第六部分简单论述80年代以来白沙地区的家屋概况。

夏凉。"[1]北部山区的纳西族民居，至今仍保留着这一传统建筑样式。[2]

木楞房有一个重要特征是不使用木架构，而使用去皮的圆木或砍好的方木垒成，墙角交叉相接，构成房屋四壁。[3]通常屋顶的做法是左右顶部正中立起柱承脊檩，椽子搭在脊檩和前后的井干木上。因此，房屋的建成虽然需要大量的木料，但是并不需要特别粗大的松木等做柱，集合几家男性女性之力也能完成建筑的工作。然而，木楞房有许多明显的缺点，不仅必须使用大量木料，而且在进深和门窗上都有很大的限制，因此，在明代，穿斗式构架传入纳西社会中后，这种新的建房形式在丽江西部政治文化中心区域的民居建筑上得到推广。丽江大研古城、束河、白沙古镇现存的建筑样式多为穿斗式构架。[4]与过去的井干式建筑相比，穿斗式建筑"竖房"建筑材料和建筑程序都更为复杂。

穿斗式结构

直到明代，丽江地区才有穿斗式瓦房出现，清初又发展为砖木结构的瓦房[5][6]。穿斗式家屋的建造工艺与汉族大致相同。仅鉴于其多为二层楼房，平面上多有宽大的厦子，厦子部分习惯用重檐覆盖以更好地遮阳、防雨[7]。白沙民居木构架（木梁架）骨架体系多为穿斗式框架，在两端的山墙面用穿斗式而中央诸间用抬梁式的混合结构法。具体型

---

1 云南省设计院《云南民居》编写组：《云南民居》，北京：中国建筑工业出版社，1986年，第85页。
2 也有部分民居有小半部分穿斗式结构混合井干式结构。
3 林超民主编：《滇云文化》，呼和浩特：内蒙古教育出版社，2006年，第698页。
4 抬梁式构架偶见于老房，且非正房。
5 朱良文：《丽江古城与纳西族民居》，昆明：云南科技出版社，2005年，第39页。
6 云南省设计院《云南民居》编写组：《云南民居》，北京：中国建筑工业出版社，1986年，第85页。
7 朱良文：《丽江古城与纳西族民居》，昆明：云南科技出版社，2005年，第38页。

式常见为平房、两步厦、蛮楼和闷楼[1]，其中，正房多为两步厦、蛮楼，厨卫多为平房，而草料及仓储的耳房多为闷楼形式。

木构架进深随家屋的进深而定，规模按前檐柱或金柱与后檐柱之间的檩数分，有五架二桁（五根檩条、另加前后两根支承挑檐的叫作"子桁"的附加檩条）、七架二桁两种较为常见。

穿斗式木构架通常沿着房屋进深方向立柱，柱的间距较密，柱直接承受檩的重量。较小的柱与数层的"穿"构成大的构架。当然，白沙的木构架在传统性和灵活性结合方面颇有特色，部分家屋为适应地形而对构架进行了灵活的处理。[2] 基于丽江地区强地震的情况，家屋的木构架也进行了一些有效的构造措施。虽然穿斗式木构架抗震能力不如井干式家屋，然而其扩充了家屋的空间，便于开亮窗采光，成为白沙地区家屋建筑的主要形式。

2. "纳西吉次独"

白沙民间有"纳西吉次独"之说，意即纳西人以建房为大。1949年以前，盖房子是所有纳西男人人生首要的大事，白沙镇50岁以上的村民都爱讲起自己的建房故事。过去建房对于一个家庭来说是耗时数年极为困难的工作。不仅需要一个家庭全部人员的参与，更需要宗族的帮助。尤其在"竖房"仪式中，全宗族乃至全村的男性共同出力，才能将房子基本框架竖好，再进行后续的建房工作。这种集男性力量为一体的建房仪式正是始于明中期，穿斗式建筑逐渐取代井干式建筑之时。

---

[1] 明（民）楼、骑厦、两面厦并不常见。关于纳西族民居构架类型更多参见朱良文：《丽江古城与纳西族民居》，昆明：云南科技出版社，2005年，第39—52页。

[2] 多见玉湖村。

建材的准备

穿斗式家屋建房的主要材料分别是：土（红壤土、田泥）、木（杉木、松木）、砂石（河砂、山石）和青瓦。白沙地区的家屋几乎都是以大块的山石做基，夯土为墙，是木结构的土木架构建筑。泥与土较为容易寻到，附近玉龙雪山上森林茂密，杉树、松树资源丰富，只是从山上采伐运至村内较为困难，而且，由于"管林员"分至每家的木材有限，有时甚至要前往"干摆"（现甘海子）一带砍木料。在询问过村内熟悉建筑的匠师后，采运适量的木料、门柱以及顶梁选用上好的松木，而椽子等容易受潮腐蚀的地方则多用杉木。玉龙雪山的石块多以白石（花岗石）为主，长而且比较牢固的石料并不容易寻找，而搬运同样要费较多的人力，必须提前在山上寻找并找地方储存。部分人家也会出资购买其他家拆房或备用的木料石材。等木料、石料准备妥当，就必须开始材料的初期加工。木料锯出柱子以及梁的大料外，剩料则用作加工门窗之用，而石材的加工则更为困难，因为打门的石鼓或者石础为圆形的形状，手工打造较为复杂，往往必须请专业的石材工匠进行打磨。因此，在真正建房前，通常需要耗费约一年进行准备工作。

在准备阶段，由于许多石块、木料都较为难采集，因此一个宗族中的男性都会担负起准备建房用料的责任。许多老人对于建房的回忆中，都能找寻到相关的互相帮助的故事。

> 那个时候，建房子难得很啊。我们这点就是用两个木轮子从雪山脚拖砍的木头下来，很不容易啊。听说我爸爸那个时候，有个很陡的坡，大概有45°了。以前人嘛，也是会有一点是是非非，那家就是两个兄弟已经吵架很久不说话了。一起拉木头的时候，

后头那个凑（推——笔者注）了一把，前一个又说话了，两个就好了，又互相问好了。¹

建房最难了，我还记得我那个时候瘦得很啊，一个人扛那么大一块（用手比画）的石头下来，咋个扛？用肩扛嘛。你看这个石头那么高，不是的，下面还有一样那么高的全部是石头，边上都要用大石头，里面才能填小石头，小石头也是要一筐一筐背下来。村里有个人就是把自己累死了，比我还小，前几年就走了。不过，亲戚帮忙还是要好点，一般这种重活都是最亲的人帮忙，自己家的叔叔伯伯兄弟，都是兄弟嘛。²

准备工作完成后，就开始房屋的建造。建造的过程一般包括七道工序：选址定位、整地、做地基、立柱、立墙、盖瓦、内外装修等。在整个建筑工程中，动土以及竖房都有极为讲究的仪式，在这些仪式中，男性占主导的地位。

安木神与"竖房"

房屋的修建或是重建称为"动土"，要提前请东巴选好合适的日子以"破土"。传统上，"动土"日期以及房屋位置、方位的选择都有诸多讲究。巴格图（或称精威五行图）是用于占卜的重要卜具。³选择好日子并选择合适的位置，则由东巴准备猪肉、鸡等祭品，在基地四

---

1 访谈人：和先生，70 岁，丰乐村，2013 年 9 月 26 日。
2 访谈人：和先生，72 岁，新善村，2013 年 10 月 3 日。
3 东巴经书《白蝙蝠取经记》记载，蛙头朝南，蛙尾朝北，箭头向西，箭尾向东。东、南、西、北四个方位分别对应木、金、火、水。占卜时根据主人的年龄、属相从特定的位置开始旋转，如果转到土的位置，则不可动土，其他位置则可以动土。详见李国文：《东巴文化与纳西哲学》，昆明：云南人民出版社，1991 年，第 245—252 页。

周走一圈以拜祭土地公，也查看是否有冲煞到主人的运势，如果一切顺利，则动土仪式之后就可以开始建房了。

竖房时则要举行祭安木神的仪式，在竖房的前一天，木匠会在中梁末端挖一小块木片，并在木片上开口放入五谷以及烟茶等，用香椿树片封住，上书写"圆木大吉"，与其他祭品一道供奉在祖先牌位前。由东巴或懂行的木匠师傅主持仪式，参与建房的男性都向木神跪拜，并将代表木神的木片与祭品送至看不到新房的地方。此时，要在每个石础旁插三炷香，于是就完成了送木神的仪式。

穿斗式家屋竖房的当天清早，男人们从家中带好绳索与杆子，将提前修整好的木料穿插好的屋架拴好，在木匠或主人的指挥下，将房屋的基本屋架竖起来。"竖房"是"木楞房"所不需要的工程，木楞房的承重在于底部的木架，因此，家屋的建造过程在于向上堆积木料。而穿斗式木构架中承重在于立柱，因此，必须提前打好地基，并且整地、做地基，再集合全宗族男性之力将屋架竖起来。

午时，由木匠师傅手持一只活的公鸡，在正梁前念《鲁班经》，掐破鸡冠点血，并爬上房架，从上面放下绳索，由其他男性捆好中梁后，共同将其嵌入木马架的合适位置。此时放起鞭炮，与在房架上的木匠一起把大盘的馒头扔下给亲朋好友以及左邻右舍。新房竖起来后就贴起朋友送来的几副对联在前后柱上。

女性通常不被允许参与这个仪式，更有村里老人认为"女人起来，房子就要倒了"，因为女性会担忧得哭泣，而男人们听到这种哭泣，就可能会从房梁上坠落下来。所以男性必须在天不亮的时候就竖起房子。然而，女人并非无事可做，她们必须在厨房蒸馒头，并准备午餐。竖好新房后所有亲朋好友都会被请到饭桌上，共同庆贺新屋的建成。

在之后的整个建房仪式中,男性都是劳动的主力,而女性则是做些简单的辅助工作。因此,建成的家屋是整个宗族男性的共同所有物,男性也在家屋中占据了更为重要的空间位置。

(四)地景空间秩序的变迁

回顾穿斗式木构架建筑兴起的历史背景,有利于理解白沙空间秩序的变迁。在过去祭祖、祭天等重要仪式中,白沙人回顾从西北顺江迁徙至金沙江南岸的路径,想象并追溯北方的祖先之地。与这条自北向南的迁徙路线一致,纳西人有一套可见的南北轴向的空间秩序,"可见"是指这个空间秩序蕴含于自然地景之中,又体现在相关的建筑与仪式场所之中。

1. 水源于北而流至南

空间秩序是很难用文字论述的,然而,通过"水"的地景概念,这种南北向的秩序可以得到简单的描述。白沙人讲,"我下去了",通常是讲他们即将去位于白沙以南的丽江古城中心,这个"下去"的概念是流水的方向决定的。由于纳西人聚居地多傍水,因而通常水源地为"上",水流方向为"下"。水也标示出聚落的内部空间,划分自然行政村上村与下村[1],而白沙的流水方向正位于南北轴上,因此,纵向

---

[1] 孟彻理对于丽江北部偏僻的纳西族传统建筑进行了细致的考察,他指出,在火葬和祭天场所等村寨地理空间中,南北轴划分较高和较低的社会地位,而东西轴划分男女的界限,由此体现的宇宙观与家屋建筑有本质的连续性。然而他没有注意到,传统纳西族在垂直空间中的上方和下方概念,是由水的流向决定的。以白沙为例,由于水流多自北向南,则北为上,南为下。而在拉市海的水流则有多种流向,则上村和下村的划分无法以方位论述。

空间中"北"与垂直空间中"上"具有一致的意义。

在纳西族东巴教的经书中,位于白沙"北"以及"上"的水源地是极为重要的所在,居住有人类的兄弟自然神署。杨学政认为摩梭、纳西与普米族之中对于水源地有类似的自然崇拜,是因为这3个民族都受到藏族苯教的龙神信仰的影响[1];而何撒娜在对于摩梭族zikua(穴)的研究中进一步指出,zikua标注出"环伺在聚落外围的'他者'",具有空间的隐喻(metaphor)功能,也与政治的隐喻以及身体疾病等功能有所关联[2]。与摩梭族类似的,水源地附近被认定是自然神署的居住地,绝对不允许盖房或砍周围的树木,如果砍伐树木或者污染水源会触犯署,遭到疾病一类的严惩。在白沙乡,这样的泉眼有多个[3],"署"的家中还居住着传说中的"壬"神,东巴要举行"壬妹"仪式,请求"署"将"壬"悄悄放出来给予人类家庭财富。[4]

白沙街有两处著名的祭坛(曼波达),分别是羡陶坛和月均坛[5],是举行祭天等大型祭祀活动的场所。祭天是纳西人的重要标志,纳西人自称"纳西美本若"(纳西是祭天的人)。在祭天活动中,祭坛位于祭天场的北面,在东巴指引下,人们向北方的祖先与神祇行叩拜与祭祀之礼。逆金沙江北上就会回到祖先之地,与过去祭祖节以及丧葬仪式

---

[1] 杨学政:《云南宗教史》,昆明:云南人民出版社,2000年,第35页。
[2] 何撒娜:《"一根根骨"抑或是"死路一条":从长葬仪式与家屋特征看纳人的亲属关系,《民族学评论》(第三期),昆明:云南人民出版社,2000年,第1—5页。
[3] 这些泉眼都在出水,因而没有类似摩梭的"不出水的zikua是凶恶的"概念。但居住在泉眼处的"署"有"为善"也有"作恶"的,在"署古"的时候要先念经文要恶"署"睡觉,再向好"署"祷告。
[4] 这个仪式虽然与"署古"仪式在同一地点举行,然而内容与意义完全不同。"署古"接近于禳解仪式,仪式中绝对禁止食荤,而"壬妹"则是积极膜拜,在仪式中人们则要大块吃肉,还不能说"饱"。
[5] 见《木氏宦谱》,又见《丽江府志略·礼俗略》。

中的"送魂"北上是一致的。因此,传统上白沙的地理空间是从北方的祖先之地沿水流向南展开。

2. 木生于天而坐西观东

以北为尊的概念在早期纳西宗教建筑"当美"和"三朵阁"的建筑布局中得以体现,这两座建筑都是坐北朝南,以北殿为正殿。而明代,整个白沙的地理空间的中心轴发生了自南北到东西的转变。原因一是明朝丽江纳西族木氏土司势力强盛,而木府正是坐西朝东,原因二则是木府土司与藏传佛教噶举派的噶玛巴系(白派,永宁格鲁派为黄派)活佛关系密切,大力兴建佛教建筑,原因三是木氏在佛教建筑的修建中引入了大量汉族、白族的工匠。从图1可看到,福国寺是位于明代建筑群最西侧,也是最为崇高的庙宇建筑,而这之后的住居建筑也多以西为主屋,北次之。

西优于北,本身就打破了东巴经书《神路图》中四方的秩序。[1] 地理空间与建筑空间对于西、北地位的影响与明代起东巴地位的下降也

---

1 东巴布卷画《神路图》,纳西语"亨日皮",意为东巴为死者评断、指点通往神地之路,绘出了地狱、人间、自然界、天堂等场景。在纳西族过去的火葬仪式上,要把神路图的鬼地部分朝着死者头部,向东北方向展开。东北方向是纳西远祖之地,也是空间中属于神的区域。《神路图》中有一个关于人起源的图形:正中四方形图标象征人,东对应白色,象征人生于蛋;南方为绿色,象征人生于妇女;西方为黑色,象征人生于花;北方为黄色,象征人生于树。北方和东方具有相对的优越性,北、东象征神、善的;而西、南象征鬼、恶的。在北、西之间,人虽然都诞生于植物,但生于树木又优于生于花;在南、东之间,依据东巴的人类起源神话,生于蛋要优于生于妇女。因此,北、东较之西、南是更为尊贵所在。关于《神路图》中的空间秩序,孟彻理在《骨与肉:纳西传统建筑空间结构中体现的宇宙观和社会关系》附录中记录东巴所述。笔者也详问了白沙的老东巴,得到一致的回答。

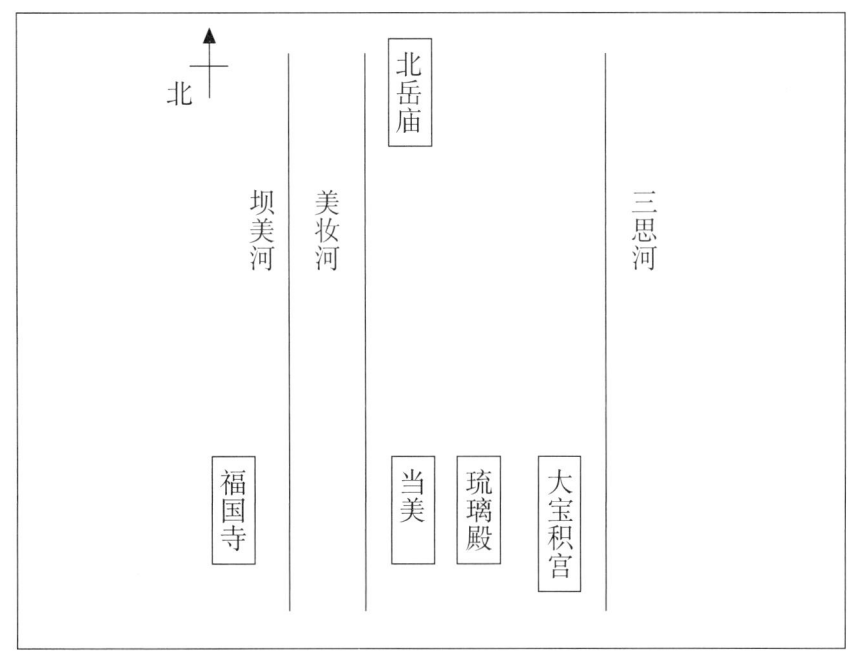

图 1 白沙地景空间秩序

是有关系的。[1] 在东巴文字的使用受到限制,东巴教被藏传佛教、汉传佛教、道教等其他宗教压制时,东巴教对纳西人的影响势力被极大削弱,基于东巴教建立的空间秩序随之打破。

在这一时期,白沙村落之中,岩脚村作为木氏的发源地受到了极高的重视。纳西先民沿江顺流而下定居在白沙,可以推测村落结构曾经是从北向南延伸的。而在民间传说中,村落结构是从岩脚村(西)向东面展开。从白沙的地图来看,木氏族人在20世纪50年代以前多

---

[1] 在对于东巴宗族的相关族谱与访谈调查中发现,分布于鲁甸、塔城等其他地区的宗族均从明清两代从白沙迁出。可以看到,这条宗族的分散与迁徙路线是从丽江政治中心向周边地区扩散。这些宗族的成员大多宣称自己是受到木氏土司的命令而抵达偏远地区。

分布在自西向东的岩脚、白沙、木都、忠义和太平村,[1]如图2所示。这些村落的关系可以通过当地这样两个传说故事来理解:

> 太平村最大的那个木氏宗族不承认,我们家谱上没有记着,那边有个家的老家谱上也没有记起。我们木家,其他家有些家说是木增后代,是乱说的,但是这两家老实有点特别,好多家谱上不承认这家。为什么?我听说,他们以前是宗族里面的,但是犯了错,就被赶出去了嘛,反正就是说不给和老宗族的人一起住了。那边有个宗族的说是赶他们去守着坟堆,说是早的时候我们老祖宗火化那些骨灰都撒到东边去了,他们就算是被流放过去守着了。他们那个地方不好嘛,没有水,我们这里都不缺水,就只有他们村子没有水,他们男人女人天天都要到街子上来挑水,苦得很。[3]

> 忠义街子上有个小的木氏宗族,我听说,说是以前是岩脚的出来的,就说有个岩脚的出来的木家的女人来白沙街子上,就把娃娃么丢了。好多好多年以后么,就有一个货郎来到白沙,指着木氏写的那个石碑那点么就说,这点我认得,我记得这是我家,又说这个桥那个桥也是他认得的。然后就说是自己当时被一个商人拐走了,么又回来这点,要认祖归宗。但是么这个事就是他一个人说,哪个也说不得,那个宗族就不认他,他也不管,就在忠义上住下来了,后来么也说自己是木家的后代。[4]

---

1 由于1949年以后,丽江地区曾经开展过将木氏地主房屋分给贫民的运动,因此,过去的宗族分布空间秩序已被打破。
2 来源于百度地图。
3 访谈人:木先生,84岁,忠义村,2013年9月6日。
4 访谈人:木先生,78岁,忠义村,2013年10月16日。

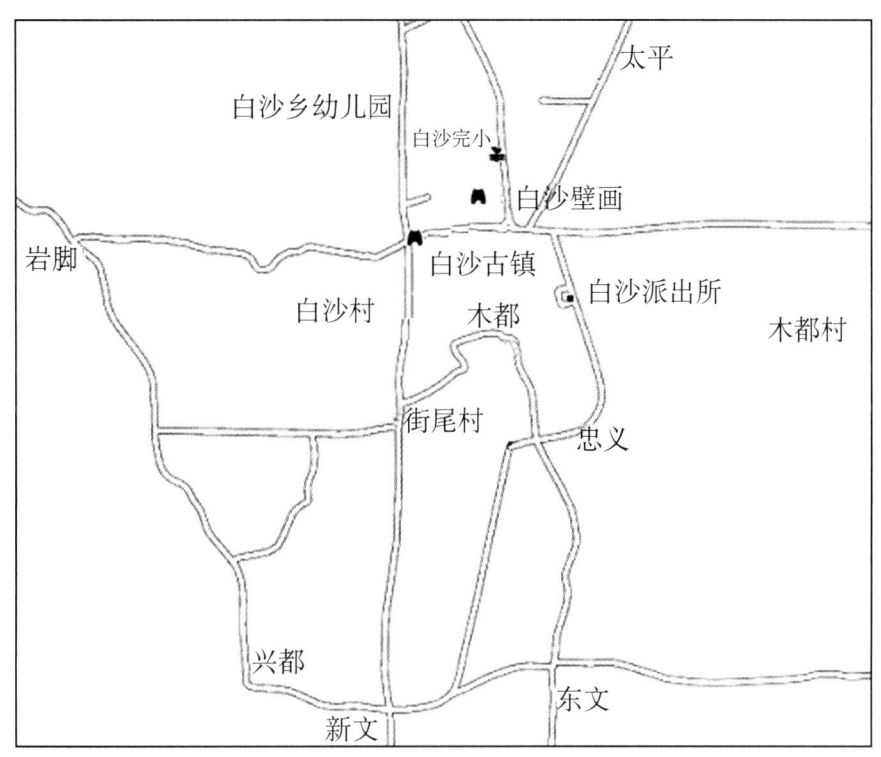

图 2 白沙自然村分布示意图（部分）[1]

在两个故事中，可以找到共同的逻辑，其一是木氏宗族都认为自己是从岩脚村分出的宗族，岩脚代表的是"直系"木氏的后代；其二是木氏分支宗族都是从岩脚向东边的迁徙，岩脚具有"风水宝地、良田沃土"的意义，而东边的村落则具有"贫瘠的土地和资源"的内涵。[1] 因此，与白沙近代的地景空间秩序一致，木氏所居住的几个村落也呈现出了以西为尊的空间观。

---

[1] 具有巧合性的是，笔者听到的关于村落的故事中，一些不善的传言多是针对东边村落的。例如笔者听到另外一个东边的村落人都"喜欢"偷人财物，因此，当平时邻里打招呼时，他们多喜欢问"生意好吗"以嘲讽该村落的人。

明代，丽江纳西族木氏土司顺应历史发展潮流，依附于中央王朝，白沙地区进入了成熟稳定的发展时期。木氏土司在佛教建筑的修建中对中原汉族地区的人才技术的引进，改变了白沙家屋的材料和建造形式，而对藏传佛教的弘扬和大型庙宇建筑的兴建，改变了地区和家屋内部的空间秩序。

对于地区建筑和历史的长时期的审视使得追溯历史中的建筑以及住于其中的人群生活成为可能，家屋物质层面的变迁与社会群体的变迁息息相关。[1]明清以来，白沙地区的家屋建筑物质层面的变迁，即从井干式变成穿斗式建筑，与社会历史中木氏政权的稳固、藏传佛教的兴起以及东巴教的衰落是密切相关的。而随着新的建筑技艺的引入，家屋建筑成为宗族男性成员共同建筑、拥有的财产。

---

1 Rosemary A. Joyce and Susan D. Gillesple. Beyond Kinship: *Social and Material Reproduction in House Societies*. University of Pennsylvania Press, 2000:73.

一、白沙家屋空间内的秩序

赵省华认为16世纪早期除了贵族之外，纳西人并没有接受汉族文化习俗。而笔者认为汉化是一个长期的过程，早期纳西人虽未系统学习汉文化，然而汉族移民以及贵族的生活方式为他们仿效，家屋作为有形的空间展现了这一缓慢的历程。如上章所述，在建房重要仪式"竖房"中，女性就被排斥在外。而相应地，男性也在家屋空间中占据了更为"重要"的位置。目前白沙的家屋保留了明代以来的建筑样式，笔者将通过对20世纪50年代以前的家屋记忆空间的描述，论述家屋空间内部安排的变化，并探讨男性长辈在家屋空间内权力的确立。

（一）西东轴下的家屋空间

按照纳西人传统观念，母房坐落于上方，纳西人以水流方向判定"上"与"下"，依玉龙雪山而建房，上方应为北。如前文所述，明代庙宇建筑修建打破了白沙地区的建筑空间秩序，西替代北成为"上"所在，家屋内部的物质层面也随之改变，如家屋的空间安排、象征意义等。因此，通过对家屋的建筑结构和空间安排的描述可理解明清以来纳西人的日常生活以及亲属关系实践。

1. 家屋内的空间安排

白沙的家屋多为"三坊一照壁",三开间的西坊为正房,一楼正开间为堂屋,几乎可以占整层面积的1/2左右,堂屋过去既是男主人住处,也是招待客人的地方,女主人则住在堂屋两侧的开间之一。在没有条件单设厨房之前,漏角通常为放置灶台处。正房二楼不设隔间,正中安置一个木柜,放置祖先牌位和族谱,还有设置神龛,每天以香火供奉。在一层对内的椽子上,多可以从二层窗口晒上一些粮食,而其余空间也会放置一些不常用的生产工具以及家具等。进入楼上二层的方式,是从女主人居住的室内的梯子走上去,现也有将楼梯设于屋外以增大室内空间。正房是纳西人生活的最重要空间,家人在此完成煮食、招待客人、祭拜祖先。

三坊其他两坊分别为厢房一坊以及畜厩一坊,北坊通常为厢房,也多为三开间的楼房,通常建得比西坊矮一些,且建筑样式不与西坊完全一致。北坊多为未出嫁的女儿或幼子夫妻居住处。南坊则多为畜厩,现也多设为厢房或空起堆放杂物,过去则是一楼为马厩,二楼堆放柴火草料。厕所一般位于南坊与西坊的漏角处,通常是在下方挖一坑洞为粪池。

在完成了三坊的修建后,最后修建门楼,过去通常是在照壁侧面开一简单装饰的小门,宽约一丈,高约七尺。遵循民居"歪门正厅"的原则,白沙住居中的大门一般要置于院落的东南角,从门口不可看到堂屋,讲究聚气聚财。如果是两院或三院,则几重门楼不可开在同一直线上,避免穿堂风带来煞气影响运气。还有不少人家学习白族在大门与正院之间修建一个延伸的空间，以拱门为界，穿过拱门才能见到堂屋。当然，也有少数官宦宅邸大门开在住宅的中轴线上。

目前白沙大部分人家都已另设小院修起小平房作为厨房，部分人家将祖先从楼上请到厨房中，将祖先之名用红纸写起，贴在灶台上方。正中书木音和氏（或木氏）历代宗亲魂位，右侧为主祀人姓名，上方及两侧也有写祖德流芳等挽词。老人们的记忆是，早期祖先牌位都摆放在堂屋或者正房二楼中，然而每天早一炷香、晚一炷香拜祭过于烦琐，后来就简化在灶台边，便于吃饭前先敬祖。

家屋中心为天井，在这个空间中，早期有粮架用以放置、晒干粮食、牧草以备冬天生活之用，现粮架多半放在自留田地间。现在是以侧角的自来水为中心，日常洗衣、洗菜乃至洗漱都在这里进行。在婚庆、生子、丧事时，天井是宴请客人的重要场地。因此，天井作为敞开式公共空间，既可以是一家共同劳作的空间，又可以是接待外人的空间。

由上述对家屋空间的大致描述，可见以四方规整的形态展示出了家屋中储藏室、牲畜棚、日常生活空间以及宗教空间划分。西屋为正房则以用料精致、相对高大宽敞以及时间序列上的优先而体现出重要性，而其他空间则以正房为中心有序排列，高低错落的平面组合，有利于日照与通风，也便于生活居住以及祖先崇拜等活动。

2. 空间安排中的性别观念

纳西族孩子出生时，邻里乡亲会问是 bə^{313}lə^{55}me^{55}（养猪人）还是 ə^{313}lə^{55}y^{313}lə^{35}me^{55}（放牛放羊人），其中养猪人指的是女性，而放牛放羊人则指男性。老人们讲这是因为猪通常养在家屋的猪圈里，而牛羊则要赶到远处雪山附近的草地,遇雨水少、草木荒季,放牧人甚至可能会将牛羊带至极为远的区域,并搭建临时的小屋居住等待雨季的来临。所以,女性只能负责割田间野草喂猪,而男性负责牛羊的放牧工作[1]。"男牛女猪"应来自东巴象形文 ![东巴文] (姻缘,$dz\eta^{31}ne^{31}bu^{31}$),本不具有"男外女内"的思想,然而在白沙纳西老人的记忆与理解中,男女在家屋空间以及地理空间中地位与位置是有差异的。男性负责复杂的以及对外的工作,而女性则主要从事简单以及对内的工作。

这种对于性别的理解在家屋空间中也有体现,家屋空间秩序的建立并不仅仅体现空间的有序分类,更体现了不同性别在空间中的位置。如本文将在以下部分展现的那样,这种分类的意义体现在了部分重要空间对于女性,尤其是已婚女性的排斥,这种排斥使得女性被置于家屋中的边缘性地位之上。

在整个白沙家屋空间中,"上"具有重要的内涵,《木氏宦谱》在序言记有这样一句, ![东巴文] (原译音:草古天能古,草俸地能俸[2]),意为人类胞蛋出生于天,人类胞蛋孵化于地。这与正房顶以产松子的红松为顶梁一致,寓意后代是由"上"天所赐予的。同时,如前文所述,"上"与方位在纳西人概念中是具有一致性的,西屋取代了北屋成为正房,重要的特征就是将房屋基层建得高于北屋。因此,正房(尤其是正房二楼)是极为神圣的空间。

女性尤其是已婚女性,不能随意进入家屋中"上"方的空间。这里的"上"同样具有双重含义:一方面,"上"指的是楼上空间,任

---

[1] "琴棋书画烟酒茶"形容的仅仅是大研古城中家境较为富裕的男性,更多纳西族男性要承担耕种、建房等繁重的工作。

[2] 李霖灿注音:$tsho^{11}ku^{35}mu^{33}mu^{33}kv^{11},tsh^{11}bu^{11}nu^{33}bu^{11}$。

何女性不能步入家屋的楼上,以免踩在男人的头上;另一方面,"上"也指西屋(取代北屋)的空间,在重要仪式场合中,女性不能以主人身份进入正房空间,包括正房的堂屋、厦子等区域。

3. 宴客坐席安排中的性别观念

宴客时候的空间安排能体现女性在接待外客时候所处的空间与地位。在笔者曾参与的纳西族的孩子满月宴席中,由于当时已是宴客第二天,故宾客多为村内较为亲近的亲戚,小方桌置于正房的厦子上,四边各一长椅,每条长椅上仅坐两人,故一桌共为八人。笔者(女,孙辈)与老太太(外婆)坐于东边,孩子的外公与爷爷坐于西边,孩子的父亲与叔叔坐于北边,孩子的伯父与另一位叔叔则坐在南边,如

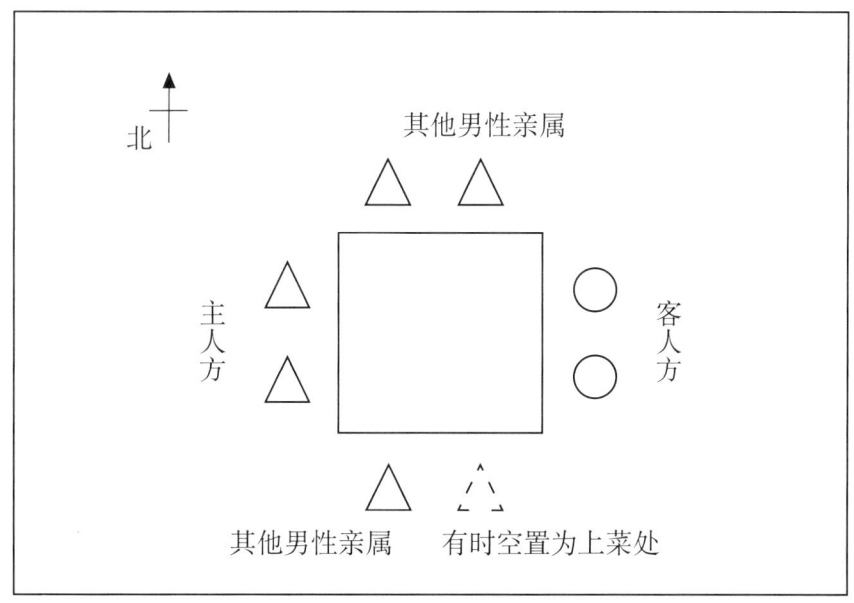

图 3 白沙宴客坐席安排

图3所示。实际上，这并不是正式的坐席安排，也未完全遵循过去的规则。然而，座位安排依然有这样的逻辑顺序：其一，女性和男性不能同座；其二，长一辈的男性与女性不可对座；其三，最为尊长的男性应坐于宴席西边。在其他宴客场合的座位安排方式与之类似。现在对于座位的安排并不是每次都按照上述的方式进行，然而比较确定的是，在正式的宴客场合，女性有时可以以客人身份和主人家同席，却一定不能以主人身份与客人同座吃饭。

这种宴客坐席安排也在老人回忆中得到印证。

> 我们纳西族请客吃饭是一桌8个人，多一个少一个都不行，现在家里人少倒是不讲究，以前都是要8个人，一边两个，摆起八个。等级差一点的人上这种小桌子坐小板凳，等级高的，像是大人，七八十岁，就要上这种大桌子，而且必须是在堂屋里面，现在是喜欢坐在院子里面、走廊上，或者在厨房里面吃，以前是有钱一点的人家必须在堂屋里面吃的，除非请客坐不下了，才在院子里面摆一桌。我们家这个桌子就这边，这边，这边摆起六个桌子（椅子——笔者注），那面（西面）坐起我爷爷，这两边（北面、东面）坐起客人。这边摆起一个，空起一个，一般都是南边空起，为什么呢？就是给人上菜。如果坐满，这个上菜就只能从头上过，这个就很不礼貌，特别是那个时候来我们家的有大官，菜从头上身上过，一个是冒犯人家，另外一个要是泼洒在官服上就不行了。女的都不上桌的，都是在厨房里吃起。女的上桌就是对客人不尊重了嘛。现在女的还是可以上桌了，但是一般去别人家做客才能坐的，自己家还是要在厨房里躲起的，也是和汉族一

样的讲究。[1]

在这种宴客的场合中，主人家的女性都是躲在厨房中负责烧火做饭，并在客人就餐完毕后进行简单的饮食。厨房是女性生活的重要场所，纳西族女孩从小就开始学习食物的烹饪工作，七八岁低龄的女孩子，家中长辈外出劳作无人做饭时，需要烧火烧水或洗米煮饭。日常的煮食通常是女人完成的，新媳妇通过在家中进行的煮食等服务，逐渐转化为丈夫家中的成员。在未通自来水、无液化气以前，女人还要承担用木桶挑水以及从山上捡拾柴火的工作。

当女性被置于家屋中的边缘空间，暗示着她们与家屋的权力失去关系，而男性长辈则通过各类活动建立关系网络，获得在社会中的较高声望并控制家屋的继承。动员亲戚以建成新的家屋成为男人的主要任务，也是整个家屋得到社会承认的重要活动。在这些活动中，男性也完全占据了家屋中核心空间——堂屋，将女性排斥在外。

（二）堂屋里的性别隐喻

在丽江受汉文化影响较小的北部地区，祖屋"吉美"是一个男女共居其中的空间。而在白沙家屋建筑中，作为祖屋的堂屋空间则呈现出了男女不平等的性别建构。[2] 这种性别建构首先就是将女性驱逐于家屋核心空间之外。

---

[1] 访谈人：和先生，60岁，兴都村，2013年9月18日。
[2] "吉美"和堂屋在家屋院落中的位置一致，都为代表家庭的主人居住，也作为家屋最为核心的部分传承给下一代。故而，在此部分对两个空间进行简单的比较。由于缺乏足够的史料，笔者无法判断白沙地区的堂屋是否曾是"吉美"。

1. 居室中的夫妻性回避

明清以来的白沙家屋正房多为三开间一明两暗的形式，这与汉族传统一致，正中为堂，堂两侧的房间为室。《说文》曰："殿，堂之高大者也。"《释名》云："堂犹堂堂，高显貌也。谓正向阳之屋。"堂与室的区别主要在于不同的功能，堂有厅堂之意，而室多半指寝室。汉族古俗男子居"正寝"女子居"内寝"，与汉族不同的是，纳西族夫妻长期分房而居，女孩随母亲睡，男孩随父亲睡；孩子长大了则分开睡。

顾彼得在《被遗忘的王国》一书里对纳西族夫妻性回避有这样一段描写："丈夫睡在堂屋（会客室）里几乎是一种规矩。白天他的床铺上褥子，作为休息处。与中国内地和其他国家截然不同的是，丽江没有双人床，丈夫和妻子不兴整夜睡在一起。如果邻居发觉他们睡在一起，他们在村里就要丢脸了。甚至被子也总是做成单人的，从来没有双人被子。这种限制不适用于朋友间。要过夜的男朋友总是和男主人睡在一起，两三个同睡一张床。"[1]

因而，男子居住的堂屋还兼有会客之用，故而需要宽敞明亮，而女子居的内室则多晦暗。当有重要男性客人留宿时，堂屋内还可以摆起木板作为临时床铺，女性客人则绝对不可居于堂屋或二楼。只有在女性长辈过世时才能真正进入堂屋空间。纳西族讲究让老人在堂屋中归天，即寿终正寝，因此，当老人垂危之际，子女就会将老人搬到堂屋中临时搭成的床上。[2]

在孟彻理对于丽江北部家屋建筑中的考察中，木楞房建筑中，"吉

---

[1] 顾彼得：*Forgotten Kindom*（《被遗忘的王国（丽江1941—1949）》），昆明：云南人民出版社，第297页。
[2] 这点在后文有详细叙述。

美"（堂屋）依然是男女共居的空间。如图4所示，"吉美"中有一根脊檩，即"美杜"（母柱）。这根柱子被称为"顶天柱"，象征居那若罗神山[1]。柱子正面一侧为公床，旁为母床。公床与母床交接的角落设木柜，木柜上供奉装有家庭成员灵魂"素"的竹篓。母房中间有一个高出地面的灶台称为"格古鲁"。而在白沙堂屋空间中，男性文化占据了重要的地位，如图5所示。[2]

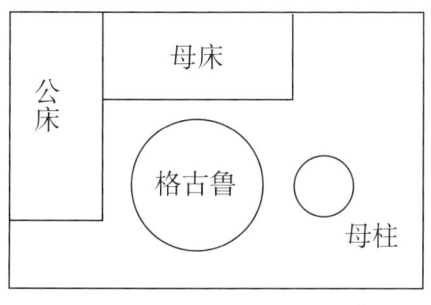 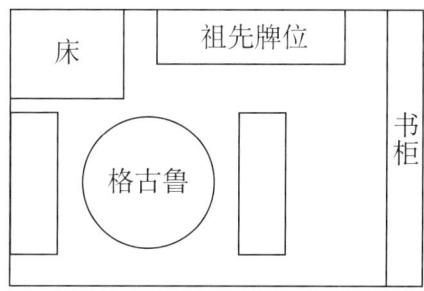

图4 "吉美"内空间布置[3]　　图5 白沙堂屋内空间布置（一）[4]

在"吉美"和堂屋空间中，较为明显的差别就是"母"（雌的）文化，堂屋空间中的"母"文化没有任何残余。一方面，这是由于从木楞房

---

[1] 据《崇班图》所说，远古神人九兄弟和七姊妹开天辟地时，在"东方立起白螺顶天柱，南方立起绿松石顶天柱，西方立起黑玉石顶天柱，北方立起黄金顶天柱，中央立起白铁顶天柱"。以后，大地上的人类又在天地中央修建了居那若罗神山，以作撑天镇地柱（山）。林佳雯、关华山调查指出，达祖村纳西家屋建筑中有公、母两根柱，与摩梭族家屋建筑更为类似，在此就不此问题讨论。详见林佳雯、天华山：《泸沽湖地区纳西人与摩梭人居住文化之比较初探》，《第十六届中国民居学术会议论文集（上）》，2008年。
[2] 为了比较之便，此处不标注方位。
[3] 孟彻理叙述，绘制参照陶立璠：《纳西族东巴信仰与风水》，《中央民族大学学报》，2004年第2期。
[4] 现在极少男性住在堂屋中，堂屋多空置为客厅使用。笔者仅找到一户仍居于堂屋内的报道人，请他回忆了过去堂屋内的布置。

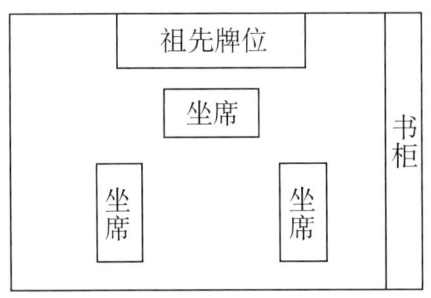

图 6 白沙堂屋内空间布置（二）[1]

到穿斗式建筑，家屋结构发生了改变，原本的母柱（"美杜"）消失了；另一方面，则是由于汉文化的影响，从堂屋内的空间布置可以看到对汉文化的居住习惯的仿效。而火塘边的坐席安排则进一步体现出相比"吉美"，"母"文化在近代白沙地区的堂屋中极大弱化了，如图 6 所示。

2. 火塘边的席位安排

孟彻理曾对木楞房中"格古鲁"旁的座次进行了研究，他认为"格古鲁"可以简单分为男性边和女性边，但在围坐时往往反映超越性别而涉及亲属关系的区分，"窝阔（骨，父系）"亲属包括本地"崇窝"[2]和其他父系亲属，"那阔（肉，母系）"亲属包括母系亲属和其他父系"崇窝"的成员。在"格古鲁"的座位安排中，"窝阔"的男性来客都坐在男性一边，而"那阔"亲戚无论男女都坐于女性一边，走进走出"格古鲁"区域时不可跨越界限，从这点可以看到，"格古鲁"在划分座位时，虽然不可混淆，但"窝阔"和"那阔"亲属拥有平等的地位。[3]

而在明清习汉族男女之防及长幼尊卑观念后，这种座位秩序不再被允许。与之前所论述的院内宴请客人的坐席不同，在火塘边的席位安排更多体现的是家屋内部的权力关系。据白沙村里老人回忆，火塘

---

[1] 这是过去一些书香世家或显贵家中的布置。
[2] 属于同一祭天群，笔者将在后文论述。
[3] 孟彻理：《骨与肉：纳西传统建筑空间结构中体现的宇宙观和社会关系》，杨福泉译，《东巴文化论》，昆明：云南人民出版社，1991年，第387页。

曾经是天黑后一家人聚于旁取暖聊天的重要空间，现在出于安全、方便等考虑，许多人家堂屋中已不设置火塘或火盆，而完全被灶台取代。

白沙某家屋中恢复了过去的火塘，如图7所示，可以看到和过去一样，火塘有三个主要坐区，家屋中属于"窝阔"（父系）的男性坐于西边和北边，属于"那阔"（母系）的男性则坐于东边，如与之前的宴客坐席安排对比可知，舅舅是被置于客人的位置上。通常情况下，家屋中的女性不能上座，而要站在火塘的南边递茶点果蔬。

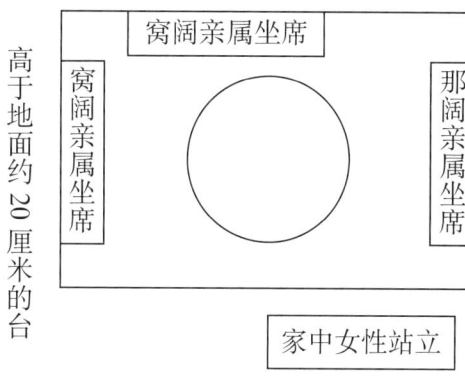

图 7 火塘边的坐席安排

可以看到，在坐席安排中，不仅女性被排斥在坐席的重要位置之外，而且属于"那阔"的亲属也坐于客人的位置，即舅舅是因为其男性亲属身份而非母方亲属受到重视。相反，属于"窝阔"（父系）的男性在空间中占据更为重要的地位，这一差异同样可以在亲属称谓中看到。

3. 家屋内亲属称谓的变迁

孟彻理在丽江北部地区调查中发现，当地的亲属称谓制度基本与东巴经书中的属类别式亲属称谓基本一致[1]，即同一亲属称谓可以适用

---

[1] Charles F.McKhann, Fleshing Out the Bones:Kinship and Cosmology in Naqxi Religion. A Dissertation of the University of Chicago, 1992.

于同一范畴的成员。五代之内的称谓如表 1 所示[1]：

表 1 东巴经书中的亲属称谓体系

亲属关系		亲属称谓
祖辈	祖父	ə³¹pʰv³³
	祖母	ə³¹tsɯ³¹
父辈	父亲、伯父、叔父、表叔	ə³³sɯ³¹
	母亲、伯母、叔母、表叔母	ə³³me³³
	舅父、姑爹、姨爹	ə³¹gv³³
	舅母、姑妈、姨妈	ə³¹ŋi³³
	岳父、公公	zu³¹pʰə³³
	岳母、婆婆	zu³¹me³³
平辈	哥哥、堂哥、从兄、表哥	ə³³bv³¹
	弟弟、堂弟、从弟、表弟	gɯ³³zɯ³³
	姐姐、堂姐、从姐、表姐	me⁵⁵me³¹
	妹妹、堂妹、从妹、表妹	gɯ³³me³³
	妻子	ŋi³³nv³¹
	丈夫	za³³ka³³zɯ³³
子辈	儿子	zo³³
	女儿	mi⁵⁵
	侄子、外甥	tse³³ɣɯ³³
	侄女、外甥女	tse³³me³³
孙辈	孙子、外孙子	lv³³bv³³
	孙女、外孙女	lv³³me³³

在表 1 中，父系和母系的亲属称谓基本对等。而在笔者对于白沙地区纳西语亲属称谓词汇的调查中发现，对于父亲 ə³¹ba³³、伯父

---

[1] 注音根据和发源：《从东巴经书的记载看纳西族古代婚姻家庭的演变》，《民族学研究》，1986 年第 00 期。同时参考孟彻理的博士论文。由于原文中为汉字注音，笔者又向东巴和振伟（72 岁，小学，新善村）进行了音的核准。和发源指出，亲属称谓仅按辈分区分表明，同辈年龄相当的亲属曾是一个婚姻集团，而孟彻理在博士论文中则指出父系和母系亲属称谓仅在父辈、平辈有区分，是因为父辈和平辈在追溯交表婚时，属于父系或属于母系比较重要。

ə³¹ta⁵⁵、叔父 ə³³sɯ¹³ 进行了区分，而不再以 ə³¹sɯ³¹ 统称，同时，三代之内的父系亲属是按在整个宗族中的排行称谓，如图8所示。

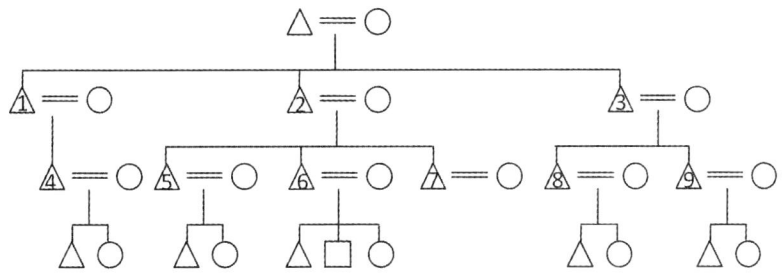

□：代表自我（Ego），是计算亲属的起点，不分男女；
△：代表男性亲属；
○：代表女性亲属；
＝：代表夫妻关系；
│：父母与子女的关系；
⊓：兄弟姊妹关系。

图 8 "的支"内亲属排行称谓图

1、2、3 亲属称谓为：大爷爷、二爷爷、三爷爷；4、5、7、8、9 按年龄排行称叔伯，若按 4＞5＞6＞7＞8＞9 的排行，则称 da⁵⁵da³¹（大伯），ə⁵⁵da⁵⁵（二伯），sa⁵³sv³³（三叔），sŋ⁵³sv³³（四叔），v³¹³sv³³（五叔）[1]。通常，在若干血缘近亲之间才计算称谓排行，这个血缘组织称为"的支"，即"一支"之意。"的支"的划分没有绝对的依据，通常为三代或四代以内的血缘近亲，但是有时也有五六代人同属一支

---

[1] 白沙地区亲属称谓汉化较为明显。故此，仅记录调查中所常用汉化后的称谓。

的情况。"的支"是在"崇窝"之下的亲属组织。[1]

"的支"中对于"窝阔"男性亲属的具体划分以及排行并不具有联姻的意义,而仅对于宗族记忆与家屋传承有重要意义。这种亲属称谓不仅区分年龄而且体现出亲属关系的亲疏,在同"的支"之内,同辈男性亲属比起其他非直系亲属享有优先继承权。例如,当男性7无子继承家屋,则同辈的"窝阔"的男性亲属均享有继承权,即4、5、6、8、9均可过继自己的儿子给7继承家屋,而不是只能由7的亲兄弟5、6继承。这种继承在第四节某宗族家屋的故事中会展开论述。

"那阔"以及"窝阔"中女性成员则依然使用统一的辈分称谓体系。因此,女性亲属在火塘边位置的不对等,以及父系男性成员在亲属称谓体系中的优势地位,使得"美"在社会中的地位也被极大削弱了,而男性在社会中的地位凌驾于女性之上,并且岁数较长的男性长辈凭借辈分和年龄资历占据了空间中的优势地位。

(三)家屋的承续

男性自出生起就永久隶属于父祖宗族亲属团体,服从父辈、履行与享有祭祀宗族祖先的义务与权利,并在祭祖仪式中与父系祖先的亲属关系得到强化。然而只有男性子嗣传承家屋,才能作为宗族的先祖享有后代子孙祭祀的权利。同样,对于女性来说,嫁入别的家屋中,只有成为儿子的"母亲",家屋成员的身份才能被承认。因此,缔结婚姻对于白沙地区的纳西人来说非常重要。

---

[1] 笔者查考相关东巴象形文字,没有发现"的支",而从"的支"的音来推测,这是汉语借词可能性较大,因此,"的支"很可能是在近代宗族发展中出现的词汇。

1. 婚娶与新家庭的组建

在白沙，婚姻是一个家屋中的一桩大事。自清代开始，子辈必须遵循"父母之命，媒妁之言"进行婚配。由于条件的限制，过去，村落之间亲戚通婚现象普遍，交错从表婚较为常见。老人常常这样讲婚配的形式，"我（男）的儿子可以找我的姐妹的女儿"。此外，木氏同姓不可通婚，而和氏则无此禁忌。也有人家通过财物买来媳妇。早年，白沙地区曾经赌博猖行，也有部分人家由于还不起赌债将女儿抵给债主。

当男方父母看好合适的媳妇人选，就请算命先生或东巴算属相是否相合，如果相合就要请媒人去说亲。女方父母同意后，两家就要选吉日下聘礼定亲。男方的母亲请媒人送一些礼物、一小笔钱再加上一些首饰，女方则可以回赠少许礼品。

当女方到 16 岁，男方就需要再往女方家里送一次礼，主要以金银玉制的首饰和现金为主，而逢重要的春节、端午、中秋节也需要送些糖酒到女方家。同时可以邀请女子到家里帮忙收割粮食，有时也会参与未来婆家的葬礼、婚礼等仪式，在公婆生病之际，还会去服侍未来的公婆。但是未婚男女之间有避讳，不能直接说话来往，也不能直接住到男方家。[1]

选好吉日与时辰，两家就可以举行婚礼了。提前一天，新郎就要准备好新床，请男方女性亲属铺床，并由一个男孩滚床。婚礼当天，男方带着媒人和亲友组成的迎亲队伍，到女方家迎娶。迎亲队伍到女方家中，新娘要哭嫁，女方的女性亲属将新娘送上花轿。当花轿进了新郎家之后，新郎新娘要在堂屋内进行三拜天地、拜祖先和公婆的仪

---

[1] 也有老人说未婚男女可以讲话，但必须在公开场合。

式。同时敬拜亲朋好友，通常新房是北坊正中一间。

新婚夫妇于婚礼仪式上确定关系，而以分灶建立起家庭，亦即只有新人能单独生火做饭，才能过日子。故而即使是在狭小的院子里，有时也会摆两三个灶分别做饭，一直持续到新人有能力起新房。白沙人没有"大家庭"的想法，在村民观念中，越早分家越好，因为"在一起住久了矛盾就多了"。因此，过去白沙镇中，一大院仅居有三五口人的情况也非常常见[1]。

在婚姻缔结中，女性的主要职责在于生育男性后嗣，顺从丈夫以及孝顺公婆，因此，婚姻缔结就很少有浪漫成分，正是在这种环境下，一些年轻男女出于对自由与爱情的向往选择殉情自杀。[2] 然而，通过婚前的频繁来往，能对婚后的生活有一些保障。必须指出，白沙地区很少有纳妾的习俗，通常在女性高龄仍未生子的情况下，才有可能纳妾。

2. 上门女婿

当家中没有儿子继承家业而又不愿从亲戚处过继养子，白沙人有时就会进行招婿。在白沙宗族社会中，这种"上门"通常是得不到承认的。一些老人认为"上门"是近些年社会风气逐渐开放才有的婚姻形式，过去如果家中没有儿子，家产就必须在宗族男性长辈主持下，由宗族中血缘较近的其他男性同辈继承。然而笔者访谈到一位84岁老人曾是"上门"女婿，这说明在1949年以前，"上门"就已经成为

---

[1] 大研古镇则有不同，由于土地有限，不同家庭共居于一个家屋中的情况比较常见。
[2] 笔者赞同赵省华、杨福泉等学者的意见，认为清代"改土归流"的政治变革是纳西族殉情的主要原因。但是，从杨福泉等人的调查（见杨福泉：《政治制度变迁与纳西族的殉情》，《中南民族大学学报（人文社会科学版）》2005年第5期）中可以看到，丽江坝区农村、离坝区近的高寒地区殉情人数较多，可以推测在靠近丽江古城中心地区殉情人数较少，这说明在城市或近城市地区，汉化是明代以来木氏统治下，纳西族主动学习、潜移默化的过程，因此相对广大的农村地区，城市地区实施"改土归流"政策的阻力较小。

一种可以接受的婚姻形式。

"上门"婚姻和普通婚姻一样,也要经由算命或东巴的合"八字",找媒人说合。但是订婚的聘礼由女方送出,通常聘礼较为简单,即烟酒和现金。选定吉日,打扮端正的女婿由父兄送入岳父家中,其他叩拜仪式和宴客仪式大致一致,之后就可以成为女方家屋的成员。

必须指出,"上门"是一件"丢脸"的事情,笔者在镇内找到大量"上门"婚姻,"上门女婿"虽然并不难为情,但是明显也并不喜欢谈这个话题。我们通过几个上门女婿的自述来理解白沙地区这一婚姻形式。

> 这个房子是我老岳父的,我家那个时候穷,我去当兵回来,一样都没有,怎么娶媳妇?没办法,有人就说这家要招个上门女婿,我就来了。肯定是不想来的,但是我岳父还是好的,那个时候这个院子住了两户,那边是我岳父的弟弟,这边是我们的灶,后来就这么过。我祖上也是书香门第,我还记得我家里面挂起很多字画,我爷爷是教书的,我和我哥哥关系还是比较好的,我们两个一起搞家谱,可惜前两年他走了(去世)。现在我就想自己弄一弄,最后全部交给我侄子。我自己的儿子是不感兴趣。[1]
>
> 我今天是来我四弟(叔叔儿子)家。这边这个是我爸爸的房子,我弟弟现在住着,我老实不会来的,我当初被送给人家当上门女婿嘛。我家也不穷,我也不知道我爸爸怎么想的。我媳妇是对我老实好的,当时我出去念书,都是她给钱,后来么就结婚了。她家在那边,房子也是空起。我都是出去闯,自己建了房,就把

---

[1] 访谈人:X先生,84岁,忠义村,2013年9月19日。

她接过去了。[1]

  这个是我的老岳父，我是上门的嘛，你们都知道，我对他是要恭恭敬敬的。上次，他说叫我给他钱，我跟他说你不要说给你钱，你直接说拿钱来，我就要恭恭敬敬地两手给你送过去，这个房子这些钱都是你的，随便你用。我是老实看不得那些对老人不好的。[2]

不同上门女婿表现出对于家屋的不同态度，X 先生虽然住在岳父家，但是认为自己依然与哥哥是同一宗族的，Y 先生选择离开两个家庭，独自建新房，Z 先生则选择住在新房，把老屋留给岳父[3]。事实上，"上门"婚姻是一种双赢的策略，女方得到一个劳力和继承家屋的后代，而家境贫寒的男方在有了男性后代后，即可继承家屋和其他财产，而且白沙镇中有"三代归宗"的习俗，即上门女婿三代之后子孙可以归回其父亲家。然而，这种婚姻形式认可度并不高，家境不是特别贫寒的男性都不会选择"上门"。

3. 分家与家屋继承

白沙地区家屋中的人口平均数非常小，如前所述，这是由于大部分人认为人多就会产生矛盾。因此，当男子成年或结婚后，都会另寻新宅，如果家境贫寒，即使几户同居于一个家屋内，但是房间的划分明确，而且每个家庭必须单独起炉灶，等到有一定经济实力，就会一

---

[1] 访谈人：Y 先生，74 岁，新善村，2013 年 9 月 26 日。
[2] 访谈人：Z 先生，62 岁，新善村，2013 年 10 月 8 日。
[3] 有意思的是，村里人对于 Z 先生颇有微词，认为他只是"做样子，不是真孝顺"。Z 先生因为做生意，极少回到白沙镇，而老屋只有老人一个人居住。

户一户搬出旧的家屋，留下幼子守老房照顾老人。

分家并不需要举行专门仪式，通常会请族长或其他家族的长辈做见证，即将分出去的成年男子通常可以拆走老屋一坊的木料、石料，分得部分的土地与牲畜，并在新起的家屋中另设祖先牌位。也有部分家庭不分田地，由兄弟共同经营，每家平均分派收益。即使分家后，所有儿子都对老人有赡养的义务，老人的用钱和衣物开销要由儿子们均摊。

有时候，分家前家里已经发生了争吵，而分家时也会因为觉得不公而发生争吵。由于分家不均而引发的矛盾并不少，这时候，宗族的长辈、村主任就必须介入调解矛盾。大部分家庭为了"保面子"，并不愿意将分家事宜闹大，因此，近年也有家庭通过立相应的"契约"以详细分配家庭的财产和一些细节，长辈与村主任作为见证人也需要签字。也有一些没有长辈的家族分家产生矛盾的情况，最后的解决方式同样依托于村内的长辈。[1]

> 以前经常有人分家吵起来，打起来的时候都有嘛。像是我们村头有一家有两个儿子。平均分嘛，家里两个房子（两坊，笔者注）就一人一个，四个就一人两个，但是你晓得的，有的家建了三个，那么肯定只能一个人有两个，一个人只有一个，哪个人占两个就是爹妈说了算。有些爹妈老实不会偏心的，儿子就不成（不赞成——笔者注），就打起来。那时候，族长和一群老的长辈就说你们不要吵，我们来帮你们看，得一个房子那个儿子就多分他

---

[1] 20世纪50年代以后，家屋的争端不再由族长或宗族长辈出面协调，更多时候是由村干部或其他近亲来调解，在第六部分会有叙述。

一头牛，这么就算了。有时候吵得老实凶的，好多年都不来往了。这种么，就看爹妈了。不过，我们这点都是要早分家。住久了，肯定就有问题。尤其是结婚的，带着媳妇和爹妈住，有些媳妇老实不好的，就要闹出事来。[1]

从理论上说，父亲对于家屋的继承有绝对的发言权，因此，通常的分家活动中，儿子们服从父亲的安排即可。然而在许多情况下，儿子们对于父亲的安排并不满意，因此就会产生矛盾。家屋之中父辈祖先的权威和年青一辈对于生活的追求的矛盾在家屋内部有更为明显的展现。

（四）家屋内的祖先崇拜

祭祖的丧葬仪式重新定位了纳西人和祖先的关系。过去，人和祖先是生活在不同空间的人（生活在地上）和神（生活在天上）的关系；而现在，人和祖先是生活在同一空间（家屋中）人和人的关系。"祭天"与"祭祖"表述了这两种不同的祖先崇拜观念。同时，祭天的群体"崇窝"与祭祖的宗族也有类似的内涵。因此，笔者尝试由"祭天"仪式探讨"崇窝"概念，再通过家屋内"祭祖"仪式探讨近代宗族中族长权威的确立。

1. 祭天与"崇窝"

祭天是纳西人的重要标志，纳西人自称"纳西美本若"（纳西是

---

[1] 访谈人：牛先生，65岁，2013年9月16日。

祭天的人)。自然信仰与祖先崇拜结合形成独特的祭天文化，丽江地区祭天主神为"祖老阿普"，"祖"为女祖，"老"为虎，"阿普"为男祖，祭天时所念的祭词要从先祖崇仁利恩一直往下念到高乐趣的第十一代。祭天还要念《杜止扑》（意为袭击敌寨）的经书并举行"抗公抗"的射箭打靶仪式，有东巴认为这一仪式是根据英雄史诗《东埃术埃》（又名《黑白之战》），纪念先祖与署（自然神）作战胜利归来。

"崇窝"指代过去共同举行祭天仪式的氏族组织，即祭天群。[1] 李霖灿、孟彻理、杨福泉等学者都对于纳西族的祭天群体做过考察。祭天群是以纳西族父系世系群为基础的氏族组织，多数纳西族归属4个祭天群，分别是铺笃、姑徐、姑闪、姑展。其中铺笃是最大的派别，而姑闪、姑展人数较少。在白沙，大部分木姓宗族都属铺笃祭祀群体，而和姓东巴世家属于姑徐祭祀群体。[2] 由于各个"崇窝"的人口繁衍与迁徙，祭天群逐渐与地域紧密联系在一起，在祭天仪式尚未消亡前，祭天群的血缘关系已经混淆不清了，许多宗族都不能清楚辨析自己属于哪个祭天群。

在白沙，全村共同祭天活动几乎很少，大部分木姓宗族都属铺笃祭祀群体，但也并非在统一日期祭天[3]。而和姓东巴世家属于姑徐祭祀群体，居住在新善村与玉龙村的同一宗族的族人在不同的日子进行祭天。一些在明清迁入白沙的宗族（过去非纳西族）同样进行祭天活动，他们会选择同村落的祭天群体加入。因而，在1954年祭天仪式尚未消亡前，祭天群的血缘关系已经混淆不清了，许多宗族都不能清楚辨

---

[1] 李近春、王承权：《纳西族》，北京：民族出版社，1984年，第595页。
[2] 东巴和振伟（72岁）叙述，其余大部分家族无法辨识属于哪个祭天群。
[3] 据老人称，木氏土司权力很大，他们自称是天子、天孙，因此要等他们进行了祭天仪式后，其他宗族才能跟着进行祭天仪式。

析自己属于哪个祭天群。

前文提到，笔者在做纳西词汇调查时，村人都认为宗族的对应词是"崇窝"，然而现在这个词已与"祭天群"的氏族组织概念相去甚远。过去同属一个"崇窝"的人群彼此之间不一定有清楚的系谱关系[1]，通常是以融合的形式结合地缘上比较接近的群体组成一个祭祀群，故那时的"崇窝"范围很广，强调想象的共祖关系，同时有相互合作扶助的内涵。而白沙地区近代宗族的形成则源于共尊的父系直系男性祖先，是由这个祖先的家所直接分出的其他家而组成，这些家庭共享公共的墓地，并听从族长对于族众事务的安排。从这个意义上讲，明清以来的白沙家屋以男性先祖为核心，展现了汉族宗族中的宗法精神。

2．祭祖与宗族

如前所述，堂屋是留给后辈的重要遗产，因此，子辈必须在父祖生前行奉养之责以及死后行祭祀之事。堂屋内供奉的族谱与牌位说明了同一宗族的不同家屋之间的血缘关系，宗族也在固定的时节在每个家屋轮流举行祭祖活动。冬祭称"祠本"，夏祭称"塔本"，具体祭期因宗族不同而有先有后，通常是"崇窝"中血缘关系较近的一同祭祖。例如白沙木氏夏祭多为六月十二日，而东巴家为六月十四日。在祭祖中，族长而非东巴祭司掌控整个仪式过程，由居于同一家屋内的家庭轮流提供仪式的场所，以及承担仪式中的祭品和煮食服务。一些老人尚记得过去祭祖仪式的内容。

---

[1] 其中一个重要标志就是明清以前纳西人是父子连名制，没有统一的姓氏，群体的界限很难划分。

> 我们是木增后代嘛,很讲究祭祖的。那个时候就在院子里面搞祭祖,轮流嘛,一家一年,族长说是哪家么就哪家准备一头猪,主要就是这头猪,不能太重也不能轻。那个时候我还小,怕是就那么高点,我就记得在家里面用树枝扎个屋子,三个树枝架起来,好像是柏树、栗树,说是祖先。上面放个鸡蛋,都说纳西族是蛋生的嘛,所以要摆个蛋,然后先是把活鸡放在下面(树枝中间),放一阵就拿出来煮了吃了,这个就叫活祭,然后再把杀好的鸡肉和猪肉端进去,应该是熟的,所以就叫熟祭。族长就拿出族谱,要从前面一直念下来的,可能还要念一些经文,也有感谢大家的话。然后,族长就发话喊所有崇窝的人一起吃饭。[1]

在木姓老人关于祭祖的记忆中,可以看到这一时期的祭祖活动已经是族长主导下的宗族活动,祭祖仪式目的从先祖的追念,扩展为加强宗族不同家屋间的联系。通过家屋内的祭祖活动的举行,族长作为辈分最高、年龄最大的男性长辈,建立起宗族内的权威,并且也可能号召同宗之人一同购置田产,作为专供祭祀的产业或宗族福利。例如白沙某个宗族就曾有七亩祭田,以低廉的价格给宗族中穷困的家庭租种,所得租金用于族内活动或优秀后辈教育。又如某宗族租出城内铺面三间,契约书载:"一半作为清明中元及六月腊月初四日祭祖之用不得推诿。"宗族成员都必须严格按照祖辈定下的契约行事。

1949年以前,白沙地区的宗族已发展出一套类似汉族完整的宗法制度,部分贵族宗族还有明确的家规、家训,如某个宗族以"积善之家,必有余庆"为字辈排行,目前已到"余"字辈。

---

[1] 访谈人:和先生,60岁,兴都村,2013年10月28日。

除此之外，大部分宗族还展开了族谱修订（见附录2），除去特殊的木氏与东巴宗族，其他宗族的族谱大多追溯至十五代前的先祖，与改土归流的时间较为吻合。大部分宗族在重新编写宗族史时选取了一些名人轶事作为祖先崇拜的重要内容，使得祖辈的形象更加高大。近年有条件的宗族还将族谱编订成书。无论如何，由族长举行的家屋内祭祖、主持的族谱修订等活动维系了血缘亲属间的关系，反过来也强化了族长在宗族中的地位。

祭天和祭祖仪式展现了不同观念下的祖先崇拜，祭天文化崇拜的是神格和人格合一的传说先祖，而祭祖文化中崇拜的则是具有人格的真实父系长辈。因此，祭祖仪式强调父系先辈的崇高形象与至高地位，加强了具有血缘关系的同一宗族成员间的纽带关系。除了祭祖以家屋为主要的活动场所外，婚、丧、寿、喜等红白事均在各家屋中进行，具有共祖的关系的宗族成员都有参与这些事项的义务与权利。故而白沙的纳西人也习惯称呼这种亲属团体为"崇窝"，说明彼此之间的"骨"（父系）的亲属关系。

（五）家屋内的权力关系

家屋建造是为了延续至男性后代，堂屋住所安排以及屋内火塘边的座位象征意义都与家屋的继承有关。只有男性有继承家屋的权利，年长的儿子通过拆去侧坊的木料石料以建筑新的主屋，而幼子则最终接受剩下的家屋空间、附属于此家屋的土地、牲口等。这种继承权利源于汉族父权制社会中，家庭成员的地位与年龄直接相关[1]，居住于堂

---

[1] 赵省华认为青年地位的相对低下可能是导致清代以来殉情的部分原因。

屋中的男性长辈才有权对家屋中的事务进行管理。那么，在这种矛盾的情况下，家屋内的权力关系到底是如何展开的呢？

1. 杨家大院：辈分最高、年龄最长的男性掌家

白沙地区中，男性虽然通过占有堂屋和火塘边的优势位置等获得家屋中的中心地位，然而拥有同一"窝"（骨）的男性成员之间，由于在辈分、年龄上具有差异，对于家屋内外的事务也有不同的处置权力。通常情况下，辈分最高一代中年龄最长的男性对于家屋内部和整个"崇窝"（宗族）具有发言权。然而，在有三代或三代以上同堂时，家屋空间如何安排？笔者试着通过用杨家大院的空间布置和相关记忆来理解家屋中权力的分配。

> 我们祖上以前是四川重庆巴山县的，木增（明代）那个时候请了很多工匠来丽江，我们老祖宗就过来了，我曾祖父就是修清代福国寺那个铜顶的。叫我们家"阿笃公（意为打铜人）"，因为我们代代都是打铜的，到我们已经是第15代了，只是我们这一代就不打铜了，不过我还记得我小时候一家住在一进三院里面，男的就打铜，女的就酿酒，我们家在下面（大研镇）还有两间房子，你看，这个是以前的房契。[1]

1949年以前，在忠义街与三元街上，居住大量如杨家先祖的外地手工艺人，这些早期的白沙移民多没有田地，也不愿意去开白沙贫瘠

---

1 访谈人：杨女士，69岁，忠义村，2013年10月23日。

的外田[1],依然以从事手工业为生,故而属于同一宗族的几户居于互通的几院之内,等有经济条件或外出求学再另起新屋。实际上在20世纪50年代以前,白沙许多家庭没有足够的经济能力分家,受到汉族"老者为尊""长子为父"的思想影响,又承袭纳西族幼子继承制的观念,这些家庭内展现出男性权力之间的博弈,权力划分的结果在家屋的空间安排中有明显体现。杨家由于居住人数众多,能更为全面地展现家屋之中的权力关系。图9为杨家大院空间布置大致示意图。

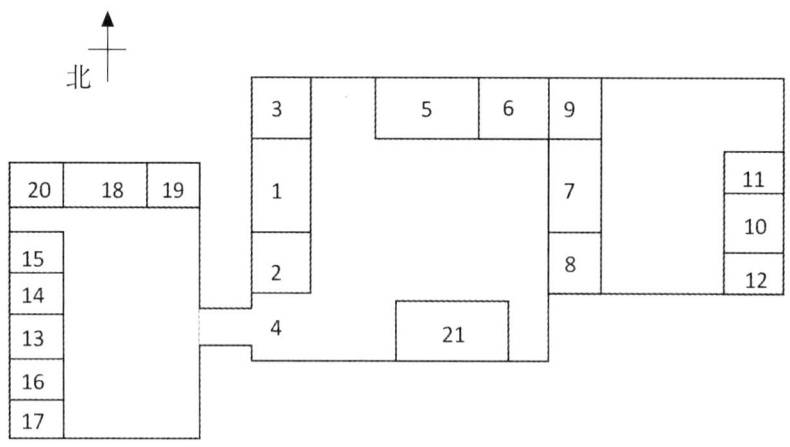

图9 杨家大院空间布置大致示意图

注[2]:1中院堂屋,三爷爷住;2大爷爷孙子住;3三爷爷孙子住;4四爷爷儿子住,通往后院;5曾祖父住;6三爷爷儿子住;7前院堂屋,不住人,通往中院;8四爷爷住;9大爷爷儿子住;10店铺,不住人;

---

[1] 白沙的田地分为内田和外田。内田主要为村落周边已开拓的田地,而外田则是较为偏远无人开垦的荒田。
[2] 由于年代久远,报道人10多岁就从大院中搬出,在50多年后回忆可能存在疏漏,在此使用报道人自己选择的表达方式记录空间布置。遗憾的是,此种记录的人数与宗族谱系并不能一一对应,应该有一些误差。

11 四爷爷儿子住；12 二爷爷儿子住；13 后院堂屋，不住人；14 二爷爷孙子住；15 二爷爷孙子住；16 二爷爷儿子住；17 二爷爷儿子住；18 大爷爷儿子住；19 奶奶住；20 三爷爷儿子住；21 三爷爷牲畜棚。

该图是由 69 岁杨老人和她的弟弟两人共同回忆所画出，在整个图中，除了 19 奶奶住的屋，其他屋都归属男性所有[1]，楼上不住人只放置杂物。三院之内的男性分布多以父系直系亲属居住一起为主，如后院多分给二爷爷直系子孙。然而考虑到打铜的需要，不同打铜人也分在不同的院落中。如四爷爷两个儿子均打铜，一个儿子住前院，另一个儿子住在中院，方便架设各自的铜炉。几户人都有各自的灶台，在一般的日子都是各自家的女人起火做饭，而在春节、元宵、中秋等节日，每家都烧起几个菜，在中院一同食用。平时则各家做各自的生计活路，当有事时再共同聚在中院讨论。

可以看到，整个父系家屋的权力中心在最大的中院中，杨老人回忆，三院只有一个"堂屋"住人，那就是中间院落的西房正中最宽大的屋子，早时由曾爷爷住，后来是三爷爷住（大爷爷、二爷爷已过世），"曾祖父就是那个有名的打铜匠，住在三爷爷旁边。""我三爷爷很有文化，所以他就管家。""谁管家，谁就住堂屋。""堂屋里好多字（书画作品——笔者注），还有这个，族谱，长长地写起，就写在一整张纸上，小时候都要背的。"杨老人及其弟弟回忆，小孩子的时候都很少被允许进入堂屋，只有在每年重要的节日祭典中，"进去给老祖先磕头"。

在杨老人回忆中还有这样两个典型事件。

---

[1] 关于女性住所，年轻妻子是和丈夫同屋不同床，而女儿小时则与母亲同床。由于两位报告人当时年龄较小，对于此记忆并不深刻，但是能大致分辨房屋的归属。

我有次出去玩回来晚了,家里就关门了,我害怕就敲门,后来四爷爷的儿子,就给我开门,他住得近。我就被我曾爷爷叫去他屋子前面骂,就骂怎么那么晚回来,过了家里关门的时间,然后就叫我在那里站了几个小时,才叫我妈领我去睡觉。儿媳妇都会被他骂,有时候都会被骂哭了。

48年(1948年)的时候,有人就喊"洛毅(音)"来了,就是一个很有名的土匪来了,我们全家都害怕得很,后来我们家不是打铜的嘛,有很多铜盆铜碗的,当时我曾爷爷不管事了,我三爷爷就做主叫把所有铜的都埋到后院土里面。

从两位纳西老人对于家屋的回忆中可以发现家屋分配的这样几个原则:①家屋中最大院子是权力中心所在,因此老祖宗以及长子长孙要在此屋中居住;②在每个院落中,西房为正房,正房为每个院内最有权威的居住,如前院为四爷爷,中院为三爷爷,后院为二爷爷儿子,其中又以住在中院的三爷爷为尊,他同时承担管理整个家屋三个院落的责任;③北房是次于西房最为尊贵的房屋,年长而不持家的老人居住,如中院住着曾祖父,后院住着大爷爷儿子以及奶奶。④亲属关系是从掌家男性一代开始计算,其他家屋空间依照和该辈男性关系的亲疏分配。如图10所示,为杨家四代的家谱图(部分)。

因此,在家屋之中,辈分最高、年纪最长的男性具有至高的地位,幼子虽然具有房屋的继承权力,然而在居住于家屋中的男性长辈过世之前,对于堂屋和其他家屋内的事项都没有完全的处置权。换个角度说,继承家屋的幼子对于居住于家屋之中的三代或三代以上的男性长辈都有供养和服从的义务。在这样的情况下,当最终会继承家屋的儿

从吉美到堂屋——丽江白沙家屋空间结构及变迁研究

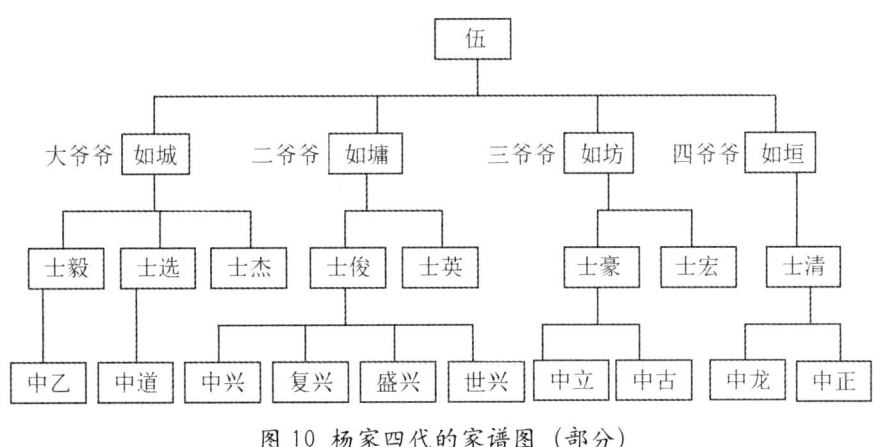

图 10 杨家四代的家谱图（部分）

子与所供养的老人存在非直系血缘关系，家屋的继承就可能发生争端。

2. 将军邸：过继儿子与长子的家屋之争

将军邸为白沙历史上一位名人的故居，时过境迁如今却已不复过去模样，更非其后人居住，然而20世纪三四十年代对于该邸之争，却反映出了白沙家屋继承可能产生的矛盾。笔者通过对宗族成员的描述复原将军邸，其平面图如图11所示。

这场家屋之争的主角早已过世，笔者尝试通过与该宗族现在的主要成员访谈，清楚地反映整个事件的过程[1]。

> 我没住过将军邸了，不过我弟弟住的和将军邸的是一起的，当时四个兄弟建了四个大的院子，说是我爷爷回来的时候看产业

---

[1] 该事件造成了宗族家庭成员之间的矛盾，然而运用化名难以厘清人物之间的关系，故而笔者向报告人征得了使用真名的权利，实际上，这场始于父辈的冲突已随着近年宗族活动的兴起逐渐消散。

345

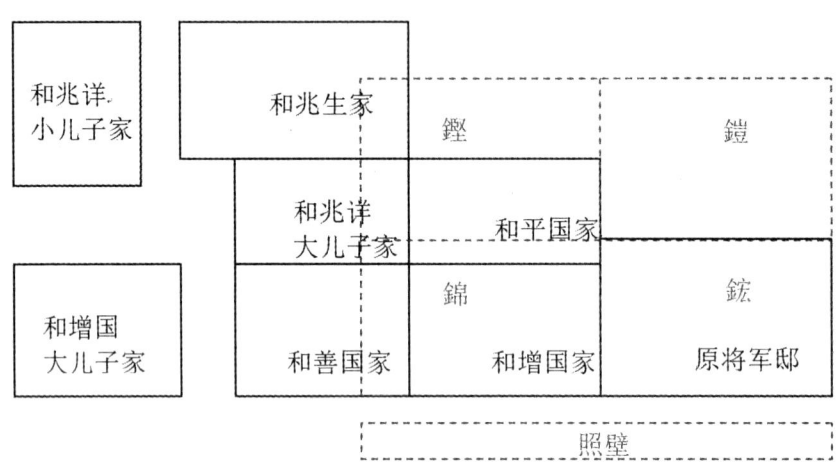

图 11　将军邸复原平面图

就住在那边（将军邸）里面，后来上海回来人就把院子要回去了。[1]

我家才是从上海回来的，当时我父亲找了个兰坪的白族姑娘，我爷爷和大爷爷都不同意，意思嘛就是像现在汉族娶个彝族姑娘一样，不好嘛，我爷爷就说不要回上海了，我大爷爷也不要他了。他就回来了，当时我们住在上面（北——笔者注）。解放前三年划成地主没有了（应该是解放后三年——笔者注），现在是别人在住了。[2]

和善国的父亲和泽远与和兆生的父亲和定国的矛盾是将军邸的归属问题。综合其他人（和增国、和平国等[3]）的记忆，在和兆生之父与和兴国回来以前，这所恢宏的将军邸是由鋐的孙子，即寿曾的儿子廷

---

[1] 访谈人：和善国，62 岁，兴都村，2013 年 9 月 16 日。
[2] 访谈人：和兆生，65 岁，兴都村，2013 年 9 月 18 日。
[3] 和善国与其爷爷关系较亲，而和增国与和平国则对该事件持较为中立的态度。

燮继承，然而廷燮没有后代，因而，和善国的父亲和泽远就主动去赡养和廷燮，并从此住在了将军邸内。在和定国与和兴国回到村里后，认定将军邸是他们家的。事件中人物亲属关系如图12所示。

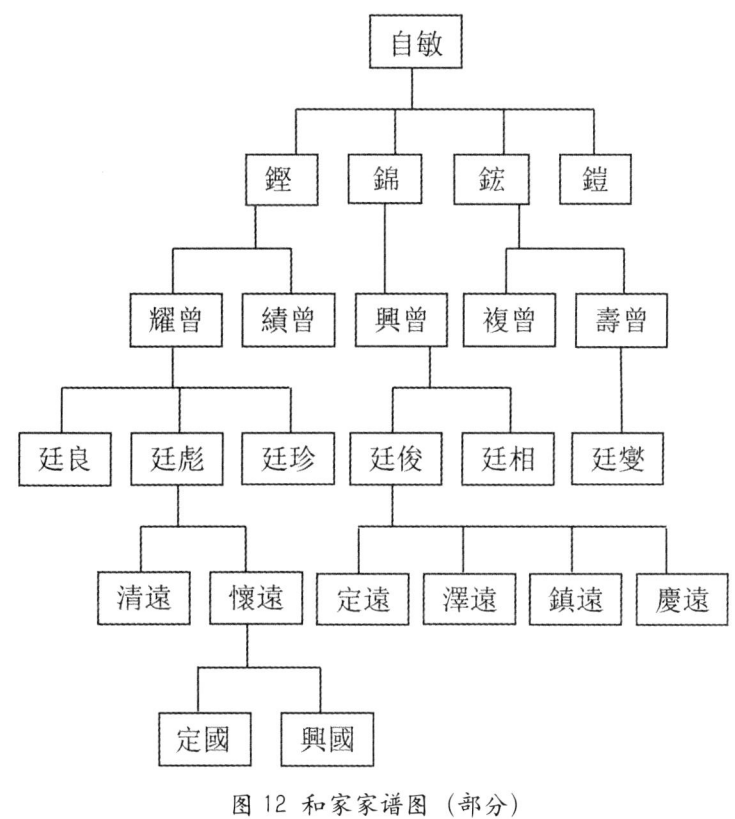

图 12 和家家谱图（部分）

从不同报道人叙述的故事中可以总结出两组过继关系：第一组，廷燮—泽远；第二组，廷良—怀远。在第一组关系中，泽远与廷燮过继关系的建立是由泽远主动赡养而形成的，因此其合法性地位遭到了质疑。假设泽远与廷燮之间不存在过继关系，则该家屋应由廷良，即廷字辈最年长的男性决定继承人。而廷良本身又无子，其曾过继的怀远就是顺位继承人，定国和兴国就享有将军邸的继承权。最为矛盾的地方在于，泽远与廷燮的过继关系也需要得到廷良认可。因此，就这个角度来讲，定国和兴国最终"抢回"将军邸是有根据的。然而，廷良是否与廷燮同属一个"的支"存在模糊性，廷良的父亲耀曾很早就离开白沙地区，廷良是否对白沙"的支"的事务有管理处置权应受到质疑，如果廷良不是"的支"的族长，泽远坚持将军邸应由自己继承就有依据。

当然，男性长辈的权威并非一定与传统纳西家屋继承的法则相悖，白沙老人言，家屋继承的矛盾，大多是因为"父母偏心"所致。在大多数情况下，长辈会动用人脉为较长的儿孙建房，也会将部分田地和牲畜分给他们，而最终将自己居住的家屋正房留给幼子，并由幼子履行赡养的义务。而祖辈和子辈的关系通常是通过祖孙共居一室以建立稳定关系。

3. 东巴世家：祖孙间的东巴技艺传承

过去，纳西人的小名都必须由祖父母取好，并用纸记载贴在正房的椽子上或墙壁上，以此寄寓对于孙子女的祝福。祖辈也会参与到孙子女的教育中，改善与孙子女父母的关系，在家庭成员间达成理解。通常情况下，祖父与长孙关系十分亲密，除了提供物质的支持外，也会提供传统技艺的传承。在技艺的承袭过程中，传统得以延续，而孙辈也加强了对于家屋以及宗族的认同感。

东巴和诚（约瑟夫·洛克的东巴老师之一）家的技艺传承就是由祖父传给长孙，这看似与幼子继承祖屋是矛盾的，然而纳西人自有一套理解的方式：房子要住一辈子，留给小儿子养老，技艺要早点交出去，大孙子学了可以出去成家立业。即技艺的传承是遵循这样的逻辑，祖父带着孙子学艺，而父亲则已向曾祖父学成出去自谋生路。

因此，在东巴的家屋中，笔者听到的传承故事都是祖孙之间的。

> 我以前也被我爹叫去玉水寨上班，说起来好笑，那些老东巴老实不理解呢，他们念经文，我经常念不完整，但是他们念错哪个字，我一听就说不对不对，他们就说你这个是不是懂装不懂，说大家念的时候你说不会念，大家念起来你怎么老知道这里那里错了？我从小都和祖父住，我祖父就喊我一定要学东巴文，一定要传这个技艺，但是那个时候又不准搞，我也没兴趣学，但是我祖父天天就在屋子里给我念，我就天天听着他念，经常我睡着他还在念，慢慢听着听着就记得了。就是耳熟，反正这个东西就感觉是我的一部分了，也不说会不会，反正他们一说，我也不会说，但是他们一说错，我就认得错了。[1]

> 他们说都记得我是东巴啊，是的嘛，那个时候就是我跟着我爷爷到处走，到处作法了嘛，你说的那个人就是我同学，他们都晓得，我跟着我爷爷跳大神，那个时候就叫跳大神，你看嘛，我现在还记得呢，你看我弟弟这个板铃，一敲是不是响得很，我来给你来一段（边打铃边念诵经文），我怎么记得啊？肯定记得嘛，那个时候我爷爷天天带着我念，念多了就会了嘛。后来我不敢搞了嘛，学校里面都笑我，我就不敢搞了，就出去了。[2]

> 我爷爷最想把东巴传给大哥（同父兄弟——笔者注），小时

---

[1] 访谈人：和锡鹏，42岁，新善村，2013年9月16日。
[2] 访谈人：和振隆，74岁，新善村，2013年10月22日。

候经常带着他去跳，村里人都认得他是东巴。但是他不喜欢嘛，就跑出去了，后来么上门去了，那我爷爷就想传给二哥（大伯的大儿子——笔者注），结果他也要出去闯，10多岁也就出去了，三哥也是（大伯的二儿子——笔者注），后来才回村里的。他们三个都出去了，我就是留在村里最大的，我爷爷没办法就传给我了。那个时候我还小的，跟着我爷爷住着。我还记得我爷爷给洛克去做翻译，我跟着去，洛克就把我扛在肩头上，那个时候玩的多，学的还是老实少，但是只要是我们家的，会说纳西话，学起来就快。我孙子如果将来想学，回来一两年肯定就会了。以前在玉水寨，我也很不教我儿子，都是叫别人教他。[1]

在上述三个关于技艺传承的故事中，祖辈都以自己熟悉的模式教育孙辈，技艺传承的意义在两个方面：一方面，是对于家族传统的传承，希望孙辈习得祖辈引以为自豪的技艺；另一方面，则是培养孙辈谋生的能力，将东巴作为一种重要的谋生工具传给孙辈。当祖父与孙子居住在同一屋檐下或同一居室内，在技艺传承之外，祖辈还会通过给孙辈讲述纳西族和宗族的故事强调个体对于家庭、宗族以及村落的忠诚感，教导孙辈积极参与到家屋、宗族等事宜中。

与孙子不同，通常孙女依然由母亲教导，这是因为母亲多忙于家务活计，不需外出干活，可以教导女儿孝顺、服从的品质，也会教女儿学习操持家务，当10来岁的男孩依然在镇里玩耍时，女孩子基本能为母亲承担部分家务，并学着照顾弟妹。而且，即使到今天，她们也知道"嫁人"是自己人生的重要部分，如果一直留在家中会被其他

---
[1] 访谈人：和振伟，72岁，新善村，2013年9月26日。

人嘲笑的。[1]同时,她们被教导要回避男性。[2]

以上事实并不说明父亲就不对儿女行管教之责,事实上,父亲对于子女有较高的管教权力,但是祖辈与孙辈共居一室,加强了祖孙之间的情感维系,杨家大院和将军邸的主要报道人也都向笔者回忆了祖父对自己的教导故事。如杨女士就回忆"小的时候,三爷爷就教着写字,所以后来才能去城里上中学",而和善国所有关于将军邸的回忆都来自小时候"爷爷讲起的故事"。

性别研究在人类学理论转向(从关注社会机制的功能向关注人和关系的象征性建构)扮演了重要角色。对性别问题的关注提出权力和社会控制的问题,更重要的是这样的社会控制是如何产生的。[3]家屋中的空间划分以及对应的经济活动能清楚描绘社会中的性别关系。从历史文献和东巴经文中,很难判断丽江地区纳西族男娶女嫁的婚姻习俗始于何时。然而家屋在建筑层面和空间结构的变迁,指出明清以来,家屋之中"母"的文化逐渐消失,"父"占据家屋中优势的空间位置和资源,女性必须依从男性享受家屋、土地、牲畜等资源,家屋、土地、牲畜等资源也成为宗族的固定资产,只能以父子相承的办法继承。

而家屋的维持、延续中则体现20世纪50年代以前白沙地区中不同年龄、不同辈分的男性间的关系。对于大部分人来讲,幼时对家屋中的记忆有着不同寻常、可唤醒的力量。家屋中养育的过程建立个体之间的亲密关系,社会生活中的许多规则也在这个过程中被传授给个

---

[1] 笔者曾经问一个12岁的女孩:"如果你的哥哥不回来,你会不会就一直住在这个家?"她回答:"不行,这个家是我哥哥的,我要住着村里人肯定要笑话,我以后肯定要出去的。"
[2] 笔者调查所知,1960年前后,曾有一个由于名节受损被父母嫁给鳏夫的女孩。社会中对于女性贞洁较为看重,为丈夫守节的女性如果被其他人欺负了,族长会出面教训。
[3] Janet Carsten. After Kinship. Cambridge. 2004:59.

人。[1]在汉族父权制亲属关系体制下,白沙地区男性长辈在家屋中的权力提升,而年轻人在家庭中的地位下降。家屋之内,祖辈与孙辈之间基于养育的亲密关系缓和了这种可能的矛盾,也维系整个宗族的情感,同时,男性长辈建立了不可以违逆的权威,子孙对于长辈行孝道,同时也表现在丧葬仪式之中。

---

1 Janet Carsten. *After Kinship*. Cambridge. 2004:31.

二、父辈之地：家屋的延伸

改土归流以后儒学全面在丽江地区推行，促使丽江地区纳西族形成父系共同祖先的崇拜，长辈男性在家屋中居于"上"之"上"的位置。汉族宗法精神在家屋内得以展现，堂屋行使了祠堂的功能，从堂屋延伸出的祖先之路通往宗族的墓地。本部分将对比纳西族历史上的火葬和土葬仪式，探寻家屋和墓地中所体现出的父系祖先崇拜，理解清代纳西族如何在"崇窝"的基础上建立新的组织形式——宗族。

（一）从"送魂"到"归葬"

方国瑜先生曾于20世纪30年代在丽江对束河墓葬进行过考察，在《明十和院墓葬考》中记载，这些坟墓都有碑文，陶罐中装有火化后的骨灰，可见明代纳西族地区已形成火葬和土葬结合的墓葬文化。而改土归流时期汉族流官强制丽江古城附近村社易俗，改纳西传统的火葬为汉制的土葬。《丽江府志略》记述，"自束河和棕顺母死，殡殓如礼，择地阡葬，题主刻铭，人不见其祸，此风渐革矣"。《新纂云南通志》也载："丽俗尚火葬，厚庆教以棺殓礼，其风顿息。"由此，土葬成为纳西人丧葬主要仪式。在土葬文化中，传统东巴的"开路"仪式中对共同的北方先祖的追溯也转化为对父系先祖的崇拜。

1."送魂"与祖先之地

正德（1506—1521 年）年间的《云南志》记载："麽夕蛮：焚骨不葬。死者无棺椁以竹簧昇至山下，贵贱一所焚之，不收其骨，候冬择日，走马至焚所，用铲毡覆地，呼死者之名，隔毡抓之，或骨或炭，但得一块，取归以祭，祭毕送至山涧弃之。非命死者，别焚之；其土官死则置于床，陈衣服玩好鹰犬于前。"乾隆（1736—1795 年）年间的《丽江府志》对当时纳西族火葬描述如下："土人亲死，既入棺，夜用土巫名刀巴（东巴）者杀牛、羊致祭，亲戚男女毕集，以醉为哀。次日，送郊外火化，不拾骸骨。至每年十一月初旬，凡死人之家，始诣焚所，拾灰烬余物，裹以松枝瘗之，复请刀巴念夷语彻夜，再祭以牛、羊，名曰'葬骨'。"在这一时期，所有的死者被一视同仁，即便是"土官"，也是进行火化后送入山涧中，且均不设墓碑。

土葬之法是在"改土归流"后流行于纳西地区，但也仅限于丽江周边乡镇。在《中国原始宗教资料丛编（纳西族卷等）》中对于中甸三坝白地阮可人[1]的丧葬仪式[2]有详细记载，1949 年以前，远在白地的纳西族还在东巴引导下施行火葬仪式，但已是与棺木送葬结合的火葬文化。书中对于仪式之初遗体的停放处有这样的记载："把死者移放在正房火塘旁大床（与火塘平行地用木板铺就）下方（称'刮买'，

---

1 选择白地是因为其为东巴文化发源地，又远离政治中心，故传统东巴丧葬仪式保留完整。
2 笔者也向白沙老人详细询问了火葬仪式，但是由于清代起大部分人家都施行墓葬以表达对父母的哀思，难以寻找到火葬的真实回忆，故查考了文献记载。有老人指出一些坟堆是过去火葬后葬于墓地中，能说得出祖先之名，然而没有立碑文记载。

直译即'火塘尾'），脚伸朝供神的柜'大'。"

遗体通常与"吉美"坐向相反，即若家屋是坐北朝南，则头朝南脚朝北。死者也将保持该方位入棺，并抬至祭场处。此时棺位应是头朝北脚朝南，将神路图铺于棺头，展向东巴念唱祭词，将死者灵魂从南面属于地狱的恶鬼之地引向北面神之地，这个仪式正是"引路"仪式，又称"引神路"。在这个仪式中，东巴要历数死者十二代先祖之名，这十二代先祖是白地阮可人共同的祖先而非死者的直系祖先。在之后的"洗马"仪式中，死者依然是头向北方，东巴念诵《献马经》，阐述纳西先祖是如何用马送魂，并指引死者如何骑乘骏马，跨越高山深涧，尽快到达祖先之地。在洗马仪式后，孝子与男性亲属将棺材抬至火葬场，将死者脸朝下放在棺材内，长者在棺材下柴堆上点火。第二天收拾遗骨，将骨灰撒入河流中。

可以看到，整个丧葬仪式中，棺木头部都是朝出殡方向。死者相对于整个送葬之路来说，一直处于"下方"的状态，即"恶"、不好的状态，北方（上方）才是祖先与神之地，东巴以"引神路"和"洗马"仪式将死者指引至北方圣地。不难理解，为何火葬仪式中大多选择不埋骨，而最多将骨灰送入河流中，这是因为纳西传统观念中，留死者于村落或村落附近是不利于死者本身和亲属的，只有不断行路，一直到达祖先之地，死者才能真正得到安宁。

回归祖先之地的重要性在殉情文化中也能体现，非正常死亡的纳西人不能回归到北方远祖之地以及神路图中所绘的"三十三个神地"[1]，殉情者向往的是"玉龙第三国"，杨福泉认为"玉龙第三国"与纳西族的"祖先之地"有着密切的关系，两者所描述的幻化世界有不少相

---

1 杨福泉：《纳西族古典殉情文学中的灵界信仰》，《民族艺术》1997年第3期。

同之处。年轻男女抛弃俗世的恶浊而获得快乐与自由。他们同样将现世视为禁锢身心的囚牢,以死亡放弃现世的身体,向往进入美丽的"天国"。

对于纳西人而言,火葬仪式本身不是个体死后的归宿,而存在于共同记忆中的祖先故居之地才是他们真正的"魂归"之地,因此,通过东巴的指引,死者可以追溯祖先的迁徙之路,并成为先祖中的一员。这也意味着,虽然其血缘直系亲属会作为送葬仪式中的主角,然而在死者灵魂进入"神路"之后,死者就转化为祖先中无差别的个体,在之后的祭祖仪式中,死者是被视为祖先中的一分子而被祭拜,亲属关系是依循这一条共同的"送魂"之路而非血缘关系而展开。[1] 而在纳西墓葬仪式中,亲属关系是按照真实的血缘关系展开,死者的身份地位在仪式中就至关重要。

2. "正寝"与"归葬"

明清以来,丽江白沙地区纳西人学习汉族的伦理道德,将过去的祖先崇拜与"孝道"结合,开始了安葬先人并树碑纪念的习俗。汉族丧葬仪式来自对于鬼魂的崇拜,《礼记》曰:"葬也者,藏也。藏也者,欲人之弗得见也。"即在灵魂不灭思想下,人们认为死者魂魄仍存在世间,善待尸体则能得到福报。在儒家思想下发展出一整套不同于"送魂",而以"孝""礼"为核心的"归葬"仪式。[2]

---

[1] 何撒娜在论文《"一根根骨"抑或是"死路一条"——从丧葬仪式与家屋象征看纳人的亲属关系》(《民族学评论》(第2期),云南大学出版社,2005年)中对于纳人(摩梭人)丧葬仪式的该特征进行了详细的论证。笔者认为在传统纳西社会丧葬仪式,以及相关的亲属关系是沿类似的路径展开的。

[2] 张佩国:《汉人的丧葬仪式:基于民族志文本的评述》,《民俗研究》2010年第2期。

某位老人是这样回忆其父亲的葬礼：

> 那时候，我老父亲就停殡在堂屋，就是一开始还没有入棺，面对这边，男左女右，不能放在中间，堂屋的窗（门）都拆掉，下面垫3块板子，不能太高，也不能多、不能少，之前就是在卧室落气，落气就搬过来，也有讲究要在堂屋落气的。然而就看落气的时间，父亲的生肖，看好之后停几天不讲究，但是一定要看日子才能送出去，我的生肖，儿子、孙子的生肖都不能送，下土的时间不能和生肖有冲突，当时去了，有个属马生肖，不能下葬，就歇一下再去。
>
> 过去白事都是不请不送，红事才可请可送，所以都是认识的亲戚知道了就赶过来了，要六七个人早早去，挖好坑。送出去那一天，我们不管，亲戚来搞，天亮就准备好，早上吃得简单，（送葬）那几个人要吃好点。朋友，宗族的几个人，备茶，备酒，太阳没有出来就要打发这群人。然后就把棺材抬着上山去了，我们讲究不多，也没请人念经，没请乐队，现在有些家还是要请乐队，女的就不跟着上山了，他们抬着，我们就哭，在那个时间（算好的时间），把棺材放进去。要3年之后才立碑。像我儿子要戴孝，就是戴白帽，以前是戴3年，我戴了4个月，不能剪头洗头。[1]

一位曾经从事白沙细乐演奏的老人（和先生，72岁，丰乐村）详细叙述了过去白沙的丧葬仪式。白沙地区的丧葬仪式主要包括入棺、悬白、开悼、出殡、安葬等部分。死者过世后，全家开始哭丧，孝子

---

[1] 访谈人：和先生，60岁，兴都村，2013年10月28日。

需要从青龙河中"买水"以洗尸，然后给尸体换上新衣服，停在堂屋正中的木板床上，尸体上披白布。堂屋里的桌上，摆起吃食和蜡烛，烧起三炷香。孝子戴孝，跪在死者旁边守灵，也有同宗的兄弟陪在一旁一起守灵，当宗族其他亲属、好友来祭奠，守灵的亲属必须哭以示哀。通常，死者当天就要入棺。

悬白、开悼、出殡则需要选好吉日进行，大多数人家办三天。第一天是"悬白"，即在死者家门口竖高杆，请东巴或喇嘛念经，也有请乐队演奏《一封书》《哭公主》等，由孝子把"白"（类似白色空心灯笼，并垂下长条白纸）升至杆顶，意为让死者升入乐土。当晚在守灵时，则一定要燃灯，寓意是为死者照亮通往先祖之地。第二天是"开悼"，这一天前来的亲友最多。有的家庭要举行"点主"仪式，即将死者名字写在祖宗牌位上，然后孝子用血写"神主"的神字的"丨"和主字的"丶"。而其他死者亲属则负责哭丧，多是追忆死者生平，叙述亲友的哀思，当亲友基本来齐，由东巴在棺木前念经，孝子献上鸡、猪头、猪肉等祭品，跪在灵前进行三次祭拜，然后立于一旁，由其他亲属祭拜，晚上则唱挽歌，在这个过程中，乐队吹奏《笃》《一封书》《三思吉》等。第三天是"出殡"，清早就由孝子同辈男性近亲去山上选好的位置挖穴（孝子在家中守灵），孝子和近亲再次向灵柩叩首拜别，由东巴念开路经，把数枚铜钱撒至棺木前，并降下"白"放在棺木上，此时乐队再次吹奏哀乐《笃》《一封书》等，由孝子男性近亲8人抬起棺木，从孝子头上越过，送棺出门，通常到第一个岔路口后，孝女和其他亲属以及乐队就可以返回，而孝子则要随棺木到墓地，再行叩拜。之后返回家中，请众亲属、东巴以及乐队等参与丧事的人群吃饭。

在土葬仪式中，死者有一个明确的归处，这条从堂屋中延伸出的祖先之路终点在宗族的墓地。汉族观念中，人死后一定要葬于出生地，如果人离开了故乡，无论因为何事客死他乡，一定要"归葬"回家乡。这种与"送魂"不同的丧葬观念与实践也传入白沙地区。在外做官或者参军之人死后，往往也要将遗体或遗物送回家乡安葬立碑。"归葬"的习俗保留至今，在白沙新起的坟墓碑文上，的确有曾在附近城市、乡镇工作、生活最后又归于白沙的情形。

由于送葬人必须是孝子，因此没有儿子的家中通常会过继兄弟的子嗣为自己送终。同一宗族的其他男性也有帮忙扶棺送灵的义务。孝子在经历送葬仪式后，还有漫长的守孝服丧期，要一直感念追思父母，并在每年清明、中秋等特殊的日子祭拜。在可能的条件下，白沙大部分村民依然严格遵守着守孝的礼节。

清代"改土归流"以来，白沙丧葬仪式不一定再由东巴主持，而是以孝子哭丧为主礼，族中长者安排主持的土葬仪式。在东巴和振伟记忆中，由东巴主持的丧葬仪式，一定要念开路经，指引死者灵魂前往祖先之地。他认为其他人主持的祭祀仪式中，会念开路经的极少，大多都是回溯死者过往、安抚死者灵魂的措辞。但无论如何，在丧葬仪式中包含儒学以父权为核心的人伦之理，从堂屋到墓地中，死者一直居于"至上"的位置，而从未居于"下"方，这种祖先至上观与日常生活中的祖先崇拜是一致的。

（二）家屋外的祖先崇拜

拥有共祖关系的同一宗族成员，通常也生活在同一村内。成员从不同的家屋之中分出去，这样一来，由家屋分出来的住地，就逐渐与家屋连为一片。作为祖先崇拜的宗族墓地,也通常在村落附近的山上。原则上,同一宗族的人去世后都要葬于同一个墓地中,每年清明上坟时节,宗族成员聚集在一起共同登山祭祖,加强宗族认同感。

1. 宗族墓地

纳西语棺材是 $ŋi^{313}mu^{55}$,$ŋi^{313}$ 即是房子,棺材就是死者的家屋。随着墓葬文化在丽江地区的盛行,纳西人极为讲究"身后事",一般过了60周岁,就要叫儿子为自己准备上好木料做棺材,下葬之地也要请风水师早早看好。墓地与村落以及宗族的分布密切相关。这也就是说,墓地和其所属的宗族都通常位于同一方位。白沙乡的墓地主要集中于四处,坟地最为集中的是福国寺所在的芝山之上,其余两处也在附近的山脉上,而东部平地上仅有部分散落的坟墓。其分布图大致如图13所示。

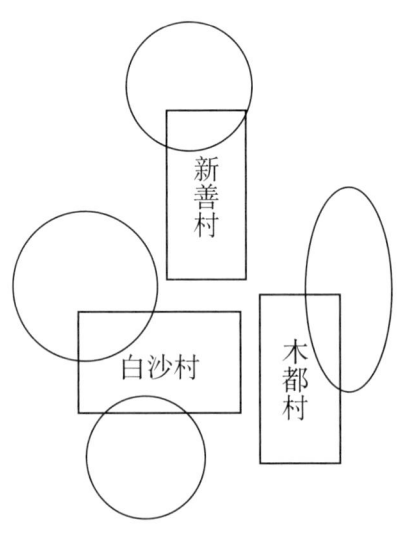

图 13 白沙墓地分布示意图

白沙的墓地的构成，除了有墓碑和没有墓碑的坟墓外，宗族共同墓地内还摆上一块石头充当山神祭拜，这块石头一般位于坟地的侧方高处，每年祭拜先祖前要先给山神上三炷香。

东面的墓地大多都较新，多是小宗族或是新迁入的宗族所建。芝山墓地是白沙人最为看好的风水宝地，历史上，不仅是一些大的宗族，和尚和喇嘛墓也葬于此山上，然而由于近些年的护林政策以及1949年以来祭祖文化的削弱，山上出现很多无人照料的没有立墓碑的坟墓，而通往不少宗族墓地的路也完全被树木遮挡。西山上的墓地并不多，但是保存较为完整。北边玉龙山脉上的墓地群多属新善和玉龙两个自然村的宗族，也有部分是清代所建。

纵观几处墓地，没有立碑的坟墓居多。这些坟墓又分两种：一种为先祖未立碑文，宗族后人尚能以记忆辨别；另一种为死于非命的年轻人，死者的身份已经不再为人记得。死于非命（包括自杀）者的坟墓与寿终正寝者有所差异，通常是亲友简单收拾遗体，葬于宗族墓群的下方，不立碑、不刻字。这种情况下，女性不能归于丈夫坟墓之中，有些被送回其娘家，有些则乱葬于夫家宗族墓地。宗族的长辈通常不会带笔者去看这些死于非命的坟墓，而仅仅在较远的位置指一下，认为靠近这些坟墓会沾染晦气。

清代保存下来的有刻字的坟墓的造型比较古朴，与无碑的墓仅在石碑大小上有差异。石碑多为80厘米到1米高，后端嵌入墓堆中。墓碑的形制极少雕龙刻凤，大多都是雕花，正面刻写男性死者及其配偶头衔、姓名，直系后代的姓名以及亲属关系。常见的主祀后代自称孝男、媳、女、孙、孙媳、孙女、孙女婿、曾孙等，也可能由胞兄立碑。除了姓名和亲属称谓之外，一些重要人物的墓碑两侧写有他人送的挽联或墓志铭。

从墓碑的排列顺序来看,平地上的宗族墓地多喜欢一字形排列,将先祖的坟墓列于两侧而中间供奉近期去世之人。而老一些的宗族墓地则将先祖坟墓供奉于正中至高的位置,其余坟墓排列分为若干层,排列次序并不如汉族宗法社会严格。以 H 宗族的七排墓碑来讲,下面三层为宗族死于非命的无字碑坟墓,据宗族内老人讲,其中有殉情女性的坟墓,这些坟墓一般都任由杂草丛生,平日也无人祭拜,过去有石块将上下两块墓地分开;上面四层则是寿终正寝的老人的墓地,每排数量不一,大致示意图如图 14 所示[1]。

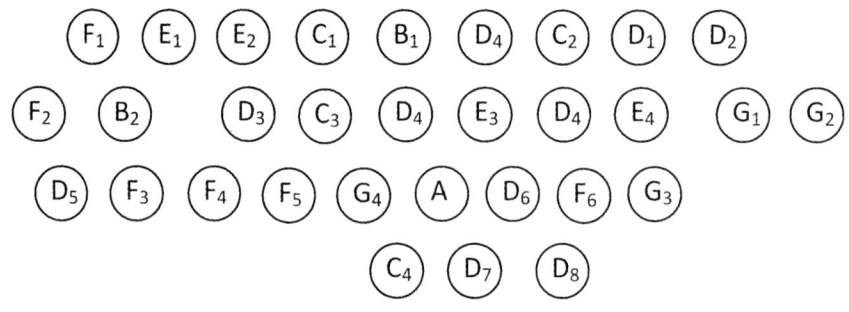

图 14 H 宗族墓地安排

由于在 E 代,该宗族有许多族人离开白沙,故 D 代墓最多,而共同的先祖就是 A,从图 1 可知,墓地安排大概遵循以下两个原则:其一,辈分高的男性长辈居于较高层和中央,辈分低的居于底层和周边;其二,直系亲属居中,而旁系则在两侧,如 B_2 无子嗣为 B_1 后代安葬,

---

[1] 由于家谱遗失,而碑文也不能完全辨析,故笔者此处仅对于死者辈分进行标注,辈分 A>B>C>D……而下脚标数字无大小之分。另外,墓碑位置仅为大致地点。由于女性大多与丈夫合葬,故此不专门讨论墓碑上的性别差异。

故葬于侧面。墓碑排列展现了死者在宗族中的地位。H家墓地的分布其实暗示纳西地区并没有形成一套严格的宗法制度，然而却为人们的礼法行为指出了大致方向。

2. 祖先祭祀与宗法精神

从墓碑立起的时间来看，清乾隆时期白沙的地方士绅才知晓汉文，立碑以扬孝道，这种祭祀祖先的方式逐渐为其他纳西人广泛仿效，纷纷以火葬安葬族中长辈并定期奉祀香火。改土归流以来，丽江流官开始民间的教化活动，《丽江府志略》中说："丽江地接西域信佛尚鬼佩弩悬刀夷风靡靡冠以变矣。夫移风使风流而令行者长吏之责。"士绅和官吏采取各项祭祀祖先取代纳西族传统信仰的措施，伴随着过去的火葬仪式改为墓葬仪式，以父权为核心的儒家祭礼也渗入民间。

从墓碑的墓志铭中可以对宗族礼法有所了解，光绪癸巳（1893年）年间杨士英和其妻和氏的墓碑上书（见附录3）。"公讳士英字育才，瑞齐公之次子余之堂兄也，公自幼至长忠厚诚实正直寡言，对家庭则以孝敬为先，对社会则以谦谦为本，处之泰然，有长者风。尤其天资敏锐，才智聪颖，师长为之福扬，朋友为之钦佩，后出外从戎，考进军士队。毕业后升充排连长，职已历十余载矣。继而辞职归家又服务桑梓教育有廿年之久，始终如一，毫不懈怠，亦可谓难得矣。有女长次二女已嫁成人，小女尚幼亦能辅助家庭，至于孺人，克勤克俭，善理家政家道于以兴马，是为序。"从这段文字中，可以看到白沙地区对于女性的要求是"嫁成人""辅助家庭""克勤克俭，善理家政家道"，对于男性的要求则是"忠厚诚实正直寡言""孝敬""有长者风"。

因性别不同产生的男性、女性需要在社会中遵守的法则对社会成员的行为产生了约束，如前文所述，女性仿效她们的母亲，从六七岁就开始承担家务劳动，而同时对异性予以回避，"安静干活"是大部分白沙纳西女性的形象。而男性则效仿父方长辈，需要"建功立业"以光宗耀祖，并树立在家庭之中的权威形象。

前两节的论述中，论述了20世纪50年代以前白沙地区家屋的实体建筑形态和空间结构中，社会中不同性别、辈分、长幼的地位和行事规则。而日常和特殊（丧葬）的祭祖仪式，作为家屋的象征层面，提供了另一条探寻性别、亲属关系的路径。祖先崇拜的规范化仪式背后，同样隐藏着男与女之间、长与幼之间秩序如何安排与定位的思想。因此，祭祖活动是汉族社会规范与伦理概念在丽江白沙地区的实践。[1]

丧葬仪式，以及家屋、墓地的祭祖活动，提供了宗族成员交流的渠道和场所，再加上族谱的修纂，宗族成员被置于以父子轴为中心的谱系中，通过确认与至高无上的父祖之间的关联，个体可以找到自己在谱系中的位置。而追溯共同的父祖，也是为了宗族发展而进行的策略活动，在这个过程中，孝道等儒家的伦理道德得以传扬，整个宗族群体意识得到凝聚。

家屋中的礼仪孝廉、重男轻女等传统信仰和价值观仍不断流传至今，然而，自20世纪80年代以来，社会中伦理道德确实发生了一些改变。这些改变围绕社会生活中最基本的家屋和土地展开，白沙的所有人正在经历由变迁所带来的困境。

---

[1] 孔迈隆（Myron Cohen 1993:1—2）认为祖先崇拜与其他领域的民间宗教信仰，都是地方社会组织法则的源头。本文将不对祭祖活动与宗族组织的发展的关系进行更深入的探讨。

三、现代家屋的私人化与土地的公共争夺

前文所述，1949年以前白沙地区的家屋是属于宗族"的支"的男性共同的财产。因此，四五十年前建造的家屋、围墙和门坊都极其矮小，除了受到经济和政治限制因素的影响，也缘于村落、宗族间的熟悉感与信任感。而今，村民争先恐后在房屋式样上推陈出新，而围墙和门楼也建得越来越高大。这种建筑形态的演变与丽江地区旅游业发展带来家屋空间的私人化有一致的逻辑。在强调私人空间和利益的情况下，土地作为稀缺资源成为不同主体争夺的重要对象。

（一）家屋内外公共生活的退化

社会公共文化曾经是村民共同生活的一个重要领域，过去，祭祖、祭天、祭风等宗教活动聚集了全村男女老少，而特殊的集体化时期，这些宗教活动被废止，村民尤其是年轻人必须参与到集体生产、娱乐和政治活动中。在非集体化之后，由集体出钱出力组织的电影放映、广播播放等事项逐渐消失了。

1. 家屋外公共生活的退化

纳西族本就是能歌善舞的民族，直至今日，也会有60岁以上的老人自发组织跳舞，演奏白沙细乐。然而，年轻人却没有时间和兴趣去享受这些集体化的公共生活。过去，白沙被称为"足球之乡"，曾为云南足球事业输送了大量人才。近10年在白沙却越来越少能看到小孩聚众玩耍或者在街上踢球。单个家屋成为休闲娱乐活动的中心，由于电视、网络以及其他大众媒体的发展，村民有更多渠道去了解外面的世界。

需要特别指出的是，20世纪90年代以来丽江旅游业的发展，商业化的空间，如客栈、茶吧、咖啡馆和酒吧，迅速入驻村落中。村民尤其是老一辈不会进入这些空间进行消费，而笔者也几乎没有观察到年轻人在这些场合聚会。[1]

年长的一辈通常在表达对于青年时代的深切怀念，而对于现在年轻人的生活方式提出批评，但有时他们也感到困惑，这个社会变得太快，到底什么样的生活方式是对的呢？

年轻的一辈同样对生活有疑虑。一位在昆明某高校读到大三的20岁男孩选择了退学回家养火鸡。

> 我不是读不下去，我经常帮同学写作业（笑）。只是觉得读书天天对着电脑没意思。我不喜欢大都市，我不习惯那里的生活。我就喜欢村子的生活。我看到电视上有介绍养火鸡的，回家前我去大理学了三个月，准备做，但要等我的新房建起来才有地方。丽江没有什么特色食品，养火鸡应该有前途。我准备再约几个小

---

[1] 这可能是因为大部分青年人外出务工。

伙伴一起种点水果玉米之类的，我在电视上都看过。

我们高考时候不加分，说是我们纳西族上大学比汉族的比率还高，但是现在不行了，我初中、高中同学退学的太多，很多被迷花眼了。我弟弟高中没念完，在家里干活没兴趣，去束河的酒吧打工去了。他喜欢那种生活。[1]

在新的商业空间中，年轻人作为打工者很难真正获得财富和认同，不得不面对很难融入外来人创造的花花世界，而又很难甘于平淡的农家生活的困境。他们找不到行为处事的规则，也找不到获得更好生活的途径，打架斗殴事件经常发生。笔者从田野地回来之前，又发生一起当地年轻人在丽江古城酒吧附近斗殴死亡的事件，从村民口中笔者已经听说多起类似事件。

2. 家屋内公共生活的退化

建房逐渐成为单个家屋的事情，20世纪50年代以前那种一家建屋，全宗族、村落其他人都来帮忙的情况再也没有了。

都是自己建了。以前要好的家家至少要来一个人，现在就是起房的时候叫他们来吃顿酒，有些给点钱，几十块，有些就不给了。有些有钱的要包起饭店请吃饭，摆一二十桌。反正，建房是不来了，都有卡车拉（木料、石料），出钱买就可以了，工人么自己请，一天算工时嘛。现在都没有白工了。[2]

---

[1] 访谈人：和先生，20岁，新善村，2013年10月18日。
[2] 访谈人：L先生，58岁，木都村，2013年9月15日。

一些年轻人甚至表达了对于建房请客吃饭的厌恶，他们认为建房的时候没有人来帮忙，建完却要请客，以后下一辈肯定不请了。实际上，在20世纪50年代合作社时期，宗族已经丧失对家屋的控制力，村民早已失去过去的社会网络和社会资本支持，村内发生纠纷时，仅能靠村干部等国家行政人员进行调解。

> 我老父亲是我两岁起就没有了，我还有个姐姐比我大三岁……我不记事就分掉家了，1956、1957年的事情了，那时候我大伯、二伯、三伯就把两边的房子拆起去，那个时候家里连大门都没有了。全村也穷，但是就我们家连大门都没有。我12岁的时候，母亲不在家，睡在西边这栋平房（指正房）里面，下雨，漏雨太严重了，没有办法，我就自己跑去村大队去开证明，证明我们家是太穷了，太贫困了，房子是太破了。然后就自己走到北边边头那边山上，找了几个长辈，把证明给他们看，请他们帮我修这个平房，这个椽子还是那个时候起的。[1]

过去由建造家屋而形成的公共生活在逐渐衰退中，而家屋内的祭祖、婚庆、生子等仪式活动也逐渐简化为简单的聚餐活动。随着大量村民将自己家屋出租给外地人经营，更多人放弃种地而在家中收房租。麻将、棋牌游戏成为村民在家屋空间中休闲的重要方式。在村落中，随处可见40岁以上的人群聚众玩牌，通常也会有五块到十块的小赌注，村民认为没有赌注就不好玩了。

而一些宗族聚会也被麻将牌局取代，笔者曾经试图向某位家族族

---

[1] 访谈人：P先生，60岁，兴都村，2013年9月14日。

长进行访谈,然而他表示,他们即将开一个"重要的""关于家族发展"的会议。然后,宗族委员会的 10 余位男性成员就向某人家走去,并拒绝笔者进入。之后,其中一个成员表述他们只是找了地方"打打麻将""说说话"而已,这是"联络宗族感情"的方式。因此,家屋内部的公共生活简化为吃饭、打牌,成员在精神层面交流逐渐减少,交往之中更为强调各自的私人利益。

(二)家屋内外私人生活的建立

前文提及,明清以来的家屋将空间分割成不同的区域,如女性被隔绝在家屋空间的内部,而长辈男性则占据了更为重要的区位,因此女性受到控制,而男性享受更多的自由。20 世纪 80 年代以来的住宅,在重建和装修时将空间进行了功能性区隔,重新划分了夫妻、长幼之间的空间,书写了新的社会规则。

1. 家屋内:夫妻生活的私人化

20 世纪 80 年代以来的住宅,将过去共同的家屋区隔出了私人的空间,其中,卧室空间对于夫妻来说具有重要的意义。过去男女不同屋的规则被打破,现在村里夫妻尤其是年轻夫妻都居住在一室之内,而小孩也不再与父辈或祖辈同房,拥有自己的独立房间。

夫妻单独相处,对于发展、维持亲密感情有重要意义,在许多事情上,年轻夫妻可以自己处理,而不受祖辈教训或指导。实际上,婆媳问题也广泛存在于白沙村中,父辈常会在言语中表达对于儿媳的不满,而儿媳也不愿意与公婆居住在一起。相应地,与儿女住在一起的孙辈对于祖父辈没有培养起亲密的情感，祖父辈常责怪儿媳不够优秀、孙辈不够孝顺。

在卧室安排方面，通常祖辈居于西房的一楼侧屋，儿辈居于北房的一楼侧屋，而孙辈则居于二楼。一些年轻人表达出比父母需要更多的隐私。即使是老年村民也能适应这种卧室安排。但这种卧室和城市高楼中的卧室尚有区别，当家屋成员从各自的卧室中出门时，有较为广阔的公共区域——厦子、天井作为过渡地带，可以养花养鸡、散步锻炼，进出家屋也更为自由。因此，许多到城里给儿辈带了几年孙儿的老人又选择回来居住。

但祖辈确实是在逐渐失去对于子辈生活的控制力和影响力。男性祖辈在家庭生活中不再具有至高的地位。即使大部分老人依然居住于西屋，住在北屋的年青一代在家中的地位逐渐超过老一辈。家屋空间中核心位置从集中走向分散，传统家屋中辈分、年龄、性别的等级关系被打破，祖辈还在空间的使用和安排上有至高的权力，然而这取决于子辈是否愿意行"孝道"。[1]

女性也在家屋中具有越来越高的地位，她们依然不愿在重要场合出现在客人面前，但是她们对于丈夫工作、儿女教育等事项都有了话语权。不止一位长辈向我抱怨，儿子、孙儿女只听儿媳的话。事实上，年轻丈夫确实会表达出对于妻子的尊重。例如，近年白沙年轻女性都会自行组织化赍会，通常就是每月定期聚餐，每人出 100 元或 200 元给其中一个女性，使得她可以在短期内购置一些较贵的生活日用品。当这些女性家有丧葬、生子等活动时，其他女性要帮助参与，她们的

---

[1] 如果不行孝道，会被村落中其他人指点笑话。但是，如果子辈与祖辈确实产生矛盾，除了村干部，没有亲戚有置喙权和裁决权。

丈夫也要出钱出力。因而，这种行为具有尊重妻子和帮助友邻的双重意义。

义务教育、大众传媒极大改变了白沙当地村民的思想、生活方式，将现代平等、自由的观念传播给村民，村民不断仿效城市人的生活方式。家屋内部的生活具有更多的私人性和亲密性，这与整个中国乃至世界的社会发展历史趋势是一致的。[1]但社会中旧的伦理道德并未完全丧失，在家屋内长幼、男女尊卑等方面，虽然没有明确的规则的约束，村民大多还是选择遵循旧规，在笔者参与的所有对外对内的宴席中，从未有主人家的女性上桌的情况。

2. 家屋外：社会生活的私利化

老一辈的白沙村民总是对于村落现状感到失望和不解。例如，住在山林旁的一位老人就表示了对于现在村民不参与灭火的痛惜。当问及这位老人会不会去参与灭火时，他却也表现出了犹豫，认为自己年岁已高，灭火是年轻人的事，家里人肯定不会叫自己去。

> 以前山林只要哪个一喊起火，就是半夜大家都要赶紧穿起衣服裤子去救火。现在没有了，就是白天起火，大家坐在家里动都不动，都说灭火么是火警的事情，我们管不着。山林本来是我们的，现在都说是国家的，国家的嘛烧起来火国家管，国家派人去灭火。[2]

---

[1] 阎云翔：《私人生活的变革：一个中国村庄里的爱情、家庭与亲密关系1949—1999》，上海：上海书店出版社，2009年。
[2] 访谈人：Q先生，68岁，玉龙村，2013年10月15日。

在白沙地区的家屋、宗族内部，私人化的生活之中蕴含有传统的伦理道德，而在家屋之外，社会生活已缺乏必要的社会规则以约束村民的行为。例如，白沙从上游玉湖村流出的河水较为清澈，到玉龙、新善村，村民不断将生活垃圾扔入河水中，到丰乐村，河道就经常会被堵塞。笔者曾两次遇到因河道被垃圾堵塞，而道路被水淹没的情况。

在老人的记忆中，河水都是清澈见底可以直接饮用的，洗衣、饮用等多种用水都有约定俗成的规则，通常除了牲畜类的粪便，河道中没有任何"脏"东西，"小孩子在水里大便，会烂屁股"。而现在习惯将垃圾扔入河道中。[1]

很难将这些行为归为"道德败坏"，实际上，村民仅希望仿效城里人的生活方式，自由使用水、林资源，而政府做好资源的保护工作。然而，村落中既失去了过去共同参与的长效的生态保护机制，也未得到足够的物质、资金支持。因此，家屋之外的公共区域存在着归属不明、管理不明的种种问题。村民对于脏乱的情况感到失望，却不愿做出任何改进。

（三）土地的公共争夺

正如上面所提及，通过对于家屋内部空间的改造，个人获得更多私人空间，也更强调单个家屋的利益，忽视家屋外部的共同空间，无视其他家屋的利益和公共利益。为了获得最大的利益，不同家屋间争夺稀缺资源——土地，这是近年白沙地区发展中最重要的新变化。

---

[1] 村民表示不知如何处理垃圾，过去都是一段时间后，埋入地里烧了，现在垃圾太多，而且不可降解垃圾很多，烧起来异味太大，也不能做肥料，也没有专人进行垃圾回收。

1. 土地争端缘起

过去，村内没有标注主人的土地都是"自由"的，村民只要有能力去耕种、建房，可以自行使用。建房是经济、社会中最为重要也是最为困难的部分，往往一整院家屋的建造需要耗时 10 年之久。而自 20 世纪 80 年代发展旅游以来，荒田、山林、湿地都可成为旅游资源从而获得经济收入，土地的归属与使用引发村内多起矛盾，同时，宗族作为一种经济体也涉入土地的争端中。与这种复杂的情况相反，经济技术、交通工具的发展使建造家屋成为单个家屋的行为，只要拥有足够经济实力购买材料、聘请工人，数月内即可完成建房工作。由此，土地取代家屋成为白沙地区的核心问题。

土地对于白沙的纳西族来讲具有特殊性：由于土地贫瘠，白沙很难定义为一个纯粹的农村社区；由于职业的多样性，白沙的纳西族也很难定义为"农民"。但土地仍是村民日常生存、生活的重要内容。

明清以来，土地曾是宗族和村落的共有物，而个体仅拥有使用和部分的所有权限。1949 年以后的土地革命将当地土地进行了私有化分配，而后的人民公社时期，个人土地私有制宣告结束，直至 20 世纪 80 年代提出家庭联产承包责任制，个体才重新获得土地的使用权和转让权。20 世纪 90 年代以来，随着丽江旅游业的发展，土地成为最为稀缺的资源。

随着 20 世纪 90 年代以来丽江地区旅游业的发展，土地成为大部分争端的源头。部分白沙家庭将家屋出租而在较远的自留地上新起房子居住，而这是不合法的[1]，但田地中违规建造的家屋依然屡见不鲜。更为严重的矛盾发生在一些公共所有的田地、林地之上，在将这些土

---

[1] 建房者也认识到这种行为的不合法性。

地出租时,往往会造成村内部的利益分配不均,有时候甚至会引起械斗冲突。

2. 一个典型案例:宗族、国家与土地

不同于中国北方的广大农村,南方的宗族依然是权力、土地争夺的基础。在白沙某村,R家三代男性都曾任村主任一职,而除三人之外其他任村主任的,也都是同一家族的内部成员。因此,村干部完成了国家角色与地方角色的重合,在村落事务中也具有更高的权力。R家在20世纪80年代曾经通过促进宗族复兴获得宗族信任,并掌控村落事务成为村干部。宗族复兴的计划开始较为成功,20世纪90年代以来,村民更加注重单个家屋的利益,这个计划也随之流产。

> 当时搞家族是八几年,我们家族有个人的儿子考上了云南师范大学,我自己认为是家族第一个大学生,应该聚一聚。当时大家刚从集体化生产出来,服从命令的比较多,召集了几个晚上,然后我和考上大学这个人的爸爸说,我们去你家庆祝一下,他说家里面太穷了一样都没有,我说不怕不怕,你一样都不用出我就喊所有人来一起吃个饭,我和处得来的几个朋友商量了一下,分头通知,第三天就在他们家聚会,过去我们村是初中生都很少,出个大学生祖先都高兴。我们叫每人带一点东西来,有豆腐的就带一点豆腐,有腊肉的就带一点腊肉,每家带一点,家家都同意。中午大伙儿吃了一顿,下午又吃了一顿,我就说,大家有条件的做个有意义的事情拿点钱给上学这家,没条件不给也行,我给了两块,我哥给了五块,两角五角都有,最后好像是有20多块钱,

我当时有个教育局的老表，问了一下他，他说读大学不要学费也不用生活费，我们就凑点钱庆祝一下。

以后有娃娃上中专，上技校，根据每家条件都做一点饭，其他家每家至少来一个代表，出一点钱，做了10多年。最后一次就是2003年的时候S的儿子考上大学，当时村里面矛盾就比较深了。有些家就说，我们家孩子才几岁，等到念大学谁知道什么样的世道。所以就不给，给20块的还嫌多。我们就做不下去了。老人倒是愿意，年轻人都不愿意了，那就不搞了。

我是做族长做到1989年底，快到春节，我就委托我的叔叔，T，在另一个村做会计10多年的一个老人来做家族的族长。一直就到2003年，然后就没有了。年轻人都不爱搞了。T也是一个非常爱家族的人，他当时跑到南面文笔海文笔村找到30多户我们家族的人，又跑去南山放牛村找到27户。这些人都来参加过家族会，参加三五年之后又停掉了。意思嘛就是认识就可以了，经常跑跑不起。

我1989年底就担任村长了。把家族里事情就给我叔叔了。我当时是为村里面服务，管理山林，道路水利，村民纠纷都要解决。主要是田埂纠纷，牛马槽蹋庄稼，水利纠纷，乱砍滥伐。这些都是以前从来没有的事情，改革开放以来这些事情特别多。[1]

可以看到，20世纪90年代R担任村干部时，土地问题已经成为村落中引发冲突的重要因素。到其子成为村干部之后，这种矛盾更为突出。

---

[1] 访谈人：Q先生，72岁，2013年9月15日。

我当了四年族长和村长，我们村 100 户，我们家族 40 多户，所以基本就是我们说了算。我当时做了很多事情，村里人都很信服我。后来我就不做了，让给我们家族的另外一个，结果他要卖地，我们村 90% 都不同意，不同意就闹矛盾分开了，分成三派了。我们家一派支持人多，中间派有个七八户，都是墙头草，两边观望，还有就是和我们对着的，有三四家，那些人做事不讲良心。你可能听我爹说过了，当时他们家有人念大学我们还组织捐款，结果现在当官有背景了六亲不认。[1]

这一切都与过去有较大的差异，过去在村落事务方方面面，宗族中的长辈男性都要行使主要的管理权力。首先，对于山林的统一管理。有林地的村落都有专门的"护林员"，每年春节之后，"护林员"协同村落中的长者将山上已成材的松木，切开一小片，编上号码。编完之后，采取抓阄的方式叫全村每一户来抓号，抓到号即可砍伐对应的树木。这种分配方法纳西语称"lɯ³¹³y³³"。其次，对于水源的统一管理。村落对于流经本村落的主要河流有管理的权力和义务，"管水员"需要负责安排水流过不同田地的时间，并负责通知不同村落的负责人，再由村民根据得到的通知自行安排灌溉。这种水资源的分配方法，纳西语称"tɕi³¹³bu³¹³jo³¹"。最后，全村性的祭祀活动。天旱时的祈雨、祭天、祭署的活动，以及传染病蔓延时举行祭神、念消灾除病经及红白喜事等。

通常，"护林员""管水员"以及祭祀活动的主持者是村落中最大宗族的成员，一方面，他们能代表全村的利益向其他村落展开交涉；

---

[1] 访谈人：Q 先生儿子，42 岁，2013 年 9 月 16 日。

另一方面,他们也更具有号召力,能在村落各项事务中有发言权。太平村中一位76岁老人回忆:"我们村的灌溉水倒是老是不缺的,都是我们自己人当管水的,都要照顾一下我们宗族,也要照顾一下村子。"地方的权力与宗族的权力交织在一起,形成了较为稳定的地方自治形式。[1] 然而,20世纪80年代以来,这种稳定的秩序被打破了,一位尚在务农的老人(U先生,60岁,三元村)表示,由于近年干旱,村里经常出现抢水灌溉的事情,这在以前是从未有过的。

土地争端将整个村落过去的宗族之中亲密的关系完全打破,而且,缺乏过去家屋内外的公共活动和公共生活,这些矛盾变得不可调解。在过去建造家屋中结成的稳定的工具性关系逐渐消解,也再没有前文所述搬运木头"推一把一笑泯恩仇"的场景。宗族、自然村落的内部结构是否会随着年青一代的外出务工、土地资源的矛盾冲突逐渐走向解体,将是未来值得继续关注的议题。

肖唐镖、贺雪峰、谭同学等人的研究指出,宗族并未使中国中部的乡村治理比其他农村地区的治理差,相反,宗族在塑造了村民的行为逻辑之外,还塑造了特定村干部的行为逻辑,然而这种行为逻辑的塑造有一个重要的前提,即个体对宗族、村落以及国家的强有力的认同。[2]

土地争端爆发的直接导火索则是旅游业的发展带来社会的激烈变革,村民对于未来没有较稳定的预期,并且看到破坏集体利益而谋取自我利益的行为能够成功。因此,即使存在极大的风险,村民或村干

---

[1] 缺乏足够的史料,很难判断这种民间自治形式是在明代土司制时期已形成或是在改土归流后形成。

[2] 谭同学:《宗族、国家与社会三重认同下的村治逻辑》,《学习与实践》2006年第6期。

部也为了短期或长期的利益而选择"非规则"的做法。

  但近年白沙地区社会秩序的混乱与家屋内外共同生活的丧失是有重要关系的。年轻人获得更为自由、私密的生活的同时，与长辈、宗族其他成员不再建立亲密的关系。同时，建房、劳作等共同活动成为单个家屋内部的事务。年轻人很难建立对于宗族、村落的认同。因此，当个人利益与集体利益发生冲突时，通常个体利益会占上风，而在发生个体间的争端时，矛盾会变得不可调解。

结论与讨论

伊丽莎白·许对于摩梭、纳西家屋的探讨提出,"本土亲属制意识"和"亲属制的实际做法"是两个相互独立的命题,她指出,部分"本土亲属制意识""不需要与实践有关"[1]。笔者认为这是因为许仅将"亲属关系做法"视为灵活的行为,而将"家屋"以及"本土亲属制意识"视为固定不变的概念。在本文的研究中,丽江白沙地区家屋的位置朝向,家屋空间的安排及其特点以及家屋的空间边界的定义的变迁,带来了"本土亲属制意识"的变化,社会中建构起的对于道德伦理、性别关系和婚姻形式认知的新观念,这些观念与社会中亲属关系实践是一致的。

因此,本文重点阐述了近现代丽江白沙家屋时间和空间两个维度的变迁。时间维度是家屋空间变迁的背景,从明代福国寺在内的藏传佛教建筑(西东向)的修建,打破了白沙地景空间原南北轴向的秩序,新的地景空间呈现出以西为"上"的秩序。而空间维度则是本文叙述

---

[1] [瑞士]伊丽莎白·许:《摩梭与纳西:家屋》,《纳西、摩梭民族志——亲属制、仪式、象形文字》,[德]米歇尔·奥皮茨编,刘永青、骆洪等译,昆明:云南大学出版社,2010年,第106页。

的重点,从木楞房到穿斗式建筑,男性通过村落资源控制、家屋建造仪式等获得对于白沙社会空间的优势领域"西、北、上"的占有权;而南、下等低微凡俗的地方,则被留给女性。时间和空间维度的交融使整个家屋成为重要的父系祖先崇拜的空间,除了作为掌家男性父辈居住的堂屋,无论是举行祭祖仪式的天井,还是供奉有祖先牌位的正房二楼,乃至于堂屋所延伸到的父系祖先栖息地墓地,都通过追溯共同的父祖,强化了以真实的血缘关系为主轴、父系宗族为主干的亲属网络结构。

本文还展现了以家屋空间重建过去的可能性[1],纳西语言学的证据和过去的白沙地区家屋建筑及其空间配置两个角度展现了家屋空间的持续性和社会中曾经占主导地位的儒学宗法文化模式。通过大量口述史以及对于过去家屋空间的考察,本文完成了对于地景空间、家屋内部空间、墓地(死者家屋)空间的考察,这几项议题分别有其内涵,但又彼此关联。从地景空间来说,地景空间秩序中的白沙宗教、村落、宗族空间的关系,反映了白沙地区家屋空间发展的地理与历史背景。从家屋内部空间来说,它具有地景空间秩序中以西为尊的基础,也反映出社会的性别、长幼秩序关系。从墓地空间来说,从家屋通往墓地的死者之路,则反映了地景空间与家屋空间的相互作用,体现地景资源的分配和家屋内权力的建构。三个空间共同绘制出了20世纪50年

---

[1] 帕特里克(Patrick Vinton Kirch)、罗杰(Roger C. Green)在评述福克斯等人对于南岛语族家屋研究时指出,传统的亲属制度研究尝试通过亲属和社会组织去重建过去的社会,然而这是困难重重的。而通过关注与建筑相关的社会组织——关注物理性质的住所,空间结构和相关的建筑空间,其难点不再是建立稳定的可预测性的模型,而是描绘家屋的物质层面和空间范畴,以及与社会组织相关的其他建筑和空间,并研究长时间占据这些结构和空间的社会组织成员,从而绘制他们的日常生活图景。(Patrick Vinton Kirch、Roger C. Green,2001:202)

代以前白沙的村落意象。

20世纪80年代以来，随着技术的进一步发展，家屋建造成为单个家屋的事务。随着社会、旅游业的发展，家屋空间结构也进行了再次划分。家屋内部私人空间的区隔重新模糊了男女、长幼之间的界限，而强化了与公共空间的界限。村民更为注重单个家屋内部的私利，而忽视集体（包括宗族、村落）利益。为了获得个体的最大利益，争夺稀缺资源——土地，这是现代白沙社会发展中最突出的矛盾。

综上，本文使用家屋作为一个启发性概念探讨近现代丽江白沙地区的性别、亲属、宗族、村落观念。在研究中，笔者使用的家屋概念通过不同层面展现了丽江白沙地区本土文化对于外来文化以及应对复杂形势的策略性吸收与溢出，使得这个概念不再局限于对于"生物性"或"社会性"亲属关系的探讨，而将视野扩展于民族具体的历史、社会、经济发展中。此外，笔者在文末论及地方宗族治理逻辑与乡村治理，这是当代人类学和社会学研究的重要交汇点。在探讨白沙地区民族旅游发展的同时，不应忽视它依然是一个乡土社会，地方性知识影响着宗族和村落中的性别、亲属实践过程。限于篇幅，此处不做更多讨论，谨希望本文是对白沙地区家屋、宗族发展问题关注的开始而不是终点。